词林雅集

明生 ◎ 著

宗教文化出版社

图书在版编目（CIP）数据

词林雅集 / 明生著 . -- 北京：宗教文化出版社 ,2018.7

ISBN 978-7-5188-0601-0

Ⅰ . ①词… Ⅱ . ①明… Ⅲ . ①佛教—文集 Ⅳ . ① B948-53

中国版本图书馆 CIP 数据核字（2018）第 179804 号

词林雅集

明生　著

出版发行：宗教文化出版社

地　　址：北京市西城区后海北沿 44 号　（100009）

电　　话：64095215（发行部）　64095363（编辑部）

责任编辑：杨登保

版式设计：武俊东

印　　刷：北京信彩瑞禾印刷厂

版本记录：170×240 毫米　16 开　19.25 印张　250 千字

2018 年 8 月第 1 版　2018 年 8 月第 1 次印刷

书　　号：ISBN 978-7-5188-0601-0

定　　价：278.00 元

目 录

第一篇 明心选佛场

第二篇 宴坐菩提树

第三篇　诃林序集

第四篇　风幡堂别音

第一篇　明心选佛场

佛曆二五六一年冬

禅

明生敬書

水月流光

新年寄语

一

岁岁年华涤荡着和谐的清韵，声声钟磬敲开了新年的门扉。回望过去，几番艰辛，数度励难，伴着您的真诚和同仁的耕耘，《广东佛教》在菩提甘露的沐浴中已刊行百余期；展望未来，乾坤覆载，风雨鼓润，随着国运之昌盛和民风之仁厚，本刊百尺竿头，更进一步，将竭尽心力发扬佛教优良传统，再接再厉提倡人间佛教思想。

法本无相，唯赖人弘，在您的支持下，《广东佛教》一如既往，传承禅宗优秀文化，演宗门之密义，使和风遐扇，惠雨垂常；开迷情之结网，以助裨人伦，牖民成俗，共建和谐美好社会。

《广东佛教》愿真诚地做您的良朋益友，为您的生活添光溢彩，带给您的家人吉祥如意。我们恳心与您共沐法雨，俱沾声教，顿长菩提之树；谛观本愿，同登觉岸，乐闻菡萏之香。

（2007 年元旦）

二

佛法肇世，本以拔苦往乐为宗趣，以悲悯济众为慧用，救拔有情于悲苦之中。今日，政通人和，国泰民安，这为佛教的弘传提供了千载难逢的历史机遇；新的时代，新的人文气象，也给我们弘法利生提出了新的挑战，新的任务。在此机遇与挑战并存的时代，《广东佛教》离不开您的关心与支持，您的奉献更是我们弘法事业的宝贵财富。

（2008 年元旦）

三

一元复始，万象更新，迎春集福，瑞兆丰年。

在时间的刻度上，每一年都有开始，也都会结束。我们倾希望于开始，是因为一切都在继续，继续着我们的事业，继续着脚下的前程。我们同样会欢喜地去总结一段时光，因为那里曾经圆满了在路上的一个又一个的梦想。也就在这个开始的时刻，我们回望那段幸福铭记的当下，在社会各界朋友的关注下、帮助下，在我会全体同仁的共同努力下，省佛协在第三届世界佛教论坛中发挥了积极重要的作用，并且成功举办了第二届全省佛教讲经交流会、广东省佛教协会成立三十周年、广东佛学院挂牌、六祖文化节等相关系列活动，扶贫济困，积极参与社会各项慈善福利事业，树立了风气、团结了志气、提高了意气，取得了良好的社会效应，得到广大教内外人士的充分肯定。昨天已然深铭于内，因缘使然，宜记取努力将来。

在2013年里，我们将一如既往地安住本位、发挥特色，落实责任和义务，围绕中心，服务大局，深入贯彻落实十八大精神，坚定不移地高举爱国爱教旗帜，坚决拥护中国共产党领导，坚决维护民族团结和国家统一，更好地服务于国家经济社会的大发展，文化大繁荣与和谐社会的建设，并以此为契机，落实十部委联合下发关于寺观管理的最新法令和国宗局关于宗教院校的三个办法，做好准备工作迎接“慧能大师诞辰1375周年暨2013年六祖文化节”，创新佛教事务管理，不断加强自身建设，在弘法利生、慈善救助等方面更加制度化、多元化。梦想随着脚步依旧执著，智慧观照愿心不断坚固。在辞旧迎新的时刻，如何体认祝愿呢？

春雷不响闷已久，柳绿河暖知是来。

（2013年元旦）

上堂法语

得戒和尚上堂法语

娑婆教主释迦文，喜舍慈悲应化身。
千华台中扬妙法，金刚宝戒净尘心。

夫性体圆明，不生不灭，情尘覆蔽，圣凡各别，转凡成圣，须乘时进修。然修道之要门，在于翻染成净。染心未断，恶业丛生；净念现前，梵行乃立。而除非止恶，忏悔三业，清净本心，乃至悟证圣果必藉传戒、受戒、持戒之胜缘。《梵网经》曰：一切有心者，皆应摄佛戒，众生受佛戒，即入诸佛位，位同大觉已，真是诸佛子。是故我佛世尊，应现娑婆世界于菩提树下，金刚华光王座上，昔为持诵宣说教化乃是一切诸佛菩萨之本源——光明金刚宝戒。诸位新戒菩萨及在坛众善信，如来是真语者、实语者。有缘非无因，吾等切不可当面错过，应当下承担，生起孝顺父母师僧宝之真心，至诚发露忏悔，敬心奉持波罗提木叉。

兹有本寺护法居士为护戒法，供养坛上诸师及诸新发意菩萨，特敬设上堂大斋，广结善缘，以求戒坛圆满成就。僧团清净庄严，各人福缘具足智慧增长，菩提早种，佛道圆成，虽然如是，即今海众云集，上堂一句，如何开口呢？

光孝今朝启法筵，十方龙象会祇园。
登坛誓当如来使，得戒光明万德圆。

上堂法语

（2011 年 11 月 12 日）

诃林戒坛古今知，八部天龙恒护持。
端秉一心圆具戒，当来誓做人天师。

恭惟：光孝禅寺自昙（昙摩耶舍）祖开山，求那（求那跋陀罗）二祖兴制止道场，建立戒台，千六百年，历代绍继，依律传授。尤其唐代禅宗六祖，于菩提树下披剃圆具，开演东山法门，遂使光孝宝刹声誉日隆，成为四众景仰尊崇之根本祖庭。奈何沧海桑田，一时宝坊沦为市廛。幸逢盛世，国运昌盛，教法中兴，祖庭匡复。为续佛慧命，继往开来，光前裕后，谨依佛制，禀承祖训，于今本寺再树毗尼法幢，延请十师，传三坛之净戒。所谓法筵罕遇，戒德难思，诸新戒何幸得逢如是殊胜因缘，希冀生起殷重心，真诚忏悔，感发增上，进求上品戒法，是则不负大圣佛陀及历代祖师之恩德！更不负堂上诸师传授之良苦用心！

兹有本寺居士为护持戒法，培植善根，特来寺敬请上堂大斋，供佛及僧，广结善缘，以求福慧增长，事业兴隆，家庭和顺，万事如意。虽如是，即今上堂一句，如何举扬呢？

佛陀亲咐嘱，当以戒为师。
三业得清净，止作要双持。

上堂法语

（2011 年 11 月 13 日）

出家修道戒为基，贪瞋无明永不迷。
禀受三坛微妙法，一心趣证大菩提。

夫戒者，如来利生之首务，贤圣修道之要阶，是为度尽娑婆之巨筏，消除烦恼之妙法，证悟道果之要门，入诸佛位之正轨，故树尸罗幢，振兴毗尼，传戒度僧，乃是佛法住世兴隆三宝之第一要务。吾等既已出家，又尊戒法，须依戒修行，回脱尘劳，精勤向道。身为佛子，当作佛事，不负初心，高悬戒德，誓当如来使，令正法久住。如是持戒修道，回报四恩，则功不唐捐，圣果可期也。

兹有本寺护法共同发心，护持戒坛，来山请法，敬佛供僧。以此功德，回向十方，更祈善缘具足，福慧同增，家道兴隆，事业成功，法喜充满，身心自在，虽然如是，即今延请山僧，上堂一句又怎么生道呢？

戒法葆天真，净心不染尘。
菩提心自觉，切莫外边寻。

上堂法语

（2011年11月24日）

为传心印自西来，求祖开山立戒台。

弘范毗尼兴正法，灯灯相续育僧才。

出家求戒一事，切莫等闲视之，非具大丈夫之志向而不能为之。学佛出家，修证无上菩提，须凭清净妙戒。所谓戒为苦海舟航，成佛之根本正因。戒身清净，则定慧乃生，发心广大，得受一乘大戒而趋证佛果。良以戒由心发，禀受必待师传，幸逢良缘，于此千年戒台之光孝祖庭，得遇坛上十师法身父母，圆成戒身妙体，如是善因法缘，功德难思议。汝等惟当珍重，恭敬至诚，运心普广，感发增上，得上品戒，为人天师表，作大善知识，成法门龙象，是则三宝兴隆，佛日增辉。

今有善信值兹二坛受具之际，敬设上堂大斋，上供十方佛，中奉诸贤圣，下及六道品，法界有情，悉同供养，四恩三有，均沾利益，也祈各人身心清净，万事胜意，菩提精进，道业成就，虽然如是，即今竖拂拈槌如何开口呢？

戒定圆三学，悉除贪瞋痴。

心田无污染，悟证大菩提。

千僧斋上堂法语

（2011年11月30日）

能仁世尊愿宏开，利济娑婆几去来。

戒德高悬无边际，慈光慧照宝莲台。

《华严经》云："戒为无上菩提本，应当具足持净戒，若能坚持于净戒，是则如来所赞叹。"我释迦如来，从体性虚空华光三昧莲华台藏世界，往来娑婆世界八千返，所畅怀开演金刚光明宝戒。从上十方三世诸佛诸菩萨莫不依此戒光，广作佛事，普济一切群生。历代诸祖更是高悬戒德，灯灯相续，代代相传，延僧伽法脉，绍隆佛种，令正法得以永住。故阿难尊者于涅槃会上问佛："如来灭后，吾等依谁为师？佛云：波罗提木叉是汝等大师。"所谓"此波罗提木叉出于世界，则是一切法戒，一切众生皆有佛性，是情是心皆入佛性戒中。”当知戒如大明灯，能消长夜暗，戒是真宝镜，照法尽无遗，戒如摩尼珠，雨物济贫穷，离世速成佛。一切圣凡求证无上正觉，舍此净戒，无有是处。汝等既已发心出家学道，于此圆具三坛宝戒，则源本有据，一切出世功德自然发生。切不可违逆我佛慈恩，忘却祖训，背负初心，虚设光阴；自当严净毗尼，肃清三业，长养净心，即念即戒，即心即佛，自然清净本然，则当体圆成圣果也。

今有善信发殊胜心，行殊胜事，结殊胜缘，于登坛圆满之日，敬请千僧大斋，财法两施，功德无量，且道现前应斋庆赞一句，如何道呢？

身心无染戒香清，本性圆明不外寻。
一念不生全体现，菩提圣果自圆成。

光孝寺水陆法会圆满上堂法语

经言：“实际理地，不受一尘；佛事门中，不舍一法。”不受一尘，故知罪性本空，自体清净；不舍一法，故知万善齐彰，法法圆融。

光孝禅寺谨遵佛制，启建一年一度中元孝亲报恩水陆大斋胜会，佛事周隆，水路堂中，重重无尽，上请四圣，下召六凡，十方法界，同缘聚会，共沾法喜。坛上诸师，奉诵灵章，斋主虔诚，上香设拜，至心忏悔，超荐往生，酬报亲恩，回向十方。

于今，七日道场成就，所求如意，功德圆满，送圣归真。本寺护法水陆会内众善信，敬设上堂大斋供佛与僧，法界有情，平等普供，伏愿：六尘周遍，德融通。植福者，因栽十地；荐亡者，果结九莲。

虽然如是，即今上堂祈福一句，如何举扬呢？

菩提树下启斋筵，法雨祥云润大千。
海众同心修供养，慈光遍照满人间。

开！

珠海普陀寺2014年水陆法会上堂法语

一

水陆宏开大法筵，千贤万圣会祇园。

慈光普照三千界，护法龙天降吉祥。

恭惟：十方法界水陆普度大斋胜会，溯其原始，则以无量威德陀罗尼而发起。释迦如来，慈悲利世，开一代时教，佛恩浩荡、法门广大、利益宏深。所谓三德圆显，万法总持，秘密真言，三根普被，十方法界，同一聚会，水陆空三方普度，圣凡平等，圆融无碍，兹当告赦供天。召请六道之日，本寺护法及在堂众善信等，敬设上堂大斋供佛及僧，平等普施，竭诚尽敬，以祈：事业圆成、家庭幸福、智慧增长、福寿绵长。

虽然如是，即今上堂一句，如何举扬呢？

发心修供养，离相证菩提。

三宝慈恩重，时时普扶持。

二

高悬佛日耀人天，无尽光明照大千。

嘉会宏开修妙供，普施甘露利冥阳。

恭惟：日吉时良，开建胜会，上奉四圣，下召六凡，一时等供，无不周遍，是心作食，全食为心，体用不殊，圣凡无差，六尘互遍，三德常融，出生无尽，微妙难思，如是修斋致请，心食互观，则为真法供养，功用莫比。

兹者本寺护法檀越，发菩提心，广结善缘，来寺敬设上堂大斋，供佛及僧，法界有情，普同供养。以此修斋功德，回向十方，见闻瞻礼者，福慧双增，水陆空行，一切有情，共沾法喜。

虽然如是，即今上堂说法一句，将何道来？

修斋平等供，福慧广增延。

诸佛生欢喜，人天纳吉祥。

丙申水陆上堂法语

万众皈依礼圣贤，布施奉供福无边。

佛光普照三千界，八部龙天降吉祥。

恭惟：丙申年中元月，千年菩提道场光孝宝刹，结夏安居，启建十方法界水陆空普度大斋胜会道场，各坛诸师，讽诵大乘诸品咒章，法音远扬，洒净结界，上奉四圣，光降法筵，告赦使者，执符通嘱，下召六凡万类，同赴道场，皈依受戒，聆听法要，皈心净土，成就无上功德。

于兹，道场成就，功德周隆，佛欢喜日，解夏布施，水陆胜会，圆满送圣，本寺护法，在堂众善信等，发菩提大心，敬设上堂大斋，奉供十方法界，以此功德，回向十方。祈求国泰民安、风调雨顺、百业兴隆，人民安居乐业，各随所求成就，事业兴隆、家庭和睦、身心安泰、智慧增长。虽然如是，即今延请山僧，上堂说法一句，如何举扬呢？

佛力广无边，悲心利十方。
人天同祈福，万类上莲船！

开光法语

揭阳花古岩寺开光法语

弥陀势至与观音，妙应圆通自在身。

本有灵光皆具足，普门示现大悲心。

恭惟：释迦本师，无问自说，开演净土法门，统摄六道群迷。弥陀慈父，西方教主，无量光月，遍照十方。观音势至，左右辅弼，显大威力，普门示现，三圣悲匾，倒驾慈航，随类化身，寻声救苦，有求必应，利济娑婆。

兹者，揭阳麒麟山花古岩寺，戒净大德，率两序僧众，发大愿心，诸方檀越，成就功德，兴建宝殿，庄严圣像。于圆成之日，宏开胜会，十方善信，海会云集，延请吾等，开光祈福。三圣如来，相好光明，本自具足，何待开启？《金刚经》云：“若见诸相非相，即见如来。”惟愿，即相而离相，无开而开，方便利生，随缘施设；开而无开，自性光明，心光佛光，光光互照；与会大众，共沐恩波，同入如来大光明藏。虽然如是，即今灵光示现一句，如何举扬呢？

敬礼慈尊三身圆现，庄严宝相万德齐彩。

开！

阳江金鸡寺大雄宝殿全堂佛像开光法语

（2014年6月12日）

金鸡衔瑞禾，古寺喜重光。

海会云来集，人间满吉祥。

恭惟：金鸡宝刹，宋代开山，绵延千载，历尽劫波，几度兴废。欣逢盛世，政通人和，教法中兴，党政英明，批准恢复，异地重建。更有莲宗长老，发大愿力，复兴梵宇，再起禅门，高树发幢，功圆果满。能表法师，不忘师恩，悲心领众，承前启后，继往开来，拓建道场，重塑圣像。于今圆成之日，延请我等，躬临胜会，赞颂佛德。伏以，圣心我心，心心相印；佛光心光，光光相照。与会大众，共沐慈光，同入毗卢性海。虽然如是，即开光一句，如何举扬呢？

殿阁巍峨圣地开，庄严法相涌莲台。
灵光开启千祥瑞，八部龙天护法来。

开！

明宗岩开光法语

胜会宏开聚圣贤，法音远播利人天。
灵光开启千瑞祥，普照慈光满世间。

恭惟：明宗岩传性大德庄严净域，高树法幢，正信正行，利乐人群。值此和谐盛世，海晏河清，国运昌隆，政通人和，乃筹巨资兴建楼阁，供养诸佛菩萨圣像。今者，香花备陈，海众云来，千祥云集，恭为宝楼圆成剪彩，诸圣安座开光。虽然如是，庆赞一句，应作何举扬呢？

庄严楼阁叹辉煌，盛世欣逢颂吉祥。
菩萨瓶开施甘露，如来妙应贺慈航。

开！

在丰顺惠仁圣寺的开光法语

（2015 年 2 月 5 日）

惠仁圣寺法门开，清净庄严映宝台。
八部龙天同护法，千贤万圣降云来。

欣逢盛世，政通人和、国运昌隆、教法中兴，兹有留隍惠仁圣寺达诠法师暨两序大众及大护法檀越朱氏家族，发大愿心、行菩提道、护持三宝、惠仁施德、兴建圣寺，安僧利众，于今宝相庄严、殿堂巍峨、伽蓝圆成，延请吾等，开启灵光。如来法身，究竟清净，诸佛菩萨，普光明照，本自具足。真空绝相，离相非真，开而不开，不开而开，如来于无相中现相。虽然如是，即今开启一句，如何举扬呢？

法身清净若虚空，应现随机各不同。
开启灵光成妙用，慈悲喜舍愿无穷。

开！

在汕头市铁林禅寺的开光法语

（2015年11月29日）

铁林禅寺法缘开，万圣千贤涌宝台。
妙应娑婆圆万德，灵光开启见如来。

恭惟：国泰民安，风调雨顺，国运昌隆，政通人和，铁林禅寺法门重开，名山得主。海慧法师率两序大众、四众弟子经多年艰辛努力，筚路蓝缕，鸠工庇才，多方筹集、重新规划，重新兴建，重塑宝像，龙天拥护，于今殿堂圆成，丛林再现，举行晋院暨圣像开光庆典，延请我等于此开启灵光，诸佛菩萨本自光明，万德庄严，何待我等为之开启。然佛经有曰：实际理地，不染一尘，佛事门中，万法具备。虽然如是，向上开光一句，如何道呢？

海会云来礼法王，圆成宝殿庆开光。
慧灯永续千秋愿，利乐群生正法扬。

开！

在揭阳榕城观音阁圣像开光祈福法会上的开光法语

（2016年7月4日）

人间开净域，宝地涌金台。
妙相灵光现，菩萨降云来。

恭惟：揭阳佛教协会榕城观音阁，敬设宝坛，恭塑大慈大悲观音菩萨圣像，坛城辉煌，宝地庄严。即今圆成之日，敬献花香，灵烛明灯，至心虔诚，教会诸山长老、居士大德，各界宾朋，云集海会，开启灵光。

惟愿菩萨慈悲，普门示现，遍洒甘露，寻声救苦。更祈国泰民安、风调雨顺，揭阳百业兴隆，人民安居乐业，此处佛日增辉、法轮常转，伽蓝清静，海众安和。

虽然如是，即今我等正念皈敬，翘跪菩萨座前，说法开光一句，如何举扬呢？

道场成就相庄严，大士慈光照大千。

三界化身无尽愿，普门示现驾慈航。

开！

三亚南田八号温泉公馆佛堂开光法语

钟鼓声声振大千，西方三圣降南田。

天龙八部皆欢喜，喜舍慈悲妙吉祥。

恭惟：广东阳柳集团、三亚天宝盛投资有限公司陈才雄董事长暨全体同仁，发菩提大愿心，兴建三亚海棠湾路8号温泉公馆宝业，利益社会，并于公馆内敬设佛堂，奉供西方三圣，以祈佛光普照，福泽万民，奉献瞻礼者增长智慧，消灾延寿，福德双臻，于兹启建祈福法会与奠基大典，延请诸山长老大德法师，讽诵大乘诸品咒章，称扬万德洪名，开启灵光。伏以，如来妙相，经尘劫而修成，诸佛金身历僧祇而不变，绀目澄清，性空五蕴，白毫宛转，神运六通，端坐紫金台上，妙应难思，游戏百宝光中，随缘普利。虽然如是，即今开光一句，如何举扬呢？

执此巾，擦去尘埃满月辉；执此镜，圆光普照十方界。执此笔，点开正法眼，放出大光明，无量悲心愿，利乐众有情。

开！

揭阳开光法语

至此今刹际尘垢满月归，值此际阳光普照十方界，持此彼两开法眼照光明。人间开净域，宝地涌金莲，妙像灵光相，菩萨降运来。

恭惟：揭阳佛教协会，蓉城观音阁，依此宝坛，讽供大慈大悲观音宝像，坛城归还，宝地庄严。于今圆成之日，敬设花香，灵烛灯明，讽供六层，教会诸山长老，居士大德，各界宾朋，云集海会，开启灵光，惟愿菩萨慈悲，普门示现，遍洒甘露，寻声救苦。更祈国泰民安、风调雨顺，揭阳宝业兴隆人民安居乐业，此次龙日增辉，法论常转，伽蓝清净，海众安和，虽然如实，至今我等，皈依正法，坛城恭对菩萨面前，开启灵光一句，如何举扬呢？

道场成就像庄严，大士慈光照大千。
三界化身无尽愿，普门示现驾慈航。

广东省梅州市平远县大佛寺开光法语

卧佛南台现圣容，龙天护法赞无穷。
十方善信皈依处，慧照祥光处处同。

欣逢：梅州平远县改革开放，社会发展，经济繁荣，百业兴隆，人民安居乐业。如是政通人和际，众有识之士积极推动落实宗教政策，礼请弘化法师主持道场，众善信踊跃捐资，兴建大佛宝刹，高树法幢，弘扬正法，利济众生。于兹宝殿圆成，圣像恭就，众缘具足，隆重举行诸佛菩萨金身开光庆典，吾等何幸，同参嘉会，主持法事，共沐佛光。虽然如是，即今开启灵光一句，如何举扬呢？

执巾：法身无去来，真性自安然，性天悬慧日，心地绝纤尘。
执镜：本体无圆缺，清光亘古今。
执笔：点开正法眼，放出大光明。

大佛禅林启法筵，经声佛号送清凉。
慈光常照庄严地，国泰民安法运昌。

开！

连平燕岩六祖古寺开光法语

六祖开山古道场，沧桑阅历再辉煌。
慧灯相续无穷尽，法幢高树佛日悬。

恭惟：连平县燕岩宝地，东晋开山以来，香火绵延，人才代出，尤其是六祖慧能大师于此修行、弘化，更是享誉海内外。然而沧桑越历，兴废无常，欣逢盛世，党政关怀，教法中兴。四众扶持，燕岩六祖古寺得以恢复开放，更有宽静大德发菩提愿，带领信徒，多方努力，筹集巨资，中兴宝坊，重建殿堂，恭塑圣像，高树法幢，利济人天，于圆成之日，延请十方，海会云来，迎福集祥，酥酡妙供，讽诵圣章，祈愿，诸佛菩萨，开法眼藏，启大圆智，运六种通，妙应无边，所谓佛日高悬，遍大地尽是光明藏，法音远扬，满十方无非胜道场。虽然如是，即今开启一句，如何举场呢？

燕岩福地绝尘埃，万圣千贤坐宝台。
八部龙天恒护法，灵光开启见如来。

开！

燕岩古寺六祖殿开光法语

燕岩古寺耀千秋，一代高僧圣地游。
三宝绍隆天责重，慧灯永续法源流。

恭惟：燕岩古寺，香火绵延，光耀千秋，高僧辈出，奈何越历沧桑，几经兴毁，欣逢盛世，政通人和，国家落实宗教信仰自由政策，自宽静法师膺任住持，率领两序大众，檀越信众，多方筹集，鸠工庀材，筚路蓝缕，重兴宝刹，开启山门，兴建六祖宝殿，奉供祖师圣像，于今圆成之日，云来海会，敬备花香灯烛，启建开光法会，六祖大师功德威威，灵光显现，何待我等开启呢？然佛经有曰："实际理地，不染一尘，佛事门中，万法齐备"，既然如是，吾等后代子孙，翘跪祖师座前，虔敬无尽心香，拜礼一偈，如何举扬呢？

执此巾，擦拭尘埃日月辉；执此镜，圆光普照十方界；执此笔，点开正法眼藏！

宝刹重兴利十方，沧桑越历更辉煌。
灵光开启千祥瑞，祖印高悬万德彰。

开！

银林庄园开光法语

吉日良辰启法筵，无边妙意广宣扬。
开点灵光成妙用，护法龙天降吉祥。

恭惟：银林庄园，风景宜人，生机盎然，春日高悬，祥光瑞照。广东省潮商会周奕丰会长率合家善眷人等，发大愿心、行菩萨道，于此敬设观音宝堂、奉供大士圣像，祈愿菩萨慈悲喜舍，妙应十方，威德加持，利乐群生，护佑家道兴隆，宝业繁荣。瞻仰礼敬者，生大欢喜；皈依忏悔者，福慧双增。吾等应邀，跪敬坛前，焚香祷祝，敬颂灵章，称扬圣号，洒净祈福。虽然如是，即今开启灵光，向上一句，如何举扬呢？

观音大士愿无边，喜舍慈悲福德圆。
妙应化身千百亿，圆光普照利人天。

开！

珠海普陀寺开光法语

一

绍隆三宝建普陀，贤圣云来化迹多。
四众瞻依圆万德，慈光普照溢祥和。

法不孤起，仗境方生，时节因缘，不可思议。昔日怀庵小院，现前普陀道场。遥想当年，参将马雄飞，创建寺宇，地惟半亩，众不过三人，僻处山中，难弘法化。历三百余年，以至改革开放初期，房舍倾颓，惟余残址，僧众匿迹，钟磬无闻。爰有商人，开发旅游项目；公然劝募，僭称恢复精蓝。一载寺成，亦云速矣；三年栋朽，其奈质何！惟我大士，大慈大悲，十二大愿，常居南海，普门示现。更喜政治清明，落实宗教政策，国家严禁商业机构借佛敛财，政府拨地置换，开放为四众礼诵熏修之佛教道场。更有明生率两序大众，发菩提大愿，筚路蓝缕，多方筹集，鸠工庀材，规划兴建，备经艰难。历时十五载，始竟其功。可谓：檀越输诚，无惭长者之大地布金；宰官拥护，不让太子之祇园留树。层楼杰阁，绣闼雕甍。耸石坊于山门，银龙献舞；树宝幢于殿后，经镌华严。塑大士之金身，漆麻为质；图应真之真容，素土成瓷。殿号五时，大千经卷，咸收箇里；楼称万佛，十方调御，尽现其中。于今，宝刹圆成，圣像升座，殿堂巍峨，万德庄严，谨涓吉日，开点光明，向上一句，作么生道？

法报应三身，庄严离垢尘。
开光明法眼，普利众群生。

开！

二

众圣云来湧宝台，庄严清净绝尘埃。
慈光普照三千界，万众皈依植福来。

三

巍巍宝殿相庄严，点出灵光照大千。
八部龙天同护法，十方祈福纳祯祥。

四

清净普陀佛日悬，慧光朗照满人天。
无遮胜会千祥集，福慧双修功德圆。

五

结彩张灯呈瑞祥，千华宝台放毫光。
万方共沐慈恩福，奉供香花敬法王。

六

千贤万圣愿宏深，显迹娑婆善化身。
感应随缘功德力，法轮常转济群生。

七

法身清净等虚空，妙应无边法法通。

普照慈光隆万德，悲心利乐愿无穷。

庆典法语

增城长寿寺大雄宝殿奠基庆典法语

（2015年6月14日）

欣逢国运昌，古刹再兴年。
海会云来集，法音响大千。

恭惟：海晏河清，政通人和，国运昌隆，教法繁兴；更蒙广州市与增城区各级党政领导关怀，落实宗教信仰自由政策，恢复开放长寿寺；又有广州市佛教协会会长耀智大德提携后学，委任悟真法师主持寺务。全寺僧众多方努力，十方善信发心护法，因缘具足，扩建宝殿。今日，海会云集，周隆佛事，高树法幢，动土奠基。祈愿圣地辉煌，宝殿圆成，与会大众，增延福慧。

虽然如是，即今动土奠基一句，如何举扬呢？

长寿古坛场，奠基纳吉祥。
众缘成宝殿，圣地更庄严。

在广州光孝寺升樑大典上的法语

（2015年11月6日）

光孝法筵开，香花供养来。
金刚常拥护，甘露洒尘埃。

恭惟：光孝禅寺，禅宗祖庭，千百年来，高僧云集，译经演教，高树法幢，八宗并弘，光大正法，绍隆三宝，普利群生，香火鼎盛，享誉十方。然，时代变迁，沧海桑田，阅历无尽，代有承乏，几经毁坏。欣逢盛世，国泰民安，风调雨顺，政通人和，国家落实宗教信仰自由政策，光孝寺得以对外开放。领导关怀，四众护法，全寺重新规划，拓宽广场，重建山门。于今，两序大众，云集坛城，讽诵灵章，祈祷回向。祝愿常住兴隆，山门清净，两序安和，慈光普照，正法永昌。现前听者闻者皆增福慧，福寿绵长。

虽然如是，即今向上一句，如何举扬呢？

圣地诃林胜道场，山门重建现庄严。

龙天护法祇园盛，升起金樑纳吉祥！

升！

广州光孝寺开山门法语

（2016年2月6日）

诃林悬慧日，光孝绝纤尘，

杨枝施甘露，春曦景物新。

恭惟：春回大地，万物更生，辞旧迎新，重兴山门，祇园焕彩，诃林生辉，四众发心，护法爱戴。光孝禅林，高树法幢，利济众生。树无量功德林，植无上智慧花。于兹，海会云集，十方礼敬，诚意方殷，香花奉供，梵音赞诵。共发愿，同祈祷：诸佛护念、菩萨加持、天龙八部、输诚加护、国泰民安、风调雨顺、政通人和、海晏和清。迎春集福，百业兴隆，山门清静，海众安和。

虽然如是，即今向上一句，如何举扬呢？

开启山门法界宽，重重圣境现毫端。

金刚护法隆三宝，万众同瞻沐佛光。

开！

广州增城雁塔寺重兴奠基庆典法语

（2016年12月23日）

恭惟：法不孤起，仗缘方生，心为法本，道在人弘，庄严佛土，万行为因。兹者雁塔寺住持，法成大德，率四众同仁，发菩提心，立广大愿，重兴古刹，建十方伽蓝，高树法幢，转胜妙法轮，尽未来际，作大佛事，广开福田，利济群生。欣逢吉日良辰，启建开工奠基大典，海众云集，讽诵灵章，惟愿，诸佛菩萨，慈光加持，天龙八部，光降法筵，四众瞻依，共沐恩光，随愿所成，因圆果满。

虽然如是，即今奠基培土，赞颂一句，怎么道呢？

奠基庆典聚群贤，佛土庄严利人天。
古刹重兴功德力，檀那护法永流芳。

佛山仁寿寺大雄宝殿升樑法语

（2016年7月15日）

佛地禅城四海扬，重兴仁寿寺辉煌。
十方海会云来集，讽诵灵章结法缘。

恭惟：佛山宝地，禅城净域，仁寿丛林，清代兴建，法缘绵延，阅历三百余载，高僧辈出，祖业兴隆。然世缘多变，沧海桑田，代有承乏，几经兴废，又“文革”十年浩劫，破坏殆尽，一时宝坊，沦为市尘。幸蒙国运昌隆，改革开放，落实宗教信仰自由政策，仁寿禅林得以恢复开放，山门再兴，劫后重生，百废待举。2002年5月，因缘具足，来此担起中兴重任。十多年来，党政领导，关怀备至，市委市政府，拆迁献地，十方檀越、社会贤达、善长仁翁鼎力扶持，两序大众发菩提心，多方筹集，基建同仁，惨淡经营，披荆斩棘，栉风沐雨，砥砺前行，于今殿堂建起，宝殿初成。恭迎诸山长老，云集嘉会，讽诵灵章，洒净祈福，喜庆升樑，以此功德，回向十方，更祈国泰民安，风调雨顺，社会祥和，人民安居乐业，檀越善信，发心布施、福慧增长。虽然如是，至今升樑一句，如何举扬呢？

大雄宝殿喜升樑，一片心香祈吉祥。
四众发心常拥护，梵宫建立利人天。

升！

揭阳双峰寺奠基法语

（2014年5月11日）

古刹双峰启法筵，庄严佛土满人间。

中兴祖业菩提愿，海会云来纳吉祥。

双峰宝刹，自宋代创建，历时八百余载，香火绵延，代有人才，利生济世，享誉十方，实粤东名刹，榕城福地。然沧桑越历，几经兴废，“文革”期间，逐僧毁寺，破坏殆尽，钟声绝响，香火无闻。

欣逢盛世，党政英明，落实政策，恢复开放。又琼法师不顾年迈体弱，开启山门，兴悲领众，辛勤奉献，功勋卓著。更有光镇和尚接力繁荣，再兴宝坊，建章立制，安僧课佛，弘法利生，双峰古寺再现十方丛林之盛况，可谓禅心慧业，同辉日月。

兹者耀勇法师接任丈席，精进努力，领众熏修，不负往圣先贤之垂训，更得党政支持，信众拥护，发愿征地扩建，光辉梵宇。因缘殊胜，择吉奠基。伏愿：法事周隆，功德庄严，大众欢喜，诸佛开颜。虽然如是，海会大众，同赞共颂一句，如何举扬呢？

佛日高悬瑞气融，如来圣地建梵宫。

承先启后人天庆，光耀双峰盛世逢。

惠来永福禅寺金堂上樑法语

榕石庄严地，如来古道场。

众缘成宝殿，永福万年昌。

是以过化存神，不动本迹建道场；仰瞻洪慈，必假事缘以圆成。大雄所在，理事圆融。圣殿居处，信心成就。欣逢和谐盛世，法事周隆，海会云来，千祥云集。本寺敬设酥酡妙供，奉献花果明灯，恭为金堂升樑，高标玉柱。世间诸法，樑竖而架固，百椽有依。佛法之中，三学为基，信愿为樑，树正见而导六度万行。伏愿：金堂鸿构，梵刹兴隆，众心感戴，普降祯祥。十方檀那，福慧双臻，即今在会众等恭祝金堂升樑一句，如何举扬？

当年宝祖法筵开，超月禅师驻锡来。
越历沧桑崇古德，金堂鸿构栋梁才。

升！

（注：宝祖即大颠祖师）

江门雪峰寺金堂上樑法语

古寺初兴万历间，沧桑阅历百千年。
世间诸法因缘住，劫后重兴正教演。

恭惟：江门雪峰宝刹，选佛道场，明万历年间，无二大师初创观音堂。崇祯年间，里人苏刺史发起扩建，延请尚雪、凝雪二位大师主持修造，更名为雪峰寺。自此，梵宇巍峨，钟磬交鸣，香火绵延。奈何世缘多变，沧桑阅历，代有承乏，几经沉沦。幸逢国运昌隆，政通人和，政府落实宗教信仰政策，于牛峰山下划地一百亩，重建宝刹。

2004年，余应缘于此，担起重兴大计，端赖各级党政领导扶持、社会各界鼎力帮助、十方贤者予力输诚，所谓：净业园中，勤植福慧之种；世间林里，多培修福之苗。于今殿堂初成，延请在座诸方大德及诸方莲友云集嘉会，共同洒净祈福，举行升樑佛事。伏愿：以此功德，回向十方檀越，信心布施，三宝加持，龙天护佑，功不唐捐，善愿成就。虽然如是，即今吉日良辰，上樑一句，如何举扬呢？

教法中兴盛世逢，庄严圣地建梵宫。
金堂宏构升樑日，宝刹重开祖道隆。

升！

广州光孝寺升座法语

（2006年2月18日）

山门说偈：

中华崇圣教，四海沐春风。
晋院兴禅刹，千秋道业隆。

拄杖一指，喝云：进！

弥勒殿拈香说偈：

兜率宫中圆万德，龙华三会愿遥知。
十方示现今何在，虞苑降临显大慈。

韦驮殿拈香说偈：

将军持宝杵，重重誓愿深。
威振摩罗窟，催邪辅正人。
回光瞻大觉，无喜亦无瞋。
悲愿难酬答，僧伽赖汝宁。

地藏殿拈香说偈：

誓愿积恒沙，悲心无尽涯。
累生作菩萨，火焰化莲花。

伽蓝殿拈香说偈：

帝君忠义炳千秋，拥护伽蓝誓未休。
一瓣心香无尽意，新猷未展待公谋。

大雄宝殿拈香说偈：

妙德普贤观自在，光明遍照法中王。
愿游华藏庄严海，共入菩提大道场。

六祖殿拈香说偈：

不是风动非幡动，识得心源即佛源。
自从衣钵南来后，无人不说祖师禅。

法堂说偈：

巍巍法王座，历祖相传付。
不假七宝成，有甚奇特处？

良久，云：

不畏浮云遮望眼，只缘身在最高层。

以杖指法座云：升！

拈香祝祷：

此一瓣香，根蟠劫外，枝播尘寰，不由天地以生成，岂属阴阳而造化，爇向炉中，专伸供养，十方常住，无尽三宝，唯愿佛日增辉，法轮常转，三门清净，治道遐昌。

此一瓣香，混沌以前，世界未出，早已全体独露，爇向炉中，奉为西天东土历代祖师，本寺开山中继位诸祖老和尚，天下弘扬法化诸大善知识，及现前两序大众，诸山大德，护法官长，各界宾朋，同悟一心，顿超圣域。

此一瓣香，金枝馥郁，玉叶芬芳，作国家之屏翰，为佛教之金汤。爇向炉中。伏愿：干戈永熄，世界和平，国运昌隆，人民安乐。社会和谐，祖国统一。

再由怀中取出香云：

此一瓣香，历历明明，竖穷三际，横遍十方。拈起则珠回玉转，放下则海晏河清。曾经屡受揵椎，不敢覆藏。今为第一回特地拈出，供养塔院堂上寂下度戒源和尚；叠石堂上达下藏剃度恩师；上本下焕老和尚；上明下旸老和尚；上新下成老和尚。用酬施戒受法之恩。惟愿慈光永照，法乳常敷，作人天之眼目，为末运之津梁。

就座说法：

济济高贤聚一堂，繁华入眼泛瑶光。

盛世齐民无别事，相将共赋寿而康。

诸山大座，大德长老。此地自东吴虞翻舍宅为寺，千百年来，西天东土，高僧硕德，或译经，或弘教，法幢高树，代有其人。尤以六祖大师，于斯剃染受戒，开演顿悟法门。一花五叶，五宗七派，肇端于此。昔人赞云：“禅教遍寰中，兹为最初福地；祇园开岭表，此是第一名山。”殆非过誉。明生才疏学浅，德薄行凉，今日幸得诸佛护念，列祖垂慈；诸位大德不弃，各级领导关爱，推主兹山。得为历代祖师洒扫之役，战兢惕厉，惶恐应命。而今而后，自当仰体众心，勤行佛事，将此心奉尘刹，是则名为报佛恩。时当末运，祖庭秋晚，事事无分巨细，端赖众力扶持。即今入院一句，作么生道？

东风舞，万物苏，振衰起蔽展鸿猷，

且看庭前诃子树，早有新芽在上头。

珠海普陀寺升座法语

（2015年11月17日）

升座典礼仪程

预日铺设法堂，山门外启请处设香案，桌围椅披、香炉灯烛、如法庄严。时至，鸣椎，大众齐集大殿。维那鸣磬一声，呼：“迎请和尚。”钟鼓齐鸣，奏乐，两序出位，至山门外迎请处立定。班首出位，拈香三瓣，随具一拜，长跪，宣《请新住持启》。毕，和尚默允。维那随呼：“末后先行。”

牌楼前诸山长老为和尚挂珠、授衣等。

末后先行，幢幡导引，拾级而上，至牌楼立定。和尚拄杖一卓，说偈云：

国运昌隆百业兴，心香一片祝升平。

道场成就隆三宝，晋院传灯利有情。

喝云：进！

放生池观音像前

菩萨愿无边，慈光照大千。

群生皆化度，珠海驾慈航。

伽蓝殿土地前拈香毕，合掌云：

慈云密覆凤凰山，秋树秋花尽入禅。

赫赫神威弘愿力，伽蓝圣众护僧园。

偈毕，一问讯。

弥勒殿座前拈香合掌云：

一声狮吼法门开，座上慈尊笑满腮。

喜看普陀悬慧日，心心相印见如来。

偈毕，展礼三拜。

天王殿拈香说偈：

金刚二将四天神，勇健威灵护法门。

济众安僧兴正道，大雄座下奉丹心。

偈毕问讯。

韦驮殿拈香说偈：

将军持宝杵，十劫本童真。

护教深宏愿，三洲显威神。

偈毕，展礼三拜。

鼓楼拈香说偈：

虚空菩萨愿无穷，利济人间万德隆。

法鼓感通无尽界，十方归敬沐慈风。

偈毕，展礼三拜。

钟楼拈香说偈：

金钟响彻震幽冥，地藏慈尊威德深。

誓愿无边空地狱，三途八难脱凡尘。

偈毕，展礼三拜。

祖师殿拈香说偈：

珠山含祖意，海月印禅心。

奕叶相承远，传灯耀古今。

大展九拜。

至普光明殿，诸山长老接和尚具，送蒲团位。和尚送诸山长老至休息处，回殿，至中蒲团位立定，合掌说偈云：

毗卢大士法王身，清净庄严绝点尘。
喜舍慈悲皆具足，娑婆妙应愿圆成。

维那举香赞，和尚拈香展礼。香云盖三称三拜，赞毕，出殿。

大殿后地藏像：

大孝亲恩地藏尊，悲怜六道久沉沦。
震开地狱天堂路，觉岸同登出苦轮。

三圣殿：

三圣庄严两足尊，慧光朗照涌祥云。
悲心利乐三千界，大愿弘开不二门。

至法堂，诸山长老为和尚送座毕，和尚至法座前居中立定，说偈云：

海会云来礼法王，圆成宝刹庆开光。
祖灯永续千秋耀，狮座登临正法扬。

以杖指法座云：升！

维那举炉香赞，和尚拈香，赞内三拜。升座。监院出位拈香三拜。赞毕，维那呼：展具。和尚云：不展具。维那呼：顶礼和尚。和尚云：不为礼。烧香、四侍者出位礼拜，俱依上堂式。滚引磬三阵，维那鸣磬三下，一押。

和尚起立，拈香祝祷：

此一瓣香，即相离相，体用非常。爇向炉中，专伸供养，十方无尽三宝，惟愿佛日增辉，法轮常转，三门镇靖，治道遐昌。

此一瓣香，辉天鉴地，耀古腾今。爇向炉中，奉为西天东土历代祖师，天下宏宗演教诸大善知识，怀庵堂上开山及历代中兴继位诸祖老和尚，并现前诸山大德，上座法师，两序大众，护法官长，各界宾朋，檀越信施，各位善信，祝愿福增慧长，德进禄昌。

此一瓣香，光同舜日，大似尧天。爇向炉中，至诚祈愿：国运昌隆，海晏河清，政通人和，人民安乐，干戈不起，祖国统一，世界和平。

再由怀中取出香云：

此一瓣香，从秘密藏中特为拈出，三德具足，万法总持，专申供养先剃度恩师，叠石堂上达下藏老和尚；先戒源和尚，塔院堂上寂下度老和尚；先传法恩师，上本下焕老和尚，上明下暘老和尚；再申供养，上传下印老和尚，上新下成老和尚；用酬接引授戒传法之深恩，提携护念之厚德。

祝愿毕，撩衣就座。

维那白椎云：法筵龙象众，当观第一义。

兴建伽蓝十五年，施为内外法自圆。

四恩念报恒心愿，法幢高树赖众贤。

诸上座，昔高僧传有兴福之篇，《梵网经》明建立之责。往圣先贤，或造佛塔，或立僧园，高树法幢，绍隆三宝，伟绩丰功，彪炳史册。虚祖老和尚，行年一百二十，平生修复中兴老祖道场无数，振衰起弊，兴废继绝，后代儿孙，直到如今，无不蒙其庇荫。余虽不敏，剃落以来，数次拜读虚祖年谱，感铭五内，时慕祖德汪洋，为法忘躯，高山仰止。珠海僻处海隅，本无丛林大刹。普陀寺原为二十世纪末新修之旅游项目，蒙观世音菩萨慈光加被，政府无偿拨地置换，开放为吾等礼诵熏修之佛教宝所。然屋宇湫隘，像设未严，栋朽樑颓，时忧倾圮。余接手伊始，即鸠工庀材，重新规划，重营殿阁，重塑宝像。手胼足胝，筚路蓝缕，栉风沐雨，备经艰辛。幸蒙党政领导关怀，海内外大德高僧、善长仁翁、檀那善信，鼎力扶持，历经十五载，始竟其功。所谓住山必念开山力，创业容易守业难，但愿合寺首领上座，两序大众，同心共秉，爱国爱教，拥护常住，兴隆道场，远绍祖德，近光宗门。虽然如是，即今，全寺落成，全堂圣像开光明之际，举行晋院升座大典，向上一句，作么生道？

教法中兴盛世逢，庄严宝地建梵宫。

名山再造人天庆，继往开来祖业隆。

维那结椎云：谛观法王法，法王法如是。

维那呼：展具。

和尚云：不展具。

维那呼：礼谢和尚。

和尚云：不为礼。

“送和尚回丈室。”

“不消送。”

两序送和尚回丈室，顶礼和尚，礼毕。

法务法语

在光茂老和尚荼毗仪式上的封龛法语

（2015年8月6日）

海众云来礼尊前，声声佛号彻云天。
功成果满归真际，亲觐弥陀上九莲。

恭惟：揭阳双峰寺首座、报恩寺方丈光茂大师，降生于1935年，1981年出家受具，2015年7月30日圆寂，享年八十春秋，戒腊三十四夏。大师一生乐善好施，剃染出家后，谨遵佛制，持戒念佛，寒暑不辍；建寺安僧，课徒领众，严以律已，宽以待人；度生济世，爱国爱教，为法为人，堪称佛门典范，四众师表。

于今大事已毕，所作已办，撒手西归，山门垂泪，草木含悲。惟愿寂光不昧，早登极乐，亲觐弥陀。虽然如是，即今封龛一句，怎么生道呢？

四大梦幻身，心清不染尘。
径登安养地，归敬见慈尊。

封！

珠海普陀寺为演善法师封关法语

广东省佛教协会　广州光孝寺

（2016年7月20日）

散意失真，心水浊而溷归欲海；
掩关行道，慧日明而朗达性天。

恭惟：演善大德，善根夙植，慧性天生，早脱红尘。童真入道，戒品精严，道念弥坚。为明大事因缘，发菩提心，竖精进幢。于珠海普陀寺六和僧楼立限掩关，奋志潜修。参究无生，俾使修身有序，进道无碍。忍水常滋，永秀菩提之果；慧光顿发，照破烦恼之迷。虽然如是，即今明生与全寺僧众于兹恭送大德，且道封关一句，又作么生道？

学佛出家殊胜因，远离物欲葆天真。
闭关精进心常寂，亲证如来自在身。

（送演善法师入关房，锁闭关门已，扬声云）封！

为珠海普陀寺广益法师闭关封关法语

禁足三年不染尘，万缘放下见天真。
分明只在寻常处，默照澄心道自亲。

夫道不远人，莫寻外求，从外入者，不是家珍，自心流出，方可顶天立地。若要发明大事，一动不如一静，息虑万缘，默照澄心，自然有静极光通的时刻。故我释迦世尊，先于雪山六年苦修，后有菩提树下，夜睹明星，成正等正觉，亲证真如实相。所谓“不经一番寒彻骨，哪得梅花扑鼻香。”兹者广益法师，效古德先贤，苦练真修，发菩提心，树精进愿，矢志潜修，闭关三载，心翼妙悟，克期取证。虽然如是，明生与在会众等送师入关，且道封关一句，如何举扬呢？

发心追古德，修道学先贤。
誓证菩提果，闭关澈本源。

封！

法务赞颂

根通长老舍利供奉入塔赞颂文

山西省佛教协会、五台山佛教协会：

贵会名誉会长根通长老在 2015 年 11 月 2 日圆寂，我会同仁闻生悲恸，无任缅怀。

贵会将于 2016 年 8 月 18 日为长老举行舍利入塔供奉赞颂大典，以此感念佛门先德，缅怀长老，我会同仁感怀无尽。

根通长老德高望重、修学精进、解行相应，一生爱国爱教，弘法利生，慈悲济世，普施法雨，深受海内外四众弟子敬仰和爱戴，为佛教事业发展奉献了毕生精力，鞠躬尽瘁，功德巍巍，高山仰止。即今化缘已毕，托身净域，实我等失正法眼，蹉见性路，无上怀念。

贵会诸位上座，积极筹划，建塔铭文，树碑立传，希冀教界后学，共秉长老遗风，传承功德，更为佛法祖灯奕叶呈辉，明照天地，德泽十方，令人赞叹！于此心香一瓣，遥供莲座，祈长老于常寂光中不舍娑婆，乘愿再来，普度有情。

涅槃堂上

柏林堂上净公上人涅槃寂照

承虚公付嘱犹瞻祖师风范常忆座下偈法乳

衍五派传承还见大德行懿唯愿光中鉴生悲

末学广东省佛教协会 广州光孝寺 明生泣挽

灵岩堂上明学长老涅槃千古

克勤克俭兴学育才印祖宗风今犹在

能智能悲利生弘法明公德范留人间

末学广东省佛教协会 广州光孝寺 明生拜挽

白光上人示寂悲荐

悲心至切慈爱良箴殚精竭虑育僧才学子同依止

行愿无边结缘十方弘法利生兴圣教祈师再从来

受业门人广东省佛教协会 广州光孝寺 明生百拜敬挽

菩提法语

佛说一切法，为度一切心，若无一切心，何需一切法，此心本如真，妄想如蔽覆，颠倒无明，造业作恶，因果报应，轮回生死，犹盲人独行于黑夜，永不见日。佛陀说种种法，历代祖师，开显宗门，旨在度化众生，荡尽尘心妄想，转迷成悟。

我们要少一些指责，多一分宽容，自己过得很自在，他人也会感到舒服。

被人误解了，不说，是一种大度，事情的真假，时间会给最好的回答。被人伤害了，不说，是一种善良，感情的冷暖，时间会给最好的证明。被人诋毁了，不说，是一种涵养，人品的好坏，时间会给最好的澄清。什么事都不要急着辩解，什么话都不要忙着倾诉，学会说话只要几年，懂得沉默却要几十年。人生的高度，不是你看清了多少事，而是你看轻了多少事。心灵的宽度，不是你认识了多少人，而是你包容了多少人。做人如山，望万物，而容万物。做人似水，能进退，而知进退。佛法教导我们：心包太虚，量周沙界，慈悲喜舍成就无量心。

其实每个人的经历、际遇都不是偶然的，出现在我们生命中的都有因缘，人生最重要的就是做好自己该做的，担当负责，这也是佛经所说的“法住法位，法尔如是”。缘来珍惜，缘去放下。毕竟，一生，只有一次。

修习佛法应知行合一，实践是检验真理的唯一标准。学佛修行最重要的是能够把学到的佛法运用到生活中去， 在生活中实践，在实践中修行。佛经常常这样教导我们：如是我闻，依教奉行。身为佛子，当行佛事。佛弟子就要按照佛陀的教诲去做，要如理如实听闻正法，真诚实践，唯有这样，才能真实地解脱一切烦恼，才有身心的自在安详，乃至获证菩提正果。

光阴有限，时间太短，不要只着眼过去和未来，要活在当下，才有真实的幸福与快乐。

人们常看到别人的幸福，却不曾留意人家怎样积福。对家人关心爱护就能获得家庭和睦，对朋友坦诚相扶就能获得友情深厚，对同事礼让帮助就能获得事业成功。运气不好不是周围的环境差，而是你没有为自己积福。只有在生活、工作中，点点滴滴的广积善缘，才有无尽的福报。

世上除了生死，其他都是小事。不管遇到了什么烦心事，都不要自己为难自己；无论今天发生多么糟糕的事，都不要对生活失望，因为还有明天。人生不顺事十有八九。心平天下平，心净国土净。

虽然我们生活在一个充满无常变化甚至有诸多缺陷的娑婆世界，但只要我们有一颗善于发现美好生活的简单淳朴之清净心，依然能欣赏人生的真善美，感受大自然赐予我们的一切。回首幼童时代，我们好似生活在一个梦幻般的迷人世界。那时的心里，一切都是简单而美好的，开心时就笑，伤心时就哭；饿了就吃，困了就睡，没有过多的烦恼和牵绊，只有一颗纯真质朴的童心。而长大之后的我们，常常烦恼和痛苦，只因为我们的心随着年龄的增长而变得复杂，犀利的眼神当中充满了财色名食睡，丢失了那颗善于发现真善美的心，纵然有钱有权有丰富的物质却也难有幸福。为此，让心回归自性，自然、简单、淳朴，生活也就随之变得快乐与幸福，人生才能安详自在。

作为一个佛教徒，应该将佛陀所传的正知正见正法，作为检验自己身口意的标准。要时时反省自我，不要随意否定他人，当知世事本无对错，只有立场角度不同。应以慈悲、包容、智慧的清净心去观察。

心从哪里走过，因果便在哪里种下。人的一生，就是一个因连着一个果。不要在悲伤的情绪里徘徊，那会失去另一个快乐的情绪。人生的苦难，若注定不能逃避，不如勇敢面对它。学会淡然放下，只有放下心里的包袱，才能轻松前行。放下不是放弃。

学习知识的目的，并不是为了挣钱多，也并不是为人前显贵，更不是为升官发财，尽管可能你有含金量高的学历，可能会借此取得一定程度的成功。学习的意义是让人作为有独立思考的人。是让不成熟的心灵变得成熟，是让人开阔眼界，让浅薄的人变得厚重，让浮躁的心变得沉稳，让聪明变成智慧，让功利的人生变成更加有人文涵养的功德人生。

一个人只有经历了漫长的人生跋涉后，才最终明白，生命的意义，其实并不在于获得，而在于放下。因为有平淡的人生，才有庄严的生命。

求菩萨，不如学菩萨，发菩提心，行菩萨行。积善因得善果，众生皆苦，然而有发心觉悟、自度并且度人者，必能得到真正解脱。只有拥有正确的发心与诸善业，才能得佛祖加持护佑，获得吉祥大自在。

人生的路需要自己走，没有人可以替代。认真对待人生每一步，始终坚守善良与信念。即使没有富贵显达，也能让灵魂高贵清雅，心安理得。美满的人生就不错过、不遗憾。

空寂，是一种内敛与从容，不显，不争，更是一种禅定与光明智慧。天空不语却深邃，草原不语却辽阔，高山不语却豪迈。这就是佛所说的"真空妙有"。

相信世间的真、善、美，相信生活的柴米油盐就是真实的幸福。不攀比、不妄想，不在生活中迷失积极健康、善良向上的方向。佛弟子的修行不仅仅在道场，还要将善良放在心中，将慈悲心融入生活与工作中。只有这样才能真实地欣赏和领略到人世间的真、善、美。

你自己才是最好的善知识，没有人可以帮你背负痛苦与烦恼，也没有人可以夺走你的智慧与光明，唯有你可以改变自己，发展自己，成就自己的功德。

丰子恺先生说："既然无处可逃，不如喜悦。既然没有净土，不如静心。既然没有如愿，不如释然。"是的，人生就是这样，心念转，缺陷变红莲，烦恼即菩提。

禅话慧语

禅是内心菩提的觉悟，能让我们觉悟到生命的真相。禅更是幸福的，能让我们拥有安详、清净、无上心境，让我们知道知足常乐、感恩奉献。然而今天，在物质高度丰富而精神不断贫乏的时代，人们追求的却是一种不可预见的幸福。我们关心的是物质的不断增值，而没有注意到人生幸福在贬值。“如果从禅宗的理念看待、分析这些问题，有很多原因，其中一个根本的原因，我们的主体没有觉悟，我们的人生充满了贪瞋痴，没有禅的意境，禅的感受。”

法师希望，通过禅与幸福人生的对话，能给大家心灵上体悟禅的意境，让我们的生命回归到喜悦、快乐，共同享受人生的充实和幸福。

“佛教禅宗也是一门关于幸福的学问。禅宗认为清风明月、大地山河非我所有，但都能够为我所用，这就是幸福的。我们现在整理、发掘、弘扬佛教禅宗的幸福理论，探索禅在构建幸福人生方面的作用，对于提升人们的幸福指数，建设幸福社会、和谐社会具有积极意义。”

空花暗香

和谐世界，从心做起

在寒风凛冽的荒野，人们渴望家庭的温暖；在焦热的土地上，人们企盼夏雨的清凉；久困沉疴的患者，渴望良医的回春妙手；行走在冥冥黑夜里的人，企盼燃烧的火炬……

在世界人民走向幸福的大道上，我守望着和谐。

我们看到，科技的发展带给人们许许多多的便利，同时也带给人类许许多多的灾难；思想的争鸣启迪了人们的智慧，同时也开启了人类的纷争之门；多元的文化让人们开阔了视野，同时却又被夹裹着走向了无所适从……

走向和谐，我们还要跨过武力冲突的辙印，越过种族歧视的大山，推翻人我是非的篱笆，冲过言论斗争的硝烟……

社会企望安定，而和谐是安定的主题；人类渴求幸福，而和谐是幸福的底蕴。

世界上之所以有战争的烟云、饥饿的哭声，有斗争的喧闹、民族的纷争，如此等等的不和谐，都来源于人类内心的执著。

执著的土地滋养了贪欲，催生了瞋恚，埋藏着愚痴……它们腐蚀了和平的基石，摧残了和谐的绿叶。

执著，使人与人有了鸿沟；执著，使人与社会难以交融；执著，使人与自然壁立万仞；执著，使现代遗忘了传统。

因而，和谐世界，就必须要从我做起，从心立本。以下从佛教清净心的表现形式浅说和谐世界的内容，就正于大家。

一、以四摄法和谐人我

经历了人间的冷漠，体味了世间的孤独，就知道佛教四摄法（布施、同事、爱语、利行）的可贵。我们每天都要静思，有多少饱受灾难的人无家可归，有多少贫穷的孩子无法上学，有多少身受重病的患者没有钱医治，有多少儿童和老人需要人们的关爱和关怀……

所以我们需要慷慨地布施。

我们每天都要静思，年轻的一代们总是乐于在网上聊天，向遥远的、未知的、蒙上面纱的陌生者“奉献”时间，然而却不肯向邻居微笑，向街坊问好。年轻的一代总是拨通电话、编写信息，向不可捉摸、缥缈迷茫的友谊发送诚挚，却不肯向一个办公室里朝夕相处的兄弟姐妹给予真诚。

由此，我们才知道同事摄那种和光同尘的可贵。

是的，颐指气使会把领导们送上象牙塔。促膝谈心、悉心倾诉、诚恳交流，适时赞叹别人的优点，这样的爱语摄才会使大家其乐融融。

以方便善巧代人之劳，成人之美，利行摄也会让大众欢喜愉悦。

二、以报恩理念和谐人与社会

生活在缘起的世界里，社会就是人成长的温软土地。我们应该如此静想，钵里的米饭浸润着农民们辛勤的汗水；案头的白纸折射着工人们的劳碌身影；出门旅行是在享受着别人的劳动；读一本好书也是在汲取作者的智慧……

是啊，我们无时无刻都是在享受着别人的劳动，没有他人的劳动，我们的生命将不存在。

生命，是相互地依存，谁也不能远离了他人而单独存活。

所以，人就应该报恩，报答父母养育的恩德；报答师长教育的恩德；报答滋润我们生命的众生恩德。

三、以依正不二法门和谐人与自然

极乐世界是一个非常和谐的世界，彼佛国土，有七宝行树，微风吹动，出微妙音，譬如百千种乐同时俱作。七宝池内，以八功德水充满，四色莲花微妙香洁。昼夜六时雨天曼陀罗花。极乐世界，常有种种美妙杂色之鸟，白鹤、孔雀、鹦鹉、舍利、迦陵频伽，共命之鸟，昼夜六时，出和雅音。

佛陀在高大参天的菩提树下讲经说法，其国无量无边的人民都是心地无私的贤圣高德。正是因为有如此无量无边的上善之人，极乐世界才如此的庄严，如此的美好，人与自然才如此的和谐。《维摩诘经》说得好，

“心净则国土净”，所以要得到如此美好的环境，我人当先净其心。

依报是我们生存的环境，正报就是我们自己。依正二报唇齿相依，息息相关。

我们应该如此静想，钢筋混凝土的丛林正在向我们赖以生存的土地迅速地蔓延；工厂的污水将清澈的河流染得五颜六色；眼前的利益使得大片的树林被砍伐，走向一次性筷子的悲惨命运；一些企业的烟囱正给日月和蓝天蒙上灰尘……

我们还应该如此静想，藏羚羊被猎杀，珍禽异兽也走向绝种，牛马在屠刀下咆哮，还有……许许多多的动物家族，在人类的贪婪的欲望里灭绝、呻吟、蠕动、挣扎、哀号……

我们期望“明月松间照，清泉石上流”的意境，更渴望“夕阳牛背无人问，载得寒鸦两两归”的和谐。

“一色一香，无非中道”，我们追求真理、崇拜真谛，而真理无处不在。“溪声便是广长舌，山色无非清净身”，百草头上，也闪烁着真谛的光芒。生公说法，顽石不也同样点头吗！佛性是无处不在的，佛也是无处不在的。

所以，对大自然的一切，小至一草乃至一微尘，都要心存敬畏。菩萨不践生草，佛世更有道风高尚的草系比丘。

世上刀兵劫，屠门夜半声，谁肯为碗里羹而闭目静思。比丘饮水，尚要以漉水囊过滤。有心者都像爱自己一样爱惜生命，陆放翁诗言：“血肉淋漓味足珍，一般痛苦怨难伸，设身处地扪心想，谁肯将刀割自身。”

古贤以鹿鸟为伴，今人闻之，将谓神话者哉！

破坏环境就是在破坏自己的家园，虐杀动物时就是在虐杀自己的朋友。庄严国土即是美化和保护环境，利乐有情也即是善待自己、善待自然。

四、以三世因果观和谐现代与传统

三世就是过去、现在、未来，也就是昨天、今天、明天。今天，是昨天的继续；明天，是今天的延伸。没有昨天，今天就是空中楼阁；没有明天，今天就是死胡同里的黑暗；而没有今天，昨天和明天就成了失去混凝土的断瓦残砖。

中华民族有五千年的文明史，然而，新新一族的时尚者们却把目光只停留在现代，今朝有酒今朝醉，不知道自己当下就脚踏在古文明的土地上，更不知道自己的言行将会沉淀给下一代。

忘记了过去就等于背叛了传统，正是由于传统文化的埋没，三世因果往往被嗤笑，道德经常被践踏，伦理时时被遗弃……

就如同一个站在长江入海口的人，总是在赞叹滚滚江水奔流入海的壮阔，然而却根本不知道沱沱河是波澜壮阔长江的源头。

现代与传统是一体的，就如同肉体和灵魂。假如没有传统的灵魂，现代的肉体只是行尸走肉；假如没有现代的身体，传统的灵魂也只是孤魂野鬼，无所安寄。

我们看到，老一辈们的心灵上有着显著的传统印记。所以，他们知足、节俭、朴素，重义轻利、一诺千金，稳重诚实、求真务实，敬畏天地、履践孝悌忠信……就如同大山般沉稳，如同大地般厚重，能给人以包容、以信赖。而自诩为时尚的现代一族们，崇尚浮华、追求前卫，沉湎欲乐、见利忘义……许多人脸上只戴着利益的眼镜，眼中只闪烁金钱的光芒，人间因此而弥漫着浓浓的功利。

猜忌、嫉妒、世故、打击、陷害……接踵而来。仁义由此而远去，信任由是而泯灭。

现代人啊，不要被金钱蒙蔽了清澈的双眼，不要被功利左右了聪明的头脑。现代如同一列奔驰的列车，它需要传统道德的路基；现代如同一艘航行在大海的巨轮，它需要传统伦理的司南。

现代和传统是一体的两面，如同手心和手背，只有立足现代，继承传统，人类才会有光明的未来，社会才能完整地发展。

要以传统的包容美德去化解现代民族、信仰的纷争，应以传统的平等理念去消除现代种族歧视的偏见，要以传统的友好尊重谦让去融化武力冲突的冰棱，应以传统切磋之谊取代言论斗争之友而同善……

以商摄之法和谐人我，以报恩理念和谐人与社会，以依正不二法门和谐人与自然，以三世因果观来和谐现代与传统。

只要我们每个人真诚地从清净心做起，世界就因此而和谐，人间就由此而美丽。

以深信切愿，念佛往生净土

净土法门是我们大乘佛教八大宗派之一，佛教从印度传入中国，然后依据中国的现实情况、文化背景和人文价值取向，创立了一种让我们中国人可以通过修行而得到解脱生死的方法。

法门无高低，只有是否契机，是否适合自己。因为每个人的烦恼和依报正报都不同，修行的途径和路径就不同，就算修学同一个法门，也会有不同的成果。所以说："师父领进门，修行在个人。"法门可以是共性，但修行的方法是个性的，因此无论修行何种法门都要找到法门的根本特性，对治自己的烦恼，验证是否有效果，才能决定自己是否适合去修习这个法门。因此，同一法门、同一方法都要自己去琢磨，自己去抉择。法门无高低之分，只有是否契机合适。

信愿行是修行净土法门最重要的三个步骤。信，不难，难在要深信。念佛大家都会，但是能不能做到深信阿弥陀佛所创立的西方极乐世界对你有价值，很难。起信是非常重要的，一定要深信西方极乐世界是我们最终皈依处，最庄严、美好的世界。《华严经》云："信为道源功德母，长养一切诸善根。"建立信心、信根是修持净土法门最基本的心念。另外，还要深信因果，遵守因果规律，对因果报应念念不忘，然后规划我们的人生方向，因为有方向才有目标，有目标才有前进的动力，才不容易被杂乱心干扰。从信根上再起愿力，对解脱生死有强烈的意念，对到达西方极乐世界有强烈的愿望，把这个愿力建立在信的基础上，不怀疑，一心一意念佛，愿力就会长大。最后落实到行上——念佛，念佛有很多种方法：实相念佛、观想念佛、观像念佛、持名念佛。观想念佛是观想西方极乐世界的种种庄严和美好，念念不忘，心识一直住在这种意念上；持名念佛，是用音声来引导大家意念西方极乐世界的庄严美好，从而生起钦慕期待的解脱生死心。音声和色相都应该住在西方极乐世界上，六根都摄，才有效果。往生的根本条件是一心不乱，所以在信愿行上一定要落实好，否则就白干了。

我们念头太杂了，心很乱。念佛成就的人，六道是空的，而我们还没有成就，六道还在。要相信念佛法门的殊胜，这是能增进智慧的法门，因此六祖大师在《坛经》里面讲：自性迷即是众生，自性觉即是佛，慈悲即是观音，喜舍名为势至，能净即释迦，平直即弥陀。我们要成就念佛法门，那我们对待所有的众生都要慈悲和喜舍，如果我们的心没有扭曲、颠倒，能做到平直，就是阿弥陀佛；只要我们的心能够清静，就是释迦佛。

我们生到娑婆世界，而不是西方极乐世界，是因为我们的心没有慈悲喜舍，不能平直和清静。六祖大师说，烦恼即菩提，我们念佛成就那一刻，不是离极乐世界十万八千里，而是当下这一念的状态。阿弥陀佛有没有跟着你，看你这一句阿弥陀佛是不是慈善的、平直的。所以，应该把净土法门落实在工作中，处理好待人接物，处理好人际关系。念佛不难，难的是在遇到人我境界时保持正念。我们的心常常是因为外境变化也跟着变的，常陷在人我是非里面。

念佛讲求都摄六根、一心不乱，你一会儿当观音菩萨，一会儿变成阿修罗，六根没有用佛号摄受起来，做不到一心不乱，所以我们要不断地熏修，不断地念佛。念佛法门有多殊胜，就看我们有多坚持。所以，修行就在于坚持、转化，经常检查自己的心，有没有生恶念，佛号是不是清净，遇到境界时自己的心能不能转过来，能不能显现慈悲心。六祖大师说，改过必生智慧。我们检查自己，知错就要改。

我们来到这个坛城，随大众静坐念佛、走着念佛，要观照自己的心。坐着的时候心在哪里？走的时候心在哪里？念佛的时候心在哪里？我们听到别人的声音，听到木鱼的声音，自己的佛号是不是了了分明？是不是保持着虔诚恭敬、全身心投入？

所以“信愿行”是净土法门所要求的方法措施，希望大家好好落实，把信愿行三个步骤统一到一句佛号里面。净土法门能够三根普被，利钝全收。上中下三根，所有佛弟子只要修念佛法门，都能够被摄受，这是度生死的法门。所以说一句佛号能摄受三藏十二部经典，为什么？一句佛号就是六度万行，关键是你要以信愿行去落实。

所以，净土法门的殊胜，在于把信愿行收于一句佛号，一句佛号可以展现西方极乐世界无穷光明。阿弥陀佛是无量光无量寿，无量光是空间,无量寿是时间,所以净土法门可以跨越时空,千径万路导归西方极乐。因果要明彻，修行要不著相，信愿行要落实到念佛里面。

我们每次来参加念佛共修，不要参加完就丢掉，要保持念佛的法喜。所以，希望大家在“信愿行”里面下功夫，在佛号相续不断上做抓手，一念接一念，念念都摄六根。祝愿大家念佛成佛，往生西方极乐世界。阿弥陀佛!

第二篇　宴坐菩提树

清净音声

丁亥年端午

广州光孝寺明生敬题

菩提树下的对话

禅与企业文化

“菩提树下的对话”缘于广东省佛教协会举办六祖文化节，是对六祖禅法的一种表示形式。菩提即觉悟的意思，菩提树是一种桑科榕属植物，为了纪念释迦佛在菩提树下觉悟的因缘，因此把这种树叫作菩提树。在佛教信徒的心目中，菩提树的神圣感和释迦佛是等同的，所以菩提树又叫作圣树。因此，在印度佛教徒乃至今天全世界的佛教徒心中，菩提树都是至高无上的，因为它有释迦佛的觉悟因缘。释迦佛在这里觉悟了什么呢，他提出了众生都有佛性，而佛性就是禅性。菩提树还有智药三藏的因缘，他从印度释迦佛成佛的菩提树引种，移植到中国广州的光孝寺（制止寺），已经有一千五百多年的历史，这棵菩提树承载着不同凡响的海上佛法传播的历史因缘，对中国佛教历史产生了非常大的价值和作用。这棵菩提树种下后，智药三藏预言过一百六十七年后，将有肉身菩萨来这里弘扬三乘法门，这就是我们的六祖菩萨在这里落发受戒，开扬中国禅法的第一坛讲经，因此这棵菩提树意义非凡，所以我们选择释迦佛在菩提树下觉悟、六祖大师在菩提树下落发受戒的因缘，来作为我们沟通交流的平台，活动也由此而得名。

为什么叫对话呢？我们认为语言有无比的魅力，当我们呱呱坠地的时候，第一句就是语言，从“阿”字开始，到今天，到我们一辈子的最后能够圆满，都和语言有关。有些语言说出来，在我们心中会产生无上的魅力，在佛教里，有观音菩萨寻声救苦，所以语言对我们非常重要。六祖慧能大师教化所有的弟子，也是通过语言的对话，使得他们开悟，所以语言对于人生、修行都是重要的抓手和基础，因此我们传承六祖禅法以对话的形式作为进行交流沟通的平台，这就是“菩提树下的对话”设立的因缘。

也许大家不知道，禅除了释迦佛在菩提树下苦苦追求，用禅的方式得到开悟，另有禅的宗派产生于灵山会上。当时，佛陀拈起一朵花微微而笑，下面在座的有位叫迦叶尊者的大弟子，也随之微微一笑，禅就出来了。但是你可能会问，为什么我们看到花微笑，没感觉到禅，也没开悟呢？大家有没有想过，这是因为我们缺少禅心。没有清净心，我们受烦恼的包围，我们所存在的内心承装的全都是烦恼、嫉妒、妄想，和禅远隔千里。所以没有禅心的人，就会不了解释迦牟尼的微笑。迦叶尊者和释迦佛的微笑是会心的笑，微妙的笑，清净的笑，太让我们向往了。你或许说，禅对我们有什么作用啊，我们不是活得好好的，禅能给我们饭吃吗？禅能给我们赚钱吗？禅不能给我们饭吃，但能教化我们吃好饭，吃出平安，吃出吉祥，吃出健康，吃出幸福。禅不能给我们人民币和美金，但是能引导我们用好钱，使我们企业在禅的智慧、禅的方法指导下实现发展，这就是禅的魅力。

禅法产生于印度，之后由达摩祖师传到中国。禅刚到中国，民众开始很难接受，六代祖师不断发扬传承，而集大成，推动发展应该首属六祖慧能大师。六祖慧能大师不仅继承释迦佛的心法，还将它体制化、规范化、统一化，创立了具体的理论体系，更重要的是它能够政教分离，走进人间，落实社会，培养了四十三位高素质的人才。所以，我们知道，要推动一个事业的发展，从禅里得到的智慧是，要有机制体制，要有理论体系，关键是要有人才，这就是禅。

近代著名的文学思想家钱穆先生这样评价：中国的文学思想史，有两大伟人，一为唐代禅宗的始祖慧能大师，一为南宋著名的理学大家朱熹，一佛一儒，使中国的文学思想绵延不断。也就是说，所有唐代以后的中国文学思想家都受这两位导师的启发。朱熹，是一代儒家，学富五车。六祖慧能大师目不识丁，为什么能成为思想家，因为六祖有智慧的五车，六祖慧能大师修行的语言可汇集记载成一本中国人能说出来的《六祖坛经》。在佛教里，一般佛教的弟子说出来的，只能是佛教的论点，不能称作经典。经典只能是释迦佛说的话，所有中国人推崇的六祖的话，叫作《坛经》，成为经典，说明六祖大师的位置和释迦牟尼的位置是等同的，也说明六祖是我们东方的释迦佛，所以他成为世界的十大思想家之一。《六祖坛经》不但成为我们出家人的指南，还对千千万万普罗大众生活、工作、为人处世起着莫大的作用，这是历史传承到现在，都没有过时。

慧能大师的《六祖坛经》不仅对民众有影响，对雕塑、文化、艺术、戏剧，包括思想、哲学、文学都产生了巨大的影响。翻开中国文学史一查便知，中国很多诗人、文学家都受到禅的影响。从这个意义来说，它一定能推动传统文化的价值升华和促进企业文化的提升，所以禅文化和企业文化是相关的，那究竟我们修行禅在现实里能对企业有什么价值呢？这就是我们今天探讨的重要话题。

六祖说“外离相为禅，内不乱为定”，风幡没有动，定力就够了。禅的根本目的就是发挥人的慈悲和智慧，内心有大慈悲有大爱，就有大智慧。从这个方面来说，能够清清楚楚做事，明明白白做人，所获得的力量也是无穷无尽的。智慧和慈悲使我们每个人能够感恩、包容、分享、结缘，这是禅给我们产生的文化价值，也是人生价值。企业文化是什么，它是通过生产、发展长期积累起来的管理思想、管理理论、管理方法，它体现出企业的价值观、经营模式、行为规范，也就是企业内涵。简单地说，企业文化就是管理文化，管什么，管你我他，管你的顾客、员工、股东，也就是人的管理。因此，你必须人本化、系统化地管理。你们可能会问一流的管理是怎么样的，二流、三流又是如何，其实管理最好的境界就是管理心智，也就是和禅一脉相承。禅是管心的，管理你的情绪，升华你内心的境界，增长你的心智，所以禅文化和企业文化相辅相成，相互发展。因为禅能淡定，禅给我们带来无上的智慧，从这个角度说，禅能帮我们管理好人，管理好心智，它对促进企业的发展大有裨益。比方说，企业的发展需要众多因缘成就，你能感恩，和谐你我他，内部就有力量；你能包容，内部就能团结；你能分享，就能促进企业内部的凝聚力；你能结缘，就有再生功能；你能奉献别人，把企业的价值不断产生到社会去，那这个企业就能持续发展。促进持续发展，凝聚内部的动力，凝聚社会的动力，这是企业必不可少的，因此企业文化如能加进禅文化，对我们企业持续发展和提升企业效益有极大的功德和意义。所以分享、感恩、结缘、包容是企业必须要落实的，企业文化和禅是相通的，你广结善缘的心不断开阔，干一行爱一行，肯定能成就你的功德。日本的松下也就是用禅管理，使他的企业从一个倒卖电器的推销商成为闻名天下的品牌，他把自己的企业做成一个品牌，肩负起社会责任，广结善缘，使企业腾飞发达。禅是当下的，也是生活的，永嘉大师告诉我们，“行亦禅，坐亦禅，语默动静体安然”。有禅的人，身心是康泰的，智慧是无量的，方法是无穷的。通过我们今天的对话，或许大家能得到禅的讯息，也希望大家在忙碌的过程中放下那颗不安定的心，找出禅的意境，使我们的人生更加快乐，企业顺利发达。

现场问答：

企业家：做企业就是做功德，怎么理解这句话？

明生法师：金钱本身并没有好恶的区分，是我们人心的善恶好坏而附加给金钱各种意义。当然，佛教也认为，企业是应该要重视物质利益，但这不能作为我们唯一趋利性的目标。我们企业应该追求的是共同利益，以此来造福社会大众，因此我们的企业努力做事业就是做功德。

那如何让企业能够成为功德企业呢，第一要有感恩心；第二要有结缘心；第三要有责任心，那么这个企业就是成功的企业，它的每个员工和企业之间肯定能从功利转成功德。功利是什么，企业要发展，要赚钱，但是赚的钱要清净啊！赚的钱要符合规则，遵纪守法，这就是向社会负责，向你的企业发展负责，向员工负责，这就是我们禅心的因果。责任就是因果，有因果的企业就是有功德的企业，有责任的企业就是有功德的企业，就能按照我们的清净心、结缘心、把你的产品转化成一种功德给大众结缘，那么企业肯定是能持续发展。

负责任的企业，肯定没有假冒伪劣产品，负责任的企业，肯定不会让更多的人向你投诉。所以，希望企业家用因果心、责任心跟进企业，成就企业，促进我们整个社会的和谐发展。阿弥陀佛！

企业家：如何看待佛法读人读己？佛法是怎样看待烦恼和智慧的？

明生法师：佛教是菩萨精神，你把别人看成是佛，把自己看成是佛，就读通了！你把别人看成是菩萨，把自己也看成是菩萨，你就能读别人也能读自己，这个意思就是我们不要抱成见去看人，要有平等心、慈悲心、包容心，这就是读别人，包容别人就是读别人。你跟别人对抗就是和自己对抗，跟别人过意不去就是跟自己过意不去。佛法教导平等、包容、结缘、感恩，因为有你的存在，我的事业不断发展，因为有你的存在，我的世界多姿多彩，这就是包容，这就是欣赏，这就是分享。因此，在家庭里面，跟妻子、孩子分享；在社会上，跟团队分享；在企业中，要跟员工分享。这就是读透自己，读透别人。

刚才讲到烦恼和智慧。烦恼和智慧是同体的，有句话叫作菩提即烦恼，烦恼即菩提。你认知烦恼的产生，当下你就有智慧，所以烦恼和智慧是不二的。烦恼即菩提，是指在觉悟的前提下烦恼才是菩提。所以，烦恼和菩提没有两样，关键是你的心有没有智慧。心有智慧，遇到烦恼的事也变成动力。越烦恼我越修行，越烦恼我越能增长智慧。所以，遇到坏事不是永远是坏事。禅来自根本，就是用禅心对待一切，我们要拿出禅的全部性质，把烦恼放在整个人生来看，就能一点点没了。阿弥陀佛！

企业家：在企业的基础管理、组织结构、基础建设都出问题的情况下，怎样将禅植入到企业文化之中？

明生法师：其实每个人都有自身难以平衡的问题，那么由人构成的一个公司，一个企业，当然就避免不了更多的问题，所以每个企业都有这样那样的问题。但为什么有些企业还在不断壮大，不断创造效益，就是因为他们能够平衡问题。这个世间，不存在绝对的净土，净土只在我们心中。也就是这个世间，人心本来就是这样的。人心怎么样，关键是你怎样看待人心。比如月圆月缺，实际上月亮是不存在圆缺的，是地球自转的原因。所以，当你知道是自身原因，就不会去坚持外在有什么变化，而是你如何改变自己的看法，去平衡问题。当然，你提到企业从基础建设都出问题该怎么办？我的回答是：出问题正常。但不正常的是现在还没找出原因。原因也可能有很多客观因素，但企业价值观的树立和坚守我想应该是首要的问题。禅的精神是通过观察自我而了解自我。了解自我实际上是一系列对自我偏执的否定，到没有可以舍弃的时候，便是承当肯定的时节。你说如何将禅植入企业管理当中，至少应否定现在的观点，尝试着从人本的立场出发，将利润和人际关系先缓一缓，给人平等的机会，给自己客观的心态，也许能帮到你。

企业家：如何看待企业的竞争？

明生法师：企业一定要有竞争，没有竞争就没有发展，但是不能恶性竞争，要良性竞争，良性竞争就是用禅心去耕耘，让对手成为我的合作伙伴，这个良性竞争还有公众利益，所以只要你放下贪心，就能让竞争变成动力！

企业家：想问几位大师出家的因缘是什么？假如人生可以重来，还是会选择做大师，还是企业家、医生、领导呢？

明生法师：出家的因缘很多种，我们每个人各有不同，促成它的因缘可能是一个点，但是目标是统一的，就是为了信仰而去，为了大众而去，这就是我们出家的目的，也是出家的目标。为大众就是为众生服务，重来一次选择，还是当和尚。为什么呢？佛法给了我很多的成就，从我的人生走过来，二十二岁出家到现在，三十来年，开始父母肯定不同意，社会也有奇异的眼光看待我，好好的人为什么要出家呢？而且给我的心灵打击很大。后来，整明白了，我明白自己，明白别人，何惧？我们可能有很多痛苦，也面临很多选择，并且要面对我们选择的结果，就是因为这样的苦我走进了佛门。最后，我在佛门里面苦中求乐，得到人生真谛。所以，出家对我来说，意义非凡。

企业家：禅的核心力量和企业的核心力量关联重点是什么？

明生法师：与企业文化相关联的核心在于你发大心，慈悲心。有包容就有正能量，就有发展的动力。包容什么？包容我的员工，包容我企业的一切，包容我的顾客，包容顾客和企业的社会形象。企业的竞争力量就是心的力量。心的力量是无穷大的，联结竞争力量，就用禅心，融进企业的人心，也就是心智，有心智的力量，企业肯定是立于不败之地。

企业家：《弟子规》该如何在企业里落实，好处是什么？

明生法师：《弟子规》能帮我们建立人文伦理、社会道德伦理、企业行政伦理，包括团队、家庭的伦理，这就能促进企业的有序发展和有序管理。一个人不具备伦理，他就能无所不为，会叛逆。所以，他当上科长不满足，他会想，他比我差，怎么能当处长，所以没有行政伦理，这个社会就要混乱。一个有发展、有风度、有风格的企业必定是伦理纲常非常严谨的企业。所以，企业家通过《弟子规》促进行政伦理，让我们有序发展，希望大家落实到每个员工之中，但是有一个重点，企业家自己要做《弟子规》的伦理，从我做起。

企业家：企业都有考核标准，寺庙是否有考核标准？另外，各大寺院运营方式有很大的区别，比如河南的少林寺和辽宁的大悲寺，修行方式很不一样，这会不会导致法脉传承不下去?

明生法师: 我觉得你的问题问得很好，问得很现实。有什么标准考核，这确实是企业里面需要重视的。寺庙里面有没有标准？最高标准就是无为而治。寺庙里经营的是什么，是道德。我们给你们发的请法信息，你们叫营销，我们叫请法信息。我们营销的是“今天是释迦佛圣诞，希望你到庙里来积累功德，打开心胸，增进幸福和快乐。”我们绝对没有在乎多少钱，就是经营理念的不同。寺庙的多数丛林里面有多种方式存在，就如同有多种法门，如果你执著这个，你就进不了门。经营理念不同，产生的结果必定不同，但是佛法的结果是统一的，就是要解脱，放下，去除烦恼。所以，无论是南京来的，还是北京来的，都是到释迦佛的禅心里面来。用禅的心，无论哪种方法都是圆融的。

禅与幸福人生

光孝寺这棵中国最早种植的菩提树是一千五百多年前印度王子智药三藏从释迦牟尼佛成道的地方移植过来的，智药三藏在当年种植这棵菩提树的时候就预言说：“过一百六十七年有肉身菩萨在这里弘扬上乘法门”，而这位肉身菩萨就是中国禅宗第六代祖师慧能大师。两千五百多年前，释迦牟尼佛也在印度的菩提树下证道、觉悟、成就无上正等正觉而创立了世界三大宗教之一的佛教。到了中国的唐朝，六祖慧能大师也因“菩提本无树，明镜亦非台。本来无一物，何处惹尘埃”的菩提心偈，得到禅宗五祖弘忍大师的印证，真传衣钵。六祖慧能大师还在光孝寺这棵菩提树下因风幡之论辩剃发、受戒，成为一个真正的比丘，而大彰南宗顿悟法门。

六祖大师将释迦牟尼佛不立文字、教外别传的禅悟心法在中国大地承前启后、继往开来发扬光大，乃至传遍亚洲、欧美等国家，而成为世界性的佛教宗派。从释迦牟尼佛到智药三藏到六祖慧能大师，时空跨越如此之大，但是他们却心心相印、一脉相承，这难道是因缘的巧合？历史的选择？还是佛道的感通？不论我们如何去探讨、研究，但是有一个不争的事实，这就是菩提树承载着这其中的无上因缘。正因如此，菩提树才成为全世界佛教徒心目之中至高无上的佛教圣树，菩提也成为佛教核心教义的代名词。

菩提是梵语，翻译成中国话就是觉悟的意思。是的，释迦牟尼佛一生的追求和教化众生，就是人生的觉悟、生命的觉醒、道德文明的升华。翻开《六祖坛经》，大家会看到，六祖慧能大师登堂讲经的第一句话就是：“菩提自性，本来清净，当用此心，直了成佛”。在禅宗历史上禅师们还常常教化我们小疑小悟、大疑大悟，可见禅不是坐出来的，禅是内心菩提的觉悟，因为禅能让我们了悟到生命的真相。禅也是当下的，因为禅能让我们从容地把握自己的人生，体会生命当下的美好。禅更是幸福的，它让我们拥有安详、清净的好心境，使我们懂得知足常乐、感恩、奉献。

然而，在我们今天物质不断发展、高度丰富，而精神不断贫乏的时代，人们所追求的却是不可预见的幸福，因为我们过度地生产物质商品、市场不断地开发扩张，激励我们的不是美好的未来，而是不断的贪婪；引导我们的是追求如何最大的成功，而不是如何完善自我。也就是说我们大家每天最关注的就是周围的东西如何增值，却觉悟不到我们人生的幸福在悄悄地贬值，甚至有一些人，为了追求利益的最大化，丧失自我、不择手段、以身试法，因而就出现了假冒伪劣、坑蒙拐骗、良心道德滑坡、社会诚信缺失等等社会问题。如果用佛教禅宗的眼光、理念来透视、剖析这些社会问题，原因有很多，但是有一个根本的原因就是我们主体没有觉悟，自性没有回归、落实，这就是说，我们的人生充满着贪瞋痴，没有禅的意境、禅的感受，因此今天我期盼通过禅与人生的对话能让大家的心灵有禅悟的启迪，让我们的生命能回归到喜悦和快乐中，共同享受幸福充实的人生！

现场问答：

青年代表孙海燕：青年人该如何面对现代社会中的各种诱惑？如何面对痛苦？如何降服其心？如何追求自己的幸福？

明生法师：关于幸福的问题，幸福是一个过程，是积极进取的过程。幸福也是一种自我感觉。我们要重视过程，不要重视结果。重视过程是快乐、幸福的，重视结果是痛苦的。人就是太注重结果，所以就烦恼丛生。刚才杨教授也说了，要有一定的物质，可是人的贪欲心无法填满，但他满足的时候，他还会再追求。幸福是要智慧的，没有智慧的幸福是非常短暂的。贪瞋痴烦恼只要你留在身上，就没有幸福可言。只要把原有的物质基础再加上智慧，你的幸福才永恒。物质才会转变为功德，使内心得到永恒，才能更加美好地享受快乐。

中山大学心理健康中心李桦老师：如何避免知识可能带来的污染，将知识的学习转换成智慧？

明生法师：我认为知识和智慧确实是有区别的，也是有联系的。我个人理解，知识是一种工具，智慧是一种文明。人可以利用工具去得到理想。但是这种工具没有智慧去引导的时候，这种工具会产生偏向、造孽、作恶；如果你有智慧的时候，这种工具会做出功德，广结善缘，成就更多的清静财富。所以，知识和智慧是相对区别的，这种工具是需要智慧人文去引导的。

人没智慧他就没道德。我们佛教将智慧称作中道十项。所以我刚才讲智慧，它能消烦恼。近代有两个智商很高的名人，梁实秋和鲁迅先生。鲁迅先生他喜欢抽烟，梁实秋先生不抽烟。有一次，两个人住在同一个旅馆，鲁迅先生抽烟的时候一不小心丢个烟头，丢到了梁实秋先生的文章上，一下就烧掉了。梁老先生进来，看到很不高兴，说了两句。从此，两个人一辈子不说话。知识那么多有什么用？它没办法消除烦恼，是不是？如果没有智慧去更正这种心术，是非常痛苦的。同样，科学家研究的原子弹、核武器，他不是用来坑害人民的。但用到某些政治家手上，你就是要听我的。这就是没有智慧所带来的后果。我们为了追求 GDP，知识拼命地发展，但是因为没有智慧，环境破坏了，生态恶化了，乃至这种机巧用在商场上，三聚氰胺出来了，牛肉也变成了猪肉。今天的社会你能说没有知识吗？这些知识膨胀到让我们可怕。

有知识能谋生，有智慧能消除烦恼。这两者都不可缺少，也不可偏颇。希望大家处中道加以抉择，把知识和智慧统一起来，完满地成就自己的人生。

东莞某厂员工：如何排解生活工作中的压力？

明生法师：作为佛教的使者，弘法利生是我们的天职，责无旁贷。我也希望你们能多来光孝寺参加讲经说法的活动，光孝寺从 4 月 15 日到 7 月 15 日都邀请老前辈和高僧大德来这里讲，我相信你们来一定会不虚此行。到了三宝清净的地方，心灵肯定得到净化。刚才讲的压力就是缺少净化的途径，有了净化的途径，压力才能化为动力。因为你没有净化，充斥的就是贪瞋痴烦恼。人们运用的是类比的生活，希望出人头地。我们不要跟别人去比，而要懂得欣赏自己。跟我们自己比较，可能我们会生活得很快乐。如果你拿自己和别人比较，那就很痛苦，所以我觉得压力也是来自比较。工作上的压力、生活上的压力，这些都是必然性的，而且是客观存在的，但只要我们心灵能解脱出来，这种压力也是会迎刃而解的。我们佛教里面有一个千手观音，有一千只手，大家也觉得是不可能的事，不可思议。观音菩萨展现出一千只手的意思是什么？虽然千手千眼，多种思维，但是她的心是直的，不会混乱，杂念纷飞，所以只有直心就能够减压，把心放正了，放直了，压力就逐步成为动力了。阿弥陀佛！

华南农业大学历史系某大学生：当代大学生普遍感到迷茫，我们应当怎样保持自我，追求真我，寻找幸福？

明生法师：其实人为什么迷惘，就是把结果拿来煎熬自己。就是你定的目标很高，然后用目标放在过程中煎熬自己，达不到的时候心里失落和迷惘，所以要学习禅宗"活在当下"。古语云：不经一番寒彻骨，怎得梅花扑鼻香。应该在生活中去落实自己做的每一件事是否是正确的，这才是人生的目标。作为学生，每天学习就是我们的本领，要按老师的教化和自身的理解，落实每一步。只要你每一步都走好了，积累了丰富的知识，到了社会肯定是大家捧着你走。当下就是目标，当下就是理想，当下就是我们人生必须要把握的。往往就是好高骛远，才有迷惘和失落。

七十多岁的老居士：人与动物的区别是什么？

明生法师：从大乘佛教来看，人与众生之间是一体的。其实人有障碍才和动物无法沟通，人可以打通这种障碍，人和动物的心灵本是一体的。人因为把人与动物区分开来，所以造就了今日的杀生，从而造成现在环境的不平衡。只有认为众生是一体的，才能在同情上生出慈悲，从慈悲生出智慧，这样才能和动物作兄弟。释迦牟尼佛一手指天一手指地，并不是傲慢，是人性和佛性的高贵。现在这么多灾难是因为人把六道分开了。如果把六道集中起来，现在肯定不会有这么多的灾难。人也有六道，要是人穿着人的衣服干坏事，没有惭愧心，那样就是和动物也没有区别，所以众生才难以成佛。

女大学生：当代青年怎样运用禅宗思想解决情感困惑？

明生法师：一个老和尚携一小和尚游方，途遇一条河；见一女子落水。老和尚便跳下河主动背该女子趟过了河，然后放下女子，与小和尚继续赶路。小和尚不禁一路嘀咕：师父怎么了？竟敢背一女子过河？一路走，一路想，最后终于忍不住了，说：师父，你犯戒了？怎么背了女人？老和尚叹道：我早已放下，你却还放不下！就像感情，放下，就能做好。

大学生：看不破放不下怎么办？

明生法师：放下不等于放弃，只有放下执著和贪心才能快乐。所以，你要把佛教说的放下和放弃区分开来，这样区分才能生活得更好。社会上的信息网络太复杂，所以需要心里的禅放出来，才能会有智慧出来。所以要学会放下，不要放弃。

禅与新时代广东精神

南粤大地如沐春风，全省上下全面兴起了宣传、践行新时期广东精神的热潮，各地也涌现出一批又一批的广东好人好事。事实证明，新时期广东精神表现了岭南历史文化的特征，彰显了社会主义核心价值体系，也聚集了乡民的广东特色，有极大的普世意义。因此，它也得到了广大人民群众的认可，成为广东全社会的道德坐标和行为价值的导向。我们相信，广东精神的弘扬、实践，一定能够提升广东的人文伦理、公民道德，一定能为建设幸福广东文化强省和加快广东的经济转型产生深远的影响和巨大的促进作用。

回首广东佛教三十年的历史，我们更深深地体会到，有赖于广东的改革开放，经济、社会、文化、各项事业的蓬勃发展，繁荣昌盛，才有广东佛教复兴、进步、发展的今天。因此，如何引导佛教与社会主义社会相适应，如何动员全省佛教界积极加入践行广东精神的行列，如何将广东精神内化为我们广大佛教徒的价值认同和道德情操，这就是我们佛教界必须要面临的责任和义务。

在省民族宗教事务委员会的关心、支持下，根据我们广东佛教的实际情况，省佛教协会规划了全省佛教界开展禅与新时期广东精神的活动方案，并向全省佛教界发出倡议书。同时，我们今天在光孝寺的这场对话也成为所有活动的序幕。因此，对比以往，我们今天的菩提树下的对话，其意义和价值是不言而喻的。

禅与新时期广东精神有何联系呢？这里所说的禅就是我们中国禅宗的禅，也是六祖慧能大师用毕生的精力开创的南宗顿悟禅法。

我们大力宣传和实践“厚于德、诚于信、敏于行”的新时期广东精神。这与六祖大师对我们佛教徒的教导一脉相承。六祖传授“无相戒”，建立信众仁德宽厚的意识，引导信众要有道德修养、要广学多闻、要调心静气来完成自心上的修行；让信众既能尊重自己自性，又尊重他人，表现一种谦和恭敬的美德。无住，就是要让我们不要对外相有执著。无念，要我们的内心离开妄想。因此，我们如果内心上能够去除妄想执著、一念不生、心如虚空，就能够进入禅定的意境。也就是说，我们如果有了禅，一切善法、善境就能生起。禅就成为我们善恶的分水岭，禅能够使我们触摸到内心那一种不正确的人性。

六祖强调“十善”，建立信众诚信的意识。这体现在人的行为、语言、思想三个方面，有不杀、不盗、不邪淫、不妄语、不两舌、不恶口、不绮语、不贪欲、不瞋恚、不邪见。这是对一个人诚信的基本要求。六祖开创“顿悟禅法”，建立信众敏行的意识，体现了“敢为天下先”的精神，展现了领潮性、开放性、敏感性的特点，这是对广东人敏于行的高扬。

《六祖坛经》作为中国唯一的一部经典，希望大家能够好好地研究、学习。最后祝各位福慧增长、身心健康、一切如意，谢谢大家，阿弥陀佛！

现场问答：

问：请问大和尚“闭关禅法”与“内观禅法”，两者有什么区别？

明生法师：这个是翻译的问题。如果从名称来说，那边叫如来禅，我们这边叫祖师禅。从修行方法来说，那边是触地观想，这里就是直指人心、见性成佛。

问：该持名念佛，还是修上上禅？

明生法师：佛教讲八万四千法门，每个法门都有他自己下手的方便。这里有根基的问题，你要自己去选择。我举个简单的例子，有一个信徒问我：“师父，这个佛像木雕得行不行？”另一个信徒说：“那个铜的做得更好。”然后我就说：“你欢喜哪一个，就哪一个。”所以，关于选择哪个法门，我的建议是：你欢喜哪一个，哪个就是你对症下药的最佳方便。

问：参话头的方式有很多种，参什么话头最好？

明生法师：禅堂里面最关键的一个话头，就是用得最普遍、最熟悉、最踏实的——念佛是谁。你可以回去念一念《六祖坛经》，慧能大师对净土的解说在《疑问品》里面有宣说，相信你一定会柳暗花明，阿弥陀佛！

问：社会上存在着黑暗面，不平等的现象，怎样才能减少对现实的抱怨？

明生法师：广东精神厚德载物。厚德，从佛教来讲，就是《六祖坛经》说的“摩诃般若波罗蜜，最尊最上最第一，无住无往亦无来，三世诸佛从中出。”“摩诃”是大，“波罗蜜”是智慧、到彼岸。你没办法抱着抱怨到彼岸去，因此抱怨天天在你身上，为什么？没大心，没智慧。你不要以为成佛就是非常神圣的事，佛就是你，因为你没具足大心、大智慧，所以你就没有佛的功能，但是你本人是佛。如果你具足了大心、大智慧，而且没有固执，就像我刚刚讲的，无住、无念、无相，就是无住无往亦无来，就可以出现一个活灵活现的如来。

问：如何对待突然而来的烦恼？有什么方法吗？

明生法师：禅宗里面有一句话：“不怕你迷，怕你觉来迟。”犯错误是每个人的天性和必然存在，没有不犯错误的人。但是你执迷不悟，就误事了。所以，你只要知道错误，改正错误，那就是觉悟者。这就是祖师教导我们如何对待突然的烦恼。但我都骂出来了，又收不回来，就没办法了吗？没办法不是没办法，没办法中要觉醒，要转过来，要忏悔。忏悔了以后，要有“惩罚”。我们禅宗的一些老师父怎么办呢？叫他从门口来回跑，跑两百次，因为怕他记不住。这是最好的办法。但我不希望你用到这个办法，我希望你能马上转过来。

另外，面对别人忽然发脾气，佛教有一个最有价值、最有作用的方法——念阿弥陀佛！念这四个字能让我们拉近距离。而且送他这句话又不造业，无量光无量寿，这是父母给孩子的祝福。你把他当父母来祝福了，多好啊！如果我们烦恼突然生起来怎么办？那是你念佛不成熟，心里面根本没有佛号，所以你没有办法去挡住外界的污染，这个心就有相、有住、有念。正如六祖大师说的，障碍我们成佛，障碍我们有禅心的，就是因为有住、有念、有相。见到外面的东西，你内心的贪、瞋、痴全部放出来。你一直把别人的东西带在口袋里带回家，还气愤一个晚上，明天起来还要跟别人吵架。这就是自我没有觉悟。

禅是善与恶的分水岭。为什么这样说？有禅心的人，恶就没有了。所以，一个人他有无限的创造力，当他发起善心的时候，这个禅的力量出来，他对世间的利益和功德都将是无量的。所以不要小看一句“阿弥陀佛”。“念佛一声，福增无量，礼佛一拜，罪灭河沙”。因果是循环的，当你骂人的时候，人家要骂你，这是互相对抗的。所以要善用其心，善待一切，这是禅的根本，也就是我们净慧老和尚经常讲的横向人生，觉悟人生。觉悟人生是具体的禅，横向人生是禅对外面的价值和作用。禅有内禅和外禅，所以大家要好好禅一禅！

问：如何能做到忘我而又不心累地去工作？

明生法师：忘我是应该的，但是不要累到心。要学习观音菩萨，观音菩萨其中一个最好的就是千手千眼。你为众生贡献，可以千手千眼，但你的心要安详，才能永远干出成绩，就是要安住内心。如果你忘我了以后，把心带出去了，就会痛苦。忘我一定要做到安详，要有禅心。在工作的忙碌过程中，要懂得给自己找到心灵的家园。永嘉大师告诉我们"行亦禅，坐亦禅，语默动静体安然"。对于我们忙碌的人，是非常清凉的两句话，禅随时随刻都能够跟随着我们。怎样做到劳累，心不累？这就是企业家要好好掌握的。如果你没有这种手段那怎么办呢？到庙里来，个性化指导，闭关三天。

问：现在青少年易爱玩乐，怎样感悟他们，引上正道？让佛教和教育融为一体，导他们上线，可否？

明生法师：你刚才讲得非常好。为什么现在的年轻人会这样，我们的胎教太不过关了。我们从哪来？我们要往哪里去？这是每个人必须要回答的问题。你知道从哪来的，才有孝顺；你知道往哪去，你就会关爱后代。所以，从胎教开始，也是我们佛教一贯提倡的。国家的兴盛在母亲。因为，母亲能产育后代，所以在怀胎的时候，我们一定要做好胎教。这一点是观音菩萨的魅力、声音、行动都有所体现。为什么这样说呢？每个人要用声音、行动去导化别人。母亲在怀胎的时候，首先要端正行为、端正思想、端正音声。如果等到孩子变坏了才来后悔，那时已经晚了。这一点，我们大家都要引起重视，特别是我们在家二众。国家的兴盛在母亲，在你怀胎十个月的那一刻，从源头做起。"因地不正，果遭迂曲。"所以一定要抓源头！当然，亡羊补牢也不为晚，只不过那样太辛苦了。

第二，要转化青少年，首先要从家庭开始。但是，遗憾的是我们大家都忙于赚钱，把孩子交给中介公司了，这是我们这代人的悲哀。因此，你赚完钱以后，要回家看看。不能因为赚钱，什么都不要了。孩子是你的，更是国家的，你养好一个孩子，比你做好一场生意的功德还要大。我们不能埋怨学校，不能埋怨老师，不能埋怨医生。病不可能完全交给医生，人也不可能完全交给医生，交给医生就是已经有病，那不是很可悲的一件事吗？要交给自己，要从清净本心做起，从清净道德、厚德做起。我们人之所以跟动物有差别，就是有创造力。这个差别的根源在那里？就是厚德、爱心。人有爱心，所以从猿猴变成人身，从散居到群居到社会。现在广州平均寿命七十六岁，物质也非常丰富，但我们也应该让爱心不断地扩展，这是社会的主流，不能因为一点坏的，我们就埋怨这个社会。我们要发出共同的愿心，而且要用慈悲心，来成长我们自己，也利益他人，这个社会就是我们广东精神所提倡的厚德、诚信。企业家更应该落实这两点，从你个人做起。一个企业，离开爱心就没有动力；一个企业，离开爱心就没有发展的可能性。因此，厚德诚信是一个企业发展进步的动力源泉！我们需要一个好老板，需要一个好项目，还需要一个好团队。而这三个需要的核心就是大心、心胸、道德。阿弥陀佛！

问：工作中一直尽自己最大的努力，但无论成败与否，过后都会觉得很沮丧，不知道自己在追求什么，这是为什么？

明生法师：工作是工作，生活是生活，不要因为忘我把吃饭忘了。你因为没有把生活和工作分开，才出现问题。首先要把两者有机地结合好，这是关键，这需要有智慧的选择。我们首先要解决温饱问题，那你就会进入另一个台阶。要会生活、工作，就需要有清净心，不要睡觉时都还想着工作。

你一定经常失眠，对不对？人疲惫，就是休息不好。所以我告诉大家，睡眠比运动重要，会睡眠才会生活，要调整好自己。睡眠不一定要睡在床上，就像永嘉大师教的“有禅也叫睡”，那个是上上禅的睡。要把心安然地放下，经常要放心。你的手可以动，心不要动，要学习千手千眼观世音。

你要把工作和时间、生活、家庭各个方面安置好，该生活就生活，该工作就工作，不要把工作带到生活中去办，要不然你永远会失眠。这是你对自己不负责任，不负责任就是不自爱。不自爱，因此就糟蹋了身心。糟蹋自己的身心，就是对众生不负责任。我们作为人出现在世上，是很高贵的，因为你的出现是十方法界的。因为有人，这个世界才无限的美好。要是我们糟蹋自己的身心，对得住十方法界么？十方法界就是一个人站在那里，周边所有都是你的存在对象。

希望你能尽快调整好方法，把念头转过来。一转过来，就肯定能够身心康泰。

问：我们这个社会有吸毒人员，除了强制戒毒的方法之外，有什么更好的办法帮助他们呢？

明生法师：这个要实事求是，必须要强制，必须要用药物去治疗，不强制，那是不可能的。但是，在戒毒过程，必须要会选择。你必须十分认真，十分负责。根据我教化过的几个人来看，必须要环境隔离，要去到乡下，没有这种吸毒的环境，这就是智慧的选择。我曾经也碰到过这样的事情，是一个信徒的孩子。他就把家庭隔离，跑到偏僻的乡下去，这就是智慧。另外一个要投其所好，先用鱼钩，后用法度，先给他一些喜好，除了吸毒，什么都可以帮忙。让他的意志逐步转化，永远不给他吸毒。所以，要有智慧、要认真地去对待。单单通过思想教育非常困难。

问：看到网上的负面消息，很难排除内心的负能量。该怎样去解决这个问题？

明生法师：有一句很好的名言，希望你记在心上——流言止于智者。有智慧的人就没有流言。另外，要活在当下。如果你因别人的影响，把不好的心态塞在口袋里，那是很可怕的。意志力薄弱，就说明你不自爱，也没有自觉，根本没有禅心。在网络看到正面、负面的消息是正常的，人有好有坏，有人做坏事，也有人做好事，这是正常现象。所以，要用平常心对待网络，对待股票。

网络上的负面信息，根据佛教的教义，这也是有因果的。虽然你看不到它，但是你对它产生一个意念上的愤怒、瞋恨，你的心就可能影响到别人，甚至对世间都发出毒素。你去游泳，你就把毒放在水里面，在水里面影响别的众生。所以，这个很可怕的。你要知道有因果，如果你不想落入这个因果，就不要和它牵引上，一勾上就没完没了。上网也会像吸鸦片一样，像炒股票，大家不要太见真，见好就收，才能长久。

刚刚你应该听到我们说的无相、无念、无住。若是明白这些，你还纠结，就说明你心里还没有厚德。这一点你都包容不了，如果下次有人说你是非，你肯定难以包容。懂得看破、放下，你肯定是一个清静、向上的人；把精力放在正面的事情上，放在你的事业上，那一定能够有更多的福报。

禅与诚信道德

成立六祖文化节的初衷，就在于弘扬六祖大师的禅法，净化我们每个人的心灵，提高我们的思想境界。菩提树下的对话作为一种传递禅法的方式，它是怎么来的呢？

大家都知道菩提树，这是为了纪念释迦牟尼佛的觉悟而命名的，它本名叫毕钵罗树。释迦牟尼佛在菩提伽耶觉悟，而我们这个“菩提树下的对话”，也是想让大家有所觉悟，发现大家自己本来具有的清净心。对话的这种形式，则是缘起于《六祖坛经》里面的机缘品。

在机缘品里面，法达祖师、永嘉祖师等很多祖师大德都通过跟六祖的对话而觉悟，并成为一代宗师。因此，后来的禅宗才发展出云门、曹洞、临济、法眼、沩仰各宗派，并把它们优秀的修行法门流传下来。六祖跟祖师大德们的对话，给予我们很大的启发，我们酝酿出“菩提树下的对话”这个话题，目的就是通过对话给大家传递一点禅的消息。

我未能开悟，但是通过对《六祖坛经》的学习，把一点禅的消息传递给大家共享，是我的责任，因此“菩提树下的对话”的因缘就产生了。

今天，我们非常荣幸地请到成中英教授、黄伟宗教授，他们通过儒家等传统文化，结合禅来跟大家探讨今天的话题。耀智法师则通过禅的修行，来跟大家分享禅的体会，成就禅的功德。

禅，是释迦佛在菩提树下凝思静虑的一种修行方法。传到中国之后，六祖慧能大师在悟解了全部的印度佛法后，结合中国的传统文化，开创了“顿悟”法门，使禅宗从此发扬光大。因此，今天的禅特指中国禅宗的禅，也就是六祖独创的禅的修行方法。

什么是“禅”呢？六祖大师在《坛经》中说 “内不乱为定，外不动为禅”，禅定的真意，就在于心。口说的禅没用，只有心才能悟禅。

什么叫“外不动”？不要攀缘，不要贪心。可惜的是我们天天在攀缘，内心去攀缘外界，所以就有你、我、他的分别。有了分别心，就不能悟“禅”。那么六祖大师教导我们如何修禅呢？他说“我此法门，从上以来，顿渐皆立，以无念为宗，无相为体，无住为本”。

“无念”是宗旨，“无相”是本体，“无住”是价值作用。所谓“无念”，就是没有贪恋；所谓“无相”，就是不被外相迷惑；而“不住”是什么呢？被迷住了，就会想得到，你的心念一“住”在那东西上，就会不择手段。所以才有“人心惟危”这个说法——人心是最危险的。

但就是那么一念，你如果转过来了，不被迷住，那就能成就无上的功德。所以禅就是让我们转变心念，把我们清净的内心跟外在世界融为一体。

北宋时长沙有一位招贤大师告诉我们：百尺竿头须进步，十方法界是全身。只要你的心有禅，整个世界都是你的；没有禅，就会被假象迷惑，你追逐的这个世界就是假的。一起心动念，你的行为造作就可能对周围的人造成破坏，并因此落入因果报应。很多人在遭受报应的时候，都不知道自己怎么种下的“因”，因此而埋怨别人，埋怨社会，他就起“瞋恨心”。瞋恨的最初源头，就是无明。不明白因果，在认识上有障碍，那“心”就不通达，行为也就容易出毛病。

释迦佛教导我们，要从戒、定、慧三方面去转化身心，圆满人生。所谓戒，就是分清楚该做的和不该做的；所谓定，就是要放下，不要住到假象去；由定就可以生慧，看破事物的本质，把一切看得清楚明白。

我们的六祖大师是非常有智慧的。禅，就是一个转染成净、转迷成悟的过程。只要抓住禅，这一念转变，心就清净，智慧也就出来了。因此说，有禅的人生是通达无碍的，有禅的人生是幸福快乐的。在这个缺少信仰的时代，在这个物欲横流的社会，我们是不是应该从佛教这里，找寻一点禅意，来让自己的身心安详呢？

现场问答

问：在广州这样的闹市中，我们应该如何修禅？

明生法师：该说的说，不该说的不能说，这就是在我们这个世界里面修禅的最佳方法。当下我们要安住自己的心。所以不用多问什么，该说的说，该看的看，不该说的不能说，不该看的不能看，这就是禅。

问：有法师说到佛学教育，要内强素质，外树形象，您认为应该怎么去树这个形象？

明生法师：素质是靠自己的，树立形象也是靠自己的——内强素质和外树形象，都是靠大家自己的修行去实现，要自己去觉悟。只要你有清净心，内强素质和外树形象自然就做到了，具体说来，这个方法还是离不开禅——只要你有禅心，你看到的世界就是好的。所以有禅的人，就有素质，他就能够“外树形象”。但是社会是万花筒，你要允许他犯错误，要允许他改正错误，否则你就没有慈悲心了。我们要知道依佛教的缘起观点，世界上每件好的或不好的事都跟我们有关系。所以你看到好的，要心存慈悲，看到不好的，也要慈悲。

问：之前出现过的像郭美美啊，“红十字会”那些问题，要怎样去理解呢？

明生法师：你要知道，郭美美她不能代表慈善，她只能代表她个人。你可不要抹黑了慈善啊。所以，你不能说是慈善不对，否则你就否定真理。是人不对！是不是？有个别做慈善的人，他做错了，做得对不起慈善的本位，那不是慈善不对；有个别和尚做错、犯戒、还俗，他却不能代表整个佛教，佛教的真理是永恒的。好比你是记者，不管你是好好工作或者是干坏事，你都叫记者，但记者不是你，你不能把记者给代表了。因此，慈善本身没有错，慈善是永恒的对。

问：要落实广东精神，做到厚于德、诚于信、敏于行，是不是应该树立一个榜样？

明生法师：你今天站起来问话，就是榜样。榜样是什么？说到做到，才是好榜样。榜样是不能树立的，树立起来的榜样会倒下去的。如果有贪心有私心，执著于这榜样的名号，我的心还能清净吗？树起来以后它就会不倒吗？榜样不用树，我们大家个个可以成榜样。所以，我刚才赞叹，你站起来就是榜样，不存私心为大众提问，为众生服务就是好榜样。

问：作为老师和家长，如何用禅，去引导孩子诚信道德的成长呢？

明生法师：如何教？关键在于母亲，母亲是第一位。每一位母亲在结婚的时候，就要想好如何从胎教开始教好孩子。作为母亲要端正自己的行为，让孩子在胎中受到良好的教育，我们的孩子就能根正苗旺，好的根基才能成才。所以说，母亲才是祖国的未来——世界上所有的孩子都委托给了你。

每一个孩子都曾在母亲的子宫里面受到教育，这叫作“子宫文化”，之后才到摇篮文化，才到家庭，到学校。学校已是第四位，你要是从第四位才开始教他，能把他教好吗？难啊！你应该从第一位开始教，从胎教开始。

注重胎教这个方法，这是我们的印光法师开示的。印光法师还说，“古之圣人，皆由贤父母之善教而成”，人才都是父母善于教育而成就的。所以，为什么我们把祖国看成是母亲啊！不要把责任丢给别人，从胎教开始，承担起教育义务。

问：信奉宗教的修行，与不信奉宗教的个人修炼，两者有怎样的差异？

明生法师：你想到的问题能讲出来，就是善的。如果我们没有发现问题，有问题不想又不问，那才叫作“迷惑”。发现问题并且提出来，就说明他有智慧，他是善的。你是说，信仰宗教的修行跟不信仰宗教的修行相互之间有什么区别是不是？我告诉你，佛教是最包容的。

我们佛教里面的修行有“声闻”和“缘觉”的说法，所谓“缘觉”，就是你不一定要信仰某一个宗教，只要你能通过修正自己而懂得道理，能够不做坏事，一心向善，使内心安详、清净，这种自缘自觉，就是缘觉。

至于佛教教你的修行法门，它不会要求你一定去做个佛教徒，当然也不会对你的修行产生任何妨碍。你不信仰佛教，同样可以追求真理。

佛法也是平等的，信仰不信仰都可以追求佛陀教育的真理。佛教教理就是把这个清净心凸现出来，你要是有清净心，不信仰佛教，也是善的。

所以，信仰也好不信仰也好，修行的重点不在形式上。佛教的殊胜之处，就是有很多的修行法门，可以使你的清净心显现出来。如果我们大家都有清净心，就不需要佛法了。

佛法是一种药，对治我们的烦恼。我讲一个故事：山上有一个老和尚，有一天他带着一个小和尚下山，他对小和尚说，见到女人你不要去动她，不要去想她，也不要去看她。这个小和尚就记下了老和尚的吩咐。两人走到河边，坐船渡河，突然一个女人掉到水里面去了。那个老和尚立刻跳入水中，肩扛着女人，把她救到了岸边。过了河以后，老和尚继续前行，而小和尚却一直耿耿于怀，一路上都在想：师父你叫我不要碰女人，自己为什么去背女人呢？想了大半天，最终还是想不明白，就问师父：你不是说不要动女人吗？那你怎么还去背女人呢？

那个老师父转过身来说："我一到岸就把她放下了，你到现在还没放下？"

那个小和尚，他是不是也应该放下啊？大家想，这个公案里面的老和尚是不是也可以换成任何人？这就可以看出，做善事跟信仰是没关系的，清净心跟信仰也没关系。但是，信仰佛教，你可以更好地修行——有清净的道场，有智慧的导师。

释迦佛开始修行的时候，是放弃王子的身份从皇宫里面出来的。他在印度遍访名师，最后他认为要修行解脱，就必须去苦修。因此，他在喜马拉雅山南面住了六年，苦修。最后，他饿得皮包骨。

苦修不能开悟，为什么？心有障碍，心里面有烦恼，所以专门去苦修的人，不一定能开悟。但是忍受得苦，肯去追求真理，也有善的一面。因此，释迦佛就走出来了，走到尼连禅河，洗干净身体之后，饥饿已经使他走不动路。最后，释迦佛接受牧女的牛奶供养，身体恢复以后，在菩提树下觉悟。他悟出了两点：第一点，只有中道实相，才能出现无上的智慧。不偏于糜腻的生活，也不偏于苦堪的生活，要走中道。另外一点，要随顺因缘。你说和尚可不可以坐宝马？我不提倡每个和尚都去坐宝马。但是如果每个和尚都穿得衣衫褴褛，满脸尘垢，你看着我全身上下都是跳蚤，你乐不乐意接近我？你肯定离我远远的，是不是？

因此，每个人都要将心比心。我们走在修行这条路上，就得肩负起建立寺庙和管理僧众等责任。如果真的照搬古印度僧人的修行方式，我们就都退化了。出家人要找个地方去修行，还要你特意去创造一个苦行的空间给我，这么刻意模仿，我们难受，信徒也难受。所以，佛陀教导我们要随缘，你的修行要能随顺众生。

我再讲一个道理。释迦佛制定的戒律是以不影响众生为前提的。在印度，托钵化缘乞食是一种文化，也是他们的传统习惯——所有的和尚都不是自己做饭的，他们没有厨房。今天修行到哪个地方了，他就托着钵到当地去化缘，不管信徒给什么食物，就算是荤食等，他也照样吃。为什么？因为释迦佛的教导，他恒顺众生，随顺因缘，不忍心给信众带去更多的麻烦。

我们如果对每一件坏事都耿耿于怀，心里一直不愉快，那这件坏事就成了你的障碍，你就因别人的错给自己增加烦恼。所以，释迦佛善于以他的中道实相的智慧，来引导我们，破除我们的烦恼障碍。

现在的人确实比过去容易身心疲惫，这个是现实。不是说物质丰富不好，科学发展不好，但是没有清净心用科学，科学就会成为我们的障碍。要用清净心去用科学，科学才能发挥它的价值。所以，科学跟人文是没有对抗的，科学必须要用人文去引导。

虽说宗教的人文价值是善的，但宗教却不能包办一切，宗教只行教化的功德。

禅与心灵环保

数千年来，人类用自己的智慧和勤劳，创造了广袤大地上丰富的物质和高度的文明。时至今日，当日新月异的工业化、城市化、现代化、信息化、智能化让我们感到赞叹的时候，却也惊讶地发现：土地污染，江河水位下降，空气环境恶化，生态系统退化……我们生存的环境正受到前所未有的威胁。

喧嚣的城市，忙碌的脚步，看似繁华的都市，人们日夜操劳，生活却索然无味。我们的钱包看似鼓起来了，但是心灵又消瘦下去了。有些人功成名就，却仍旧孤单；有些人大富大贵，也依然空虚。社会经济如此发达，我们的内心却躁动不安。究竟是什么促使我们内心泛起波澜呢？佛教的回答，就是我们内心受到贪、瞋、痴的污染。我们确实需要心灵环保，我们迫切地需要一种不受左右、具有定力的思考，来审视我们的生活和生命质量。

六祖大师说："外离相为禅，内不乱为定。"在《六祖坛经》中，"我此法门，从上以来，先立无念为宗，无相为体，无住为本"。这个"无"落实到我们的生活，就是放下。我们身心能放下贪、瞋、痴的烦恼和妄想、执著，就能活得自在、幸福、快乐。禅是一种定力，更是一种觉悟。禅是统领我们人生的智慧，它犹如一面镜子，帮助我们找到真实的自己，找回我们本有的美丽和庄严的本我。

"青青翠竹，尽是法身。郁郁黄花，无非般若"。我们身处攘攘红尘，有时不免会有内心的烦躁，不堪重负，心身烦恼，甚至会意志消沉。我们不妨先放下脚步，放下我们的尘劳，提起一分禅的自在。对照内心，观照当下，或许会有另外一种人生境界。

现场问答：

信众：当放生成为一种商业活动，那些被抓回来的动物，我们还应该不断地去购买放生吗？

明生法师：还是要放，你放更多，他抓更多。但希望有一天，他能够醒悟过来。放生，是不计相的，有相的放生，这叫“三轮不体空”。他抓回来这些生物，你出钱买回来放生，其实，他也在放生。可能你觉得他抓回来，再去放生，再抓回来，觉得他没功德，但是他抓回来不是杀死，而是希望你买去放生，其实是一样的，他这也是有功德的。所以，佛教里面说，布施、放生，一切善事都要做，“三轮体空”。没有布施的我，也没有布施的物，也就没有布施的他。中间环节没有了，“三轮体空”的功德才最大化。

信众：寺院有很多功德箱，是每一个都给，还是一次性捐到一个功德箱？

明生法师：佛教中凡事都讲一个缘字，有缘就有欢喜心。在释迦牟尼佛世的时候，有位城东老母，一看见佛就感到苦恼，她特别讨厌撞见佛陀。但是她偏偏喜欢跟佛的弟子阿难交往，只要阿难说什么她都信奉，后来因阿难的教化而得度。所以，寺庙供奉很多佛菩萨的圣像，每尊佛菩萨都有与他有缘的众生，只要听闻或见到这位佛菩萨的名字，众生就会心生欢喜。比如：流行在我们汉地的四大菩萨，是与汉地人很有缘的，就连不了解佛教的，都知道有位观世音菩萨，所以就有“家家弥陀佛，户户观世音”的说法。但在西藏，金刚手菩萨、莲花生大士则很受欢迎。所以，你问是投一个，还是每个都投，看个人发心和喜欢，不做一定的规定和建议。但如果就寺庙设置功德箱的功能和意义来讲，都是一样的，只是具体善款的用途不同而已。

信众：修习佛法让我现在成为一个快乐、自信、清净、有智慧的人。但是性格还是比较急躁，没有耐性，应该怎样去克服？

明生法师：你说你有智慧，但又烦恼，你们大家问她学了多少？为什么学了，有时又会烦恼？虽然有智慧，但是智慧间断了。想到佛的时候，我猛发智慧；想到去做生意的时候，我使劲赚钱。因此，你就一会快乐，一会痛苦。这正表现了我们在座每一个人的心态，我们的心态是间断的，因此不能持久地快乐，持久地幸福。我们的心态，断断续续，不清净。因此，一会儿当众生，一会儿当菩萨。当菩萨就快乐，当众生就烦恼。希望你能用一个法门做抓手，念佛、持咒，或者诵经，要不间断地留住在你的心头，这样才能一心不乱，智慧永续，你的快乐才能恒长。

信众：基督教的信徒都会到教堂去忏悔、奉献。而佛教的善男信女到寺院大多为了求神拜佛，都是有所求的。该怎样去理解这个社会现象？

明生法师：无所求，不是人。为什么？因为祈求是我们生存的必要手段。求升官发财也是好的，只要你用正常的手段去求升官发财，这是对的。如果他发心为善，为寺庙做好事，祈求福德，我们应该赞叹。

《法华经》里："一举手，稍低头，皆种无量善根。"只要他到寺院有祈求，说明他要转变。这是众生善根的发现，不是一件坏事，是好事。有信仰、有祈求，才能有回归。在内心深处得到回归，快乐才能回来。

"先以欲勾，后以法度。"我们公案上有位三车法师。当初，玄奘法师要收他为徒弟，他就说："做和尚可以，我要一车美女，一车金钱，一车经书"，因此叫三车和尚。玄奘法师就答应了，美女给了，金钱也给了。他后来到寺院逐步受到佛教的熏陶，被玄奘法师为法忘躯、翻译经典的精专和仔细所深深感动，他哪敢还要美女，他恭敬都来不及。你说他的祈求是坏事，还是好事？所以有祈求，就有希望，这就是人生的转变。所以，希望大家能多到寺院，转变会更快。所以，到任何一个信仰的场所，不怕你来，就怕你不来。来了就能转，转了，生命就能升华，功德就能落实。

不管初心是怎样，只要到佛门来，一定能受到佛门的熏陶。祈求发财也可以，你们有千金小姐，我们有万金和尚，这里有万金等着你来祈求。大家为了金钱来寺院，不用觉得不可为，肯定是可为的。希望你们来这里可以满载而归。见到佛菩萨，大家肯定能种善根，我们要举手、低头，把善根种下去，等到等觉、妙觉、成佛那一刻，都不会丢失。我们这里有无上的法门，也有无上的黄金，希望大家自己来找。

信众：过去心不可得，现在心不可得，未来心不可得。那什么心可得？在家人如何修禅？

明生法师：三心不可得，当下发声音的空间是可得的。虚云和尚说："话头是什么？前念落下去，后念没有生起，就是话头。"紧抓话头不放，得到话头了，内心就安详。所以，三心不可得，就是当下的念头可得。能关注当下，三心变一心，一心变不乱，不乱就有功德可做。这就是可得之处。禅，就是在有所得的那个空间，叫作参话头。有所得，但是最后也无所得，有得和无得是平等的，禅就在你身上。

信众：现在有一种说法叫“佛商”，法师们是怎样理解的？另外，商家讲要创造，要争取，需要拿来；佛家讲要静思，要放下。如何才能在这两者之间取得一个平衡？

明生法师：在佛教里面没有“佛商”这样的称谓。你们知道稻盛和夫吗？他为什么能够把京瓷做到世界的五百强企业？稻盛和夫本来是个小小的员工，但他非常敬业，非常精进。他通过自己的研究、努力，最后变成一个企业的老板。企业做到非常鼎盛的时候，他把所有工作辞了，去当和尚。在他人生最顶峰，找不出答案的时候，他就去佛教里面找答案。他按原始佛教来做，当和尚去托钵化缘。

有一天，他没有化缘到饭食，饿到很难受的时候，有一个白发苍苍的老人家给他一点钱，他去买了一点东西吃，才体会到，布施是多好的呀！我赚到那么多钱的时候，也没有比现在得到一碗饭来得开心。因此他说，佛门的慈悲喜舍，是我们做生意、企业的根本原理。从此，他就把敬天爱人、慈悲喜舍作为企业的文化，使他的京瓷永远发展，引领潮流。

他还建立大学，免费提供世界的企业家去学习，这种布施喜舍、慈悲喜舍成为京瓷的一种文化，这种人能不能称为菩萨呢？这让大家去评判。我认为根据佛教文化去耕耘人生，用禅文化去落实生意，就能得到更如意的结果，得到更美好的未来。有佛法就有办法。大家学更多的佛法，成就更多的办法，用优越的手段去创造你自己的未来，这就是佛教给你的智慧。

信众：在出家的生活过程中怎样让自己觉悟和放下，要怎样面对各种诱惑和冲击？

明生法师：觉悟是每个追求真、善、美的人所企及的过程。其实，让自己放下，很简单，也很难。简单，是因为你决定改变了，因为再这样下去行不通了。难，是难在自己对自己的选择不够虔诚，存在太多计较。出家人迈进佛门，是要有必死的心的。与尘世间的财色、名誉、地位、亲情、权利一一告别，对于一个十足的世间人来讲，与这些东西说告别，如同死人一般。所以，没有必死的心，出家不会长久，也不会得到佛法的受益。死了凡夫心，活了菩萨心，死了是非心，活了智慧心。当然这过程，不经历不足以道出个中艰辛。但那些出家一辈子，为佛教，为众生奉献一辈子的人，我们看到他由衷地赞叹，并且能够感受到他身上有着因坚持某种信念的力量和喜悦。事，不经过不知味；心，不死后难觉亲。另外，如果一颗心就是一个世界的话，没有人可以左右你内心世界的景色，只因这是自己的，与别人无关。杨绛先生说："我们曾如此渴望命运的波澜，到最后才发现，人生最曼妙的风景，竟是内心的淡定与从容……我们曾如此期盼外界的认可，到最后才知道，世界是自己的，与他人毫无关系。"

信众：遇到烦扰和挫折，怎样凭借佛法去放下？

明生法师：能放得下的都不是人。人只有转化成圣人、有境界的人，才能放得下。你如果遇到亲情、爱情的烦恼，能够放下吗？其实放不下，但放不下也必须放下，因为你需要快乐。所以，在这个过程是自觉的，不自觉的，强加的，不强加的，都要做。如果你不做，你没办法活得很快乐。另外，"放下，但不可以放弃"。放下什么呢？放下你的思想观念，你的错误见解。比方说我们努力去奋斗，但如果你是以侥幸、不择手段来达到目的的，那这个奋斗是不科学的。所以就要放下，你就要放下那些不科学的观念。更重要的还有一个，奋斗的过程不能把结果强加给自己，这会给自己加上很多不必要的麻烦。重视结果是痛苦的，而重视过程是快乐的。所以，当你在抉择的时候，希望你起心的一念，找回禅的意境，找回禅的方法，你就能够慢慢地放下，一定能放下。这是禅的功德。

信众：梁武帝问达摩祖师，他修了那么多寺庙，究竟有多少功德？达摩大师说：实无功德。现在的寺庙有很多的功德箱，确实需要经费，这个功德箱到底要怎样看待呢？

明生法师：梁武帝问达摩祖师时，这个法不成因缘，所以达摩祖师才上嵩山少林面壁。以钱赚钱，没了钱，甚至会输掉钱。所以，有智慧的人，一定要把钱转化为缘，只有缘才是永恒的财富。因此，你向功德箱捐钱，就是一种财富，这种财富是有永恒价值的。有些人就问，和尚拿那么多钱干什么？有一句话：真心不怕假和尚。寺庙它承载着佛教，这个文化的功德是永恒的，如果和尚拿你的钱去塑一尊佛像，或者建一个房子，有人进来寺院借机会向佛像恭敬，这是不是因为你出钱，他才恭敬啊！所以，恭敬是与你出钱有关系的，必须要回报这个出钱的功德。或许那个人以后变成你的顾客，或者变成你的员工，老老实实为你工作，所以一个企业的发展需要好的员工，需要更多的好因缘。同一个买卖，有缘分的人马上就买。但是这个缘分要清净，三轮体空。缘分决定财富，不是金钱决定财富。我们用智慧用好金钱，用好办法去用金钱，你就有无上的好事，无上的缘分。我们的功德箱写着广种福田，就是为了你的福田永远能够有收获，这就是缘分。

信众：企业讲究创新、效益，讲究在竞争中争取利益，在商业中我们怎么用禅这个理念来平衡我们作为这个管理者的心灵？

明生法师：企业讲究创新，效益，在竞争中获取利益，这是正确的。但创新不能舍本逐末，效益不能浪费资源，竞争不能恶意枉为。禅在创新上，六祖慧能大师的禅学思想和禅的法统是有据可依，有根可寻，师出有名，根本立场没有变化过。禅在效益上，从不因小失大，从不失察颟顸，禅师在教授弟子的时候，小心谨慎，对弟子的证境再三勘验，才最终肯定付法传心，不枉费弟子的信心。在竞争上，也有神会和尚在滑台与北宗神秀一系的僧人论辩禅宗法统，树立南宗禅的法统地位。但没有诋毁，没有使坏，正大光明的竞争。如果企业的管理者能够做到创新不忘古，效益不浪费，竞争不诋毁便是运用了禅的精神。

信众：如何才能使自己的心静下来？

明生法师：我们的永嘉大师在《证道歌》里面写道："行也禅，坐也禅，语默动静体安然。"你整天想着怎样做生意，整个大脑都是杂念，静不下来是正常的。如果你能把这个觉醒，带回到行住坐卧当中，慢慢地把第六意识强加一点修禅的意境、观念，杂念就会慢慢地平静下来。

你只要静下心来内观，就会发现很多自己让人啼笑皆非的丑陋现象。这就是有修禅的意念，在这个修禅的意念强加之下，再用安心的方法，抓一句佛号、念一句咒语、参一个话头，杂念就会慢慢地停下来，心态也就慢慢平衡，这就是我们所讲的"以抓手来平衡心，以话头来去除杂念"。所有的杂念凝聚在话头之中，等到某一天，脱了话头的时候，就豁然开朗了。

六祖大师在《坛经》中对惠明祖师说过："不思善，不思恶，于么时，哪个是本来面目。”因为我们有思考善，思考恶，思考以后，连睡觉都放不下。白天的事拿到晚上去办，天天念想，又思善，又思恶，又思赚钱，还思亏本，你能平衡吗？肯定平衡不了。所以，找回那颗不要思、不要想的真心。

发心正了，邪事也变好事；发心不正了，好事变邪事。那个修佛的人下地狱，是因为他念佛的时候没有清净心。如果护士听法师说帮人流产是杀生就不当护士，你不干，等着别人干，不也是让别人去干坏事吗？所以，禅是要你找回那颗真心，让你在真心上“三轮体空”，让好事更好，坏事变好，转烦恼为菩提，当下成就功德。一举手，一低头，皆种无量善根。所以，希望你天天发善念。

信众：如何看待当今经济迅速发展与环境急剧恶化之间的关系？

明生法师：佛教里面讲“不二法门”。如果我们因为自私、贪婪，毫无节制地对地球索取，地球就早一天衰落下去。佛教倡导戒杀放生，保护水资源、水环境的平衡。可是因为我们的贪心，世界的水资源、水环境的生态早已失衡。工业文明带来了物质的丰富，现代化、信息化、智能化带来生活的便利，但是我们的身体健康吗？我们是亚健康，特别是都市人。广州的天气，不知道变化了多少。温室效应、酸雨，一切一切都威胁着我们的生存，这都源于贪心。

落实到我们自己，扪心自问，家里有多少衣服？现在购物，变成了一种消遣，你说这痛苦不痛苦？这都在于我们每个人的本位，没有赋予大自然的伦理。有人养很多动物，只为虐待动物作为自己情绪地方的一种消遣方式。为什么佛教提倡放生，是让它能在自然里繁衍。

很多人认为只有吃肉才有营养，还问我们出家师父“你吃素，健不健康？身体有没有营养？”我经常碰到这些问题都很纳闷：“吃肉就等于健康吗？吃了那么多肉，癌症、非典、禽流感何曾放过我们？”这是典型的你对我不好，我就对你不好的案例，这就是因果。背离因果，这个世界的伦理就混乱，自然伦理、家庭伦理、行政伦理、集体伦理都混乱了。因此，同胞就无情，兄弟就无义。为了钱，能把三聚氰胺下到牛奶里，地沟油放上餐桌，硫酸用来消毒，残害我们自己的同胞！全部都是因为钱，遮挡你的慧眼、慈悲，所以这个世界确实需要我们每个人的反省。

我在人大发言的时候说：三十年的经济发展，我们要温饱，更要有环保；我们要 GDP，更要有社会的效益。我们不但求效益，更要有效益的最大化。所以，在发展的过程，如果不落实科学发展，不落实自他不二的理念，我们的子孙后代一定会因为我们而断送了赖以生存的优越资源。

我们每天都在喝不干净的水，呼吸被污染过的空气，也没有干净的土壤，留下的只是一个满目疮痍的世界。腰包里有再多的钱，能觉得幸福快乐吗？所以，环保要从我们自己做起，从现在做起，我首先第一个报名，加入环保行列。希望我们在座的每一个人，也加入环保的行列。为环保，为这个地球的美好，为我们明天的美好家园添砖加瓦！

禅与智慧生活

（一）缘起

今天在达摩祖师居住和六祖慧能大师落发的千年古寺光孝寺，与大家共同来分享禅的智慧，这是很难得的因缘。这个时空给我们造就了禅的意境。佛经告诉我们，学佛法必须在诚信、恭敬上求得悟理。也就是说，我们这种宗教氛围，是要让我们的心能够宁静下来，获取禅的信息，用禅的心态来听经说法。听话听不好，禅就丢了，所以听话是修禅的第一个条件。佛教有四大菩萨，观世音菩萨就因为听话而成就慈悲智慧，成就佛的功德。这个观世音的“观”的第一层意思是“听”，第二层意思才是“禅”。所以，能听话就有禅及禅的意境，通过话语才能得到禅的妙用。每次在光孝寺举办佛法讲座，都要求进行唱赞等仪轨，就是要通过这些仪轨来让我们升起恭敬心，使自已在法上能得到信息。当你们凝心静下来的时候，生命的那种能量才能放出来。这种清静的本心就能跟诸位菩萨沟通，这就是感通功德。所以，听经闻法是佛教修习的第一步，也是修禅的一个过程。我们佛教非常重视冬参夏学，冬天就要参禅，夏天就要安居，听闻佛法。这几年，光孝寺都会在结夏安居期间请法师们在这里讲经说法，让大家理论清晰，产生意境，再结合坐禅，落实这些经典上的理论教义，成就禅定功德。

（二）知识与智慧

今天跟大家共同探讨的是禅的智慧，在这里我们谈到禅，大家可以联想到达摩祖师，联想到六祖慧能大师。这两位祖师都在光孝寺里成就功德、主持正法。千百年来，为什么从达摩祖师传到六祖大师，禅的历史因缘这么深刻？禅的生命力为什么这么顽强？虽然经过了三武一宗的逆反，但是禅的传承从来没有断过，这其中慧能大师开创的中国禅起了关键作用。六祖大师在中国禅的贡献，至今还是居功至伟的。近代著名史学家、大儒家钱穆先生这样评价六祖大师，他说在中国的学术史上，有两大伟人，一个是唐代的六祖慧能，一个是宋代的朱熹，他两个都称得上大师，这两个人对中国文化的发展影响是极大的。我们说慧能实际上就是唐代禅宗的开山祖师，朱子是宋代理学的集大成者。从此以后，中国的文学史都导源于这两位大师。这是近代儒家大师对我们六祖大师的评价。为什么？从朱子来说，朱熹是儒家，学富五车，可我们的六祖慧能大师一字不认识，是一介樵夫，为什么会对中国文化产生这么大的影响？没文化而又对文化有影响，这实在是值得我们探讨研究，值得我们去追述。我形容六祖大师不是学富五车，而是禅悟修证富五车。修禅得到智慧，有五车。朱子是学识有五车，两个富有不一样。这是我对钱穆先生这段话自己的一个认识。也就是说，禅的智慧能够对这个社会的文学、人心有巨大的影响。内心有定就是功，外形有礼就是德，如果一个禅师，像六祖大师，有内心正定的功夫和外形又有礼，这个功德对十方法界众生就有价值作用。所以，直到今天，禅宗远播至朝鲜、东南亚、欧美等国家。知识可能过两代就忘记，智慧是永恒的，智慧就是真理，所以六祖大师不用知识符号，只用把从心中和盘托出的本性智慧教给大家，就可以受到世人的公认。禅这种生命力、能量，非语言文字所能表达。所以，我说六祖大师是开悟智慧，修证智慧富有五车，取之不尽，用之不竭。简单的一部《六祖坛经》就能传颂到今天，而且每一个众生，每一个有缘人去读《六祖坛经》都有不同的意境，都有不同的认识，都有不同的智慧，这就是真理所在。智慧上及天子，下及庶民，乃至众菩萨都是平等的，没有差别。所以我们今天继续在这里，共同来回顾六祖大师创立禅宗的因缘，领略禅宗的风采和意境，感念六祖大师这种功德。

（三）禅和禅宗的缘起

下面，给大家介绍禅及禅宗的缘起。这个源头我们能把握好，就能对禅宗有一个整体的了解，对禅的智慧传承的严谨性和功德性有一个清晰的认识。所以，下面和大家探讨的这个题目就是“禅和禅宗的缘起”。

禅的源头在印度，如果从现在有的资料和我们的传记来看，我们应该把禅追溯到释迦佛六年苦行后，坐在菩提树下，立下誓愿，若不成无上正觉，终不起此座这个源头来。黎明前的黑暗，可能会让我们产生焦虑、恐怖，一天复一天，释迦佛就是通过这种方式，与自己的身心进行较量。当他在凝定禅思，用自己的清静心扫除内心的身心障碍烦恼时，恰好东方升起启明星，一道光芒晚霞布满了整个天空，把所有的黑暗焦虑驱赶出来。在这一刹那，释迦佛展开慈目，情不自禁地说："奇哉，众生皆有如来智慧德相，皆因无名烦恼遮蔽而颠倒妄想。"于是成就了世界三大宗派之一的佛教，建立起佛法僧三宝的无上功德。从此，他走下这个金刚座，开启了他四十九年的弘法生涯，启悟了无量众生。直到今天，我们还在承载他这种禅的能量。所以，禅的生命力、功德力就是如此奇特，神圣。我们大家也不妨听完之后可以试一试，也在一个黑夜之中看能不能打开自己内心的宝藏。这种释迦功德，就是能够用三宝的力量，成就每一位众生的三宝功德。为什么每个人要回归到三宝中来？离开了三宝，为什么我们一切不能成就？这不是迷信，这是现实的，人生必须要追求三宝。这是释迦佛对这个世界的贡献，这就是禅的缘起。坐在菩提树下的金刚座上，七七四十九天豁然开悟，成就了一个世界性的宗教，创造了影响全世界的思想。打坐的能量是多么不可思议啊！可现实上，我们很遗憾的是大家时刻都在当面错过这种禅定的功夫。禅的缘起应在释迦佛菩提树下的打坐中开启的。

谈到禅宗的源起，经书中有记载这段因缘：一次，释迦佛在灵鹫山上登座，拈花示众。底下百万人一片茫然，只有迦叶尊者，开颜微笑。释迦牟尼说："我有无上法，正法眼藏，涅槃妙心，不立文字，教外别传，禅法付诸于迦叶尊者。"就这么一个过程，释迦佛很微妙地把他一生所修的正德传给了一个对他微笑的人。如果用常理去推敲，我们可能觉得可笑，但是确确实实，禅法就这样传承了下来。之后，迦叶尊者传给二祖阿难尊者，至达摩祖师二十八代，达摩祖师观察到，中国这块大地，有大乘佛教的气象，中国人能担当禅的功德，因而他毅然不畏艰难险阻，航海到广州，曾在光孝寺驻锡过。随后才上到南京与梁武帝对话，不投机，后上嵩山少林寺面壁九年，苦苦等到了一个断了一条腿、一条胳膊的慧可大师。禅是多么抽象简单，但又多么具体。达摩祖师传给二祖慧可、三祖僧璨、四祖道信、五祖弘忍乃至六祖慧能大师，一花开五叶。没有文字的承载和文字的交锋，只有心与心的传承，中国禅宗就因此而成立了。五祖大师传给六祖慧能，只是短短几句法语，就把绝妙的禅法和佛陀的衣钵传给了这一介樵夫。他那么淡定，那么自信，那么有前瞻性，直到六祖大师能够担当起禅宗的建立因缘和传承因缘。如果他传给别人，今天的禅法不可想象。禅宗的建立冥冥之中就在每一代祖师的以心传心。用我们今天比较俗一点的话来说，一切都已经安排好了。你们大家可能不相信，祖师大德怎么有那么多的神通，一安排就安排对了，都没有推理想象。所以，无上智慧的抉择是一针见血，一路到底，绝没有偏差的，这就是禅的功用。六祖大师在四会隐居十五年后，来到了光孝寺，因风动幡动而成就了他出家的因缘。释迦佛因菩提树下的禅定成就了佛教，六祖大师因为菩提而得法、落发、度人。他的行略，就跟释迦佛如出一辙。所以，六祖大师被世人称为东土的释迦。

禅法是产生于印度，发扬、光大于中国，而后才普及于世。这是我们中国人可以理直气壮的依据。所以，禅的生命力，禅的功德力毋庸置疑。遗憾的是，许多众生当面错过，甚至怀疑它。怀疑什么呢？有些人怀疑释迦佛拈花微笑、达摩祖师到中国来传法的公案都是有意杜撰出来的，甚至怀疑《六祖坛经》也是借六祖大师的名义伪造出来的。我在这里要郑重告诉大家，佛教不是历史学，佛教更不是考据学，佛教和禅教给我们的就是了生脱死，驱除烦恼，印证到身心的自在，启发自己的智慧。它的妙用在这里，佛教的目的是解脱烦恼，它是一种智慧的开启和落实，而不是一种文字游戏，更不是一种学问，可以用文学上的判断、推理、归纳和逻辑思维。那只能徒增烦恼，变成如瞎子摸象，得不到全部，纵有你用文字去推演，去推了，也只能得皮毛，甚至会起反作用，增加自己的傲慢心。禅是要用真心去觉悟的，它非关文字。当然我这里不反对文字，禅宗也需要文化的传承，但我们不能被文化捆绑。知识只是一种符号，是谋生的工具，智慧才能消除烦恼，清净本心。还有禅宗的公案不能从历史的角度来考据，我们只能用心来悟解，所以禅宗的一千七百多条公案都是那么奇特，不近情理，从二祖的安心、三祖的忏悔，到赵州的喝茶、临济的吃饼，都是如此。一千七百条公案，现在是指导我们修禅人的一个方法，修禅人的一个对照，但是有一个共同的道理，公案里面展示的是智慧，不是文字，公案里面展示的都是祖师大德心心相印，以心传心的那种机缘，那种吻合，那种清净心的对流，非我们这些凡心所能理解的。轻轻一句“喝茶去”，就交给你了，让你开悟了。你们大家感到禅的不可思议，但就是这么简单。祖师大德要打破文字想象，冲破那些文字的束缚。所以，我经常说禅师给的不是答案而是疑问。

（四）禅的智慧妙用

说到禅有这么多妙用，刚才说到拈花公案，菩提树下创立佛教，四祖、五祖的传承，到六祖大师接法，确实有道不尽的因缘。这一千七百多的公案让我们目不暇接，三辈子都读不透，所以研究是不可能，如果用禅修把三个公案弄明白就全通了，所以禅宗标榜的“不立文字，教外别传”不是故弄玄乎，是真实的呈现。我们如何落实禅？下面我跟大家一起探讨，就是把握当下，落实禅的妙用。

禅是什么？如果要用文字表达，那就是禅定、寂静，印度翻译过来就是禅那。通过禅法过程来提升我们生命的能量，这是禅的妙用，通过安详寂静才能发挥事业和生命的最大功德，这就是禅的价值。六祖大师在《六祖坛经》里面，解释坐禅是这么简单，内不乱是禅，外不动是定。对外不动心，就是不错乱，不起心动念。在表象来讲，就在我们为人处世，身心行为，有禅和没有禅的人不一样，就是清净心，只有把握当下的清净心，才能落实禅的妙用。

六祖大师说，见景不起心。修禅之前见山是山，修禅之后见山不是山，证悟之后见山还是山。物质没有改变，但是人的心不一样了，有禅意境的山河大地是优美的，没有禅意境的山河对于他来说是颠簸。有禅定的人，黄花翠竹，就是禅机。所以，禅是全部当下的，是整个宇宙都有的，释迦本师不是创建禅，而是发现禅；六祖大师不是创建禅，而是传承禅，所以遍虚空、遍法界都是禅。声、口、意都是一种感恩和成就，你行住坐卧都要有禅，永嘉大师说：行住坐卧都有禅。

现在社会人心浮躁，禅离我们越来越远。我们的心胸只对电视开放，对电脑开放，不敢对禅开放，这是我们颠倒可悲的一面。让你打坐你可能就开电视去了。身心没有禅，很可怕。没有禅意就没有公德，没有公德就不择手段，假冒伪劣，无所不用其极，连自己的同胞都要杀害，这样的企业可以给我们带来什么呢？科技的发展没有错误，问题是我们怎么面对。

禅不是摸不着看不透的，要把握当下，清清明明的觉照。禅门中有一个公案是这样的：源律师问："和尚修道，还用功吗？"禅师回答说："用功。"问："如何用功？"禅师说："饿了吃饭，困了睡觉。"问："一切人都是这样，跟大师您用功一样吗？"禅师回答："不同。"问："怎么不同？"禅师答道："他吃饭时不肯吃饭，百种需索；睡觉时不肯睡觉，千般计较。所以不同。"律师至此无话可说。很多人感叹自己工作太多很忙，没有时间休息，这是给自己找的借口，我们应该要身忙心不忙。其实，只要自己善用一心，善待一切，出门坐在车上念一句"南无阿弥陀佛"，无量光无量寿都可在你大脑形成光明力量。所以，满目青山和黄花翠竹是禅，春夏秋冬是禅，人生中处处都是禅。

现代人难于开悟禅的智慧，主要是太"忙"。在飞机上，从广州到北京都在玩苹果电脑，不觉得累，但一坐禅就感觉累得不行，杂念翻滚，所以有些人把坐禅当成安眠药。当下的心真的要把握好，才能有禅的妙境，一定要有觉照的功夫，才能得到最大的自由和自在。不自觉的人没有自由，没有自由哪有自在。

要觉悟人生才能成就禅的功德，用智慧抉择一切事物，才有智慧抉择自己的人生。佛门有句口头禅叫"有佛法就有办法"。其实是有禅就有智慧，有智慧可以抉择一切事情。现在社会有这么多问题，就是公民没有觉醒的功夫，没有禅全是烦恼，拥有觉醒的功夫，是对社会的最大贡献。因为只有觉悟人生才能够把我们自然的境界升华成道德的自然境界，发慈悲心为别人的环境做功德。所以，一个禅师对社会的价值是巨大的，他影响众生做的功德是不可估量的。因此在寺庙里面禅修，就是对社会无量的功德。一个人的身心安定，家庭就可以稳固，社会就可以和谐，进而社会就可以和平。人生因禅而幸福快乐，社会因禅而和谐安定，世界因禅而和平庄严。大家回家之后多看看《六祖坛经》，当你放下手头的工作，入三秒钟的禅定，让禅把自己推进一步，感悟自己的内心世界，也希望禅可以让我们得到精彩的人生。阿弥陀佛！

现场问答：

问：如何应无所住，如何降伏其心？

明生法师：这个是《金刚经》的话，就刚才我告诉你的《六祖坛经》的一句话：内不乱外不动。内不乱就是如何如法的修行，外不动是降伏其心。因为方寸不乱就可以安宁，内禅外定，就可以降伏其心。

问：内如何不乱？

明生法师：吃饭就是吃饭，睡眠就是睡眠。

问：什么是三宝？怎样理解"有禅就有三宝"？

明生法师：禅有三宝功德，三宝就是佛、法、僧。如果用文字现象来解说，三宝可以分为住持三宝和一体三宝。住持三宝就是释迦牟尼佛在世时候，释迦牟尼佛就是佛宝，罗汉就是僧宝，说的法就是法宝。一体三宝就是用觉性，明了一切佛法。即有禅的觉悟就是佛法，真理是法宝，落实我们的身心上正确的念头就是法宝。说到做到的，表里如一的就是僧宝，是圣人。

佛教三皈依是要我们有觉、正、净，六祖大师在《六祖坛经》里面要我们自性皈依，所以有禅就有三宝。当你来到寺庙里面拜佛，不是要你对这些佛像磕头，而是要皈依我们自己，皈依我们内心的本性。所以，回归三宝的人才能解脱慧命，才能了脱生死。释迦牟尼佛说的法就是要我们皈依三宝，说的就是三宝功德。你认同三宝就是认同佛教，理解三宝就是理解佛教，落实三宝就是实践佛教，六祖大师说"心平何劳持戒，行直何用修禅"，心如果表里如一，就是和圣人同体。所以，禅可以落实在我们生活的点点滴滴里面，把感性生活升华成理性生活，从而成就我们成佛的功德，成佛不是你一个人的事情，是众生的事情。佛教需要我们在理解的基础上发四弘誓愿，普度一切众生。

问：《金刚经》中"过去心不可得，现在心不可得，未来心不可得"，"生灭灭已，寂灭为乐"这两句话，是怎样一个境界？

明生法师：当下清净有所得，过去心已经过去，现在心正在发生，未来心还未发生，哪有所得？你得到何心？当下有禅法有所得，当下就是终点也是起点。

“生灭灭已，寂灭为乐”的境界其实就是如人饮水，冷暖自知。今天你安详一分，明天你就是有道德的人，今天你有禅，明天你也许法喜充满。每个人的境界不同，我也不能把我现在的境界告诉你听。境界只能自己知道，除非你开悟了和我对机，你印证我，我印证你。

问：我们平常做梦和禅有关系吗？

明生法师：佛教有句话叫“大做梦中佛事”，梦不是件坏事。我们的心其实是颠倒梦想，平时接受的念头，晚上做梦会显现出来。如果把梦作为佛事，那就是无上功德。所以，坏事变好事，烦恼变菩提。梦跟禅也是一体的，梦中有禅，禅中有梦，梦禅一体，最为功德。

法务微言

禅是自立自主自强地把握自己的命运①

（2006年4月21日）

禅是一种独特的智慧，更是一种解脱之道，是人类共有的宝藏。禅能让你发现自己的本来面目，教导你不是拥有什么，而是启发你要放下什么。自从六祖慧能大师创立以明心见性、顿悟成佛为特色的禅宗以来，历代祖师大德或参究精义，或接引后学，或开山说法，或著书立说，形成了内涵丰富、积淀深厚的禅宗文化，其独具特色的智慧，深深影响了中国的思想文化；其深邃博大的人生智慧，吸引了一代又一代的社会精英；其独特而简洁的生活方式，影响了一波又一波的普罗大众。在长期的历史进程中，禅宗和禅文化成为滋润人们心灵的清新剂，启迪人生智慧的精神家园，成为营造祥和氛围，建设和谐社会的宝贵精神财富，对中国佛教的发展产生了巨大的作用，而且对中国文化、中国社会、中国民众的精神生活产生了广泛而深刻的影响。

首先，禅宗以破除迷执、顿悟明心为根本，强调每个人要自己把握自己的命运。禅宗这种自立、自主、自强的思想深刻地影响了中国人的人生观和世界观。翻开禅宗历史，一代又一代的祖师都是用这种信念来修行，来普利大众。这仍然是我们民族要继承和弘扬的宝贵思想。其次，禅宗倡导人间佛教，主张人人都可成佛。《六祖坛经》颂："佛法在世间，不离世间觉；离世觅菩提，恰如求兔角。"这一偈语鲜明反映了禅宗的人生观，指出佛法不在天上而在人间。禅宗又提倡孝道，《六祖坛经》说："恩则孝养父母，义则上下相怜；让则尊卑和睦，忍则众恶无喧。"这些理论和传统正是我们今天重建道德体系，创建和谐社会的重要精神资粮。第三，禅宗的生活情趣和人生智慧滋润了独具特色的岭南文化。岭

① 在广东禅宗历史文化长廊系列活动及《重走唐僧西行路》国际文化交流活动启动仪式上的讲话。

南养育了六祖这样一位开宗立派的佛教大师，同时也受益于他留给后世的精神财富。随着禅宗在岭南的发展，随着禅宗文化的普及，禅门的生活情趣和人生智慧对岭南文化的各个方面都产生了潜移默化的影响。岭南文化务实而不保守；岭南人独立自强；广东人宽容、谦和，注重人与人之间的和睦相处，相信和气生财。这些独具岭南特色人文精神或民风民俗，我们都能感受到禅宗文化的影响。第四，禅宗文化是联结海内外、教内外的特殊纽带，为广东的进一步对外开放，经济文化交流甚至海外统战工作的开展，提供了难得的桥梁和机缘。禅宗虽然发源于广东，但到现在已经发展为一个国际性的佛教宗派。历史上，禅宗曾是联系日本、朝鲜、越南、东南亚等国家和地区的重要文化纽带。这些国家的佛教信众，不远万里，来到中国，来到广东参学拜祖，将禅宗思想介绍回自己的国家，形成具有自己特色的禅宗文化。近代以来，太虚、虚云等大德曾长期驻锡广东，振兴禅宗道场，培养禅门新秀，并到海外弘法。现代禅宗不仅在亚洲信众众多，而且已进入西方社会，拥有了一批金发碧眼的洋人信徒。而广东作为禅宗的祖庭所在地，每年都有来自世界各地的禅门弟子到这里，朝山拜祖，或交流参修心得，或探讨学术问题；各种禅修团体，各种禅文化研究会，如雨后春笋，先后成立。这些因禅宗或禅文化而形成的种种联系，对广东来说，都是一种宝贵的无形资源。

发掘禅宗文化中所蕴含的这些优秀文化成果，对于推动佛教寺院加强文化建设、营造文化氛围、提高寺院的文化品位、促进我省建设文化大省，对于清净人心、开发智慧、开导人生、劝世做人、携手共建和谐社会等都有非常积极的意义。同时，今年是中印友好年，又适逢印度佛教传入中国二千零八年。挖掘禅宗的优秀文化，对于配合国家做好对外友好工作，促进世界和平也具奋十分重大的意义。因此，在广东省民族宗教事务委员会提倡下，广东省佛教协会将组织全省有关寺院开展以“传承禅宗优秀文化，共建和谐美好社会”为主题的禅宗历史文化长廊系列活动。活动时间为 4 月 -12 月；参加活动的有十七处寺院：广州光孝寺、六榕寺、华林寺、大佛寺、海幢寺，深圳弘法寺，汕头灵山寺，佛山宝林寺，韶关南华寺、云门寺、别传寺，梅州千佛塔，肇庆庆云寺，潮州开元寺，揭阳双峰寺，云浮国恩寺、龙潭寺。活动内容包括音乐会、诗、书展和佛教文物、法器展览、诵经活动、学术研讨、禅宗寺院圣迹游、专题片拍摄和相关光碟发行等。在活动中我们还开展“重走唐僧西行路”大型国际文化交流活动。众所周知，中印交流史上最著名的文化使者，玄奘大师为求佛法至理，只身前往印度，历时十七年，独行五万里，遍游西域、中亚各国和印度。回国后又用了十九年时间，翻译了大量佛经，大师舍身求法的牺牲精神，严谨治学的风范，是整个中华民族的光荣和骄傲。为了加深对玄奘大师不畏艰险，孤身求法的伟大事迹的了解，加深中印友好交流关系，我们将组织海峡两岸的法师、学者、记者通过重走玄奘大师西行求法的征途，亲身体验大师千年前经历的艰难险阻。总之，这次系列活动的内容丰富多彩，时间连绵不断，是一次互动性、参与性，全方位、多层次展示禅宗文化的大型系列活动，将为广东的文化建设，添上浓墨重彩的一笔。

佛教建设应内强素质，外树形象

（2006年8月21日）

为贯彻“八荣八耻”的社会主义荣辱观和首届世界佛教论坛“和谐世界、从心开始”的理念，我们佛教界要对内加强僧团素质，以法为师，以戒为师，进一步引导信众从心开始，为构建和谐广东服务，对外树立良好的僧团形象庄严国土、利乐有情，努力弘扬人间佛教的优良传统，为构建和谐社会而服务。加强佛教自身建设，就是加强信仰建设、道风建设、教制建设、人才建设、组织建设。这五个方面，信仰建设是核心，道风建设是根本，人才建设是关键，教制建设是基础，组织建设是保证。

一、爱国爱教，遵纪守法

佛教的前途命运同国家和人民的前途命运紧密相连，这就要求全省佛教界坚持爱国爱教的优良传统，坚持佛教与社会主义社会相适应。每个佛教徒首先是一个公民，必须履行一个公民的义务，应该学法、守法，树立爱国守法的观念，以法规约束言行，自觉维护社会安定，民族团结。各级佛教组织要继续协助政府贯彻宗教信仰自由政策，深入调查研究，进一步理顺风景名寺的管理体制，以“宗教活动场所由该场所的管理组织自主管理”为原则，协调好各方面的关系，维护佛教界的合法权益。这里必须强调，维护合法权益，应该遵循法律、法规，按合法程序进行申诉维护，而不是用粗硬的方法，甚至用过激的言行，粗暴的行为与对方发生冲突，激化矛盾，这种行为不是维护而是破坏和谐与安定，是违法行为。在此，我建议全省佛教界应认真学习胡锦涛总书记提出的“八荣八耻”社会主义荣辱观和省委提出的“爱国、守法、诚信、知礼”公民道德建设的要求，结合实际落实到我们弘法利生的事业中去，广修四摄、六度，为社会稳定、和平及发展服务。

二、内强素质，外树形象

内强素质就是提高自身素质。要提高自身素质就必须加强学习。一方面各寺院在组织僧众学习政策法规外，还应采取多种方式，举办本寺僧人的学习班，有条件的寺院还可以举办短期的专门知识（如佛事唱念仪轨、禅堂参禅仪规以及寺院管理需要的财务、文物管理等）培训班；安排讲经说法活动，让信众深入了解佛教基本教义与教规，启发他们广学力行、爱国利民的积极性，指导他们正信正行。另一方面是僧众要自觉地学好佛教知识和社会文化知识，以法为师，正知正见，坚定信仰，端正认识和态度，自觉抵制各种邪知邪见，不断提高僧众的思想道德水平。

外树形象，就是树立僧人与僧团的良好形象。首先，要树立僧人的形象。僧众要坚定信仰，坚守戒律。信仰不坚定，就会助长佛教商品化、庸俗化，使佛教正法有边缘化的危险。没有坚定的正信，就不可能有良好的道风。因此，出家二众要以戒为师，严守戒律，防非止恶，在日常修行中自觉执行丛林清规制度，具足威仪，规范行为，要讲僧团伦理道德，敬重耆德、尊重执事、遵守六和共住共修共学的原则，勤修“戒定慧”，息灭“贪瞋痴”。其次，要树立僧团的形象。僧团形象的树立重在管理好寺院。寺院是僧人修学、弘扬佛法的道场，是从事服务社会，造福人群的基地，是联系团结佛教徒的纽带。寺院是一个对外窗口，通过它来展现我们佛教界的状况，要管理好寺院需做好四方面的工作：

一是把好入门关，任人唯贤。各寺院应严格把好僧尼的入门关，佛经云：“因地不正，果遭迂回”，把好入门关是纯洁僧团的根本。我们要以教职人员认定工作为契机，整饬僧团。寺院需根据僧人专长不同，安排不同的工作，依所受教育和德行、才能，确定僧人在僧团的地位、责任、待遇，使职责和能力相对应，这样才能做到任人唯贤，以防十方丛林变成子孙庙。

二是健全制度，民主管理。各级佛协要督促各寺院依照《宗教事务条例》建立健全七项管理制度，并加大执行力度，特别是人事、财务管理要增加透明度，做到公开化、明晰化。寺院要坚持以律摄僧的根本，依律建立僧人共住规约和处事标准；要继承丛林清规的传统，依六和精神建立具有佛教特色的寺院民主管理制度。凡是有条件的寺院，要遵照中国佛协制定的《全国汉传佛教寺院管理办法》《全国汉传佛教寺院共住规约通则》以及“三个教制文件”，要建立和健全两序大众按期推选或礼请住持以及住持到期退位，住持对班首、执事的请职，住持同班首、执事对重大寺务的民主议事等丛林僧团组织制度，建立健全僧团行之有效的组织管理体系。另外，佛教信众是一个庞大的群体，他们是促进佛教健康发展的重要力量。所以，必须建立一套行之有效的信众管理体制。

三是禅修结合，肃正道风。寺院应安排好僧众修持，坚持早晚功课，经教学习，坐禅念佛，过堂用斋，诵戒布萨，严守戒规，整肃僧仪；要求僧众必须僧装、素食、独身。对于违犯戒律、败坏道风者，应视不同情况，给予收回戒牒、迁单离寺、摈出僧团、撤销僧籍等处分，以利僧尼队伍的清净和合，安顿僧众身心，肃正道风。我们要在近一两年内采取切实有效的步骤，分期分批对各寺院进行一次整顿道风的检查与监督。

四是畅通渠道，加强交流。寺院之间应畅通交流和沟通渠道，不要各自为政，故步自封，应加强各寺院之间、寺院与佛协之间、地区之间、佛教界与社会各界之间的联系。对于那些规模小，自养能力差的寺院，应采取“抓大放小”的管理原则，整合佛教资源。

慈悲济世、广结善缘，庄严国土、利乐有情这是佛教徒的职责所在，是僧众弘法利生的实际表现，也是树立佛教良好形象的一个重要方面。弘法的目的在于利生，因此，安定社会、利济众生，这是一切佛教事业的出发点和落脚点。我们要努力探索佛教服务社会的新途径，各寺院应大力发扬人间佛教的优良传统，积极进取、以人为本、联系民众、化导众生、提升道德、清净人心、净化社会；要提高寺院的文化品位，使寺院逐步成为陶冶道德情操，有益于身心安宁健康，环境整洁优美的场所；要关心社会难点、热点问题，选准服务社会的切入点，多办一些实事、善事，如举办佛教慈善诊所，建立一个长期的、机制性的慈善平台，解决弱势群体看病难的问题。同时我们还要激励和带动佛教徒积极投入社会生活建设，关心社会生活的改善和生存环境的保护，将佛教慈悲济世的精神融入社会伦理道德和精神文明建设的主流中去。

研究禅文化是发掘和弘扬佛教的良好方式①

（2006年9月23日）

佛教与广东的渊源相当深厚，三国时期就有梵僧前来传教，后有初祖达摩泛海来华，在今日的广州华林寺登岸，特别是广东人慧能创立禅宗南宗，使佛教最终实现中国化。因此，可以说，广东是禅宗的发源地。禅宗是中国佛教的主流和代表，其所“直指人心、见性成佛”是立宗的根本，也是僧众禅修的指南。禅宗及其宗经《六祖坛经》不仅对中国佛教的发展产生了极大的作用，而且对中国文化、中国社会、中国民众的精神生活产生了广泛而深刻的影响。禅宗破除迷信，自强自立，深刻地影响了中国人的人生观和世界观；禅宗倡导人间佛教，主张和谐相处的思想和传统，为营造和谐社会提供了宝贵的精神资粮；禅宗的生活情趣和人生智慧滋润了独特的岭南文化；禅文化是联结海内外、教内外的特殊纽带，为广东的进一步对外开放，经济文化交流，凝聚海外侨胞、同胞等方面，提供了难得的桥梁和机缘。

开展学术研究是发掘和弘扬佛教文化的好方式，赵朴初会长曾提出：注重学术研究，是发扬中国佛教三大优良传统之一。中国佛教注重佛教学术研究的传统，在全球佛教界颇为突出，其成果极其辉煌，据统计研究文字总字数达四亿以上。二十世纪以来，佛教学术研究再度勃兴，并成为文史哲研究的热门课题之一。现代的佛教研究运用近现代人文科学的方法，使佛学突破了寺庙僧尼的范围，进入社会文化领域，扩大了佛教在知识界的影响，提高了佛教的精神内涵，深化了人们对佛教的理性认识，启发和促进佛教的与时俱进。加强佛学研究也是我们佛教界努力的方向，佛教界不但要发扬传统，以解行相应的实践方法为主，同时也要吸取学界的科学方法，重视学界的研究成果，力求以极为客观冷静的态度，从全人类文化的广大视角，研究整理佛教的修学之道，总结古今

① 在广东禅文化研究会成立大会上的讲话。

修持经验，这也是太虚大师曾提倡过的课题。发掘禅宗文化中所蕴含的这些优秀文化成果，对于推动佛教寺院加强文化建设、营造文化氛围、提高寺院的文化品位、促进我省建设文化大省，对于清净人心、开发智慧、开导人生、劝世做人、携手共建和谐社会等都有非常积极的意义。

今天，广东禅宗文化研究会的成立可谓是一件大好事，是一场及时雨。研究会的成立为政教学三界的交流提供一个平台，让大家在这平台上充分发挥各自的优势和作用，共同为建设文化大省、和谐社会服务。

讲经说法是顺应世道人心的需求渴望

讲经说法是佛教的优良传统，更是广大佛教徒弘法利生、令正法久住的重要举措。翻开佛教历史，我们就能看到，释迦牟尼佛长达四十九年的说法，包括了华严、阿含、法华、般若、法华涅槃五时八教经律的数千卷之多，可见释迦牟尼佛自在菩提树下成等正觉开始，就讲经不断、度生无量，无时无刻不在讲经教化众生。

佛教传入中国之后，历代祖师、高僧大德更是秉承佛陀的遗风，以讲经说法、高树法幢、利济众生作为自己终生修道证果的崇高使命。欣逢海晏河清、盛世太平、国运昌隆、教法中兴，如此因缘际会，承前启后，继往开来，将佛教讲经说法这一优良传统发扬光大，必然是我们广大佛教徒应肩负的义不容辞的神圣责任。在国家宗教局的直接关心、指导下，中国佛教协会从2008年开始已成功地举办了三届汉传佛教讲经交流会。

纵观当今社会，经济高速发展，人们的物质生活水平不断提高，然而人心浮躁、道德滑坡、行为出轨、生态失衡、环境恶化、灾害频发等等社会问题和矛盾此起彼伏。面对如此社会现实，人们不禁感叹人心不古，人心唯危。我们的自身、我们的社会到底怎么了？究其原因，就如佛经所说的，我们不能“善用其心，善待一切”。也就是说，我们缺乏心地的清净，片面地追求物质生活的享受和经济利益，因而就不能全面实现个体、社会、环境的和谐发展。清净生智慧，和谐现慈悲。清净智慧，和谐慈悲正是源远流长、博大精深的佛教经典所蕴藏的重要内涵，而善用其心，善待一切，庄严国土，利乐有情更是我们广大佛教徒实践人间佛教的根本内容。为此，大力宣讲佛教经典，弘扬佛教文化，让更多的人领纳佛教的清净光明、和谐智慧，推动自身，社会，环境的德化、净化和美化，这是当今社会世道人心的迫切需求，也是我们佛教徒应尽的义务，更是佛教传承、发展的必然要求。

《法华经》告诉我们，“一举手，稍低头，皆种无量善根。”能恭逢讲经法会，实是具足无量的善根福德因缘。听闻经典，正是广修佛法，广种善根，获得清净和谐、感通功德的重要途径。我们不能要求人人信仰佛教，信仰是个人的私事，但希望大家能够用一点真心去了解佛教，认同佛教的人文精神和普世价值，从而让我们的生活、工作、家庭、团队更加和顺，更加和谐发展，也更能使我们在感恩奉献之中庄严自己的一生，共同为净化人心、美化环境、和谐社会、和平世界做出无私的贡献！

愿大众听经闻法时能心开意解，消除烦恼，增长智慧，法喜充满，阿弥陀佛！

佛教音乐是修学佛法与弘法利生的方便形式

音乐是世界的共同语言，无远弗届，它超越了时空、国界、种族与宗教的限制，而成为人类抒发内心感情的表达形式，更是人类追求真善美的重要内涵。佛教音乐是佛教文化艺术的一朵奇葩，它是广大佛教徒修学佛法与弘法利生的重要方式。一首神圣的佛曲和虔诚的佛赞，是佛教慈悲智慧与和平精神的展现与演绎，是人们表达对佛陀无上功德的崇高敬仰，是树立人们正知正见，升华内心清净圣洁境界的重要举措。

佛教音乐可追溯到古印度吠陀时代。中国最早佛教梵呗从曹魏时代开始，两千年来，与中国民族文化相融合，成为中国传统音乐的一部分。佛经云："佛以一音演说法，众生随类各得解。"佛教里的赞颂、供养、修持、唱导、仪轨，无不以音声为佛事。佛教的慈悲和智慧，和谐与和平的精神，佛菩萨的同体大悲、无缘大慈，以及不为自己求安乐、但愿众生得离苦的精神，都通过佛教音乐全面展现出来。中华佛乐传承有序，形成诸多流派，其中广东佛乐是地方佛乐的一枝奇葩，流传至今分为粤西的广府板、粤东至闽南的香花板、潮州的禅和板及粤东北的客家板四大唱腔。

继承和发扬优秀的佛教文化与佛教艺术，不仅是佛教事业发展的必然要求，更是推动中华传统文化的发展，建设人类美好精神家园的迫切需要。以佛教音乐传承佛教文化与佛教艺术，对大力促进佛教文化建设与佛教界的自身建设，弘法利生，感化广大佛教徒与社会民众，知足感恩，诚实守信，爱岗敬业，服务社会、奉献人群，可谓意义十分深远。

从“以人为本”论佛教对企业文化的塑造

公元前623年，伟大的悉达多太子降生于迦毗罗卫国。悉达多虽贵为太子，然而对于荣华富贵漠不关心，却对人生的生老病死感触良深。为了得到圆满解脱这些人生缺陷的方法，二十九岁时，毅然逾城出家，经过雪山六年苦行，最后在菩提树下悟道，那一年，他三十五岁。从此，他足迹踏遍了恒河两岸，讲经三百余会，说法四十五年，把真理的妙谛遍布于天下。公元前543前，佛陀在古印度迦尸那城进入涅槃。

佛教是包括教主、教义、教徒组织、清规戒律、仪规制度及修行体验等内容的综合体，也包括在弘传过程中形成的种种特点，是一种文化形态，是一种社会现象，也是一种道德教育。众所周知，佛教是解脱之教育，换言之，即是趋向圆满幸福、究竟快乐之教育，用佛教固有的名字就是涅槃之道。所以，今天我向大家阐释的就是幸福之道、快乐之道。这种幸福快乐是超越的，又是现实的，是唯圣者所证的，又是你我可以当下亲切体认的。是故寒山子说：“人问寒山道，寒山路不通”，又说：“君心若做我，还得到其中。”

东方有圣人，西方有圣人，此心同，此理同，佛法就是人生宇宙普遍存在的真理，就是永久不会改变的方法和轨则。这个真理亘古常在，无处不有，“非佛作亦非余人作”，只以佛陀发现、亲证，因而就称之为佛法。佛陀翻译为中文，就是“觉者、智者”的意思。每个人都具有亲证人生真谛之潜能，故此佛陀说，众生皆有佛性，皆可成佛，皆能觉悟。换言之，众生都可获得圆满的幸福、究竟之快乐。

真理可以比喻为庐山，对于真理的探索认识以至于追求和体认，则不尽相同，东坡有诗云“横看成岭侧成峰，远近高低各不同”者是焉，就因不同则有诸种学派、诸多文化衍生，然而不管是岭是峰，皆不失为庐山面目。以是故，探讨佛教与企业文化，归根结底还是在触摸幸福，体认真理。佛陀说一切众生皆可成佛，然而却以人为主，因为人具有可贵的思维能力，有勤奋努力的特点。所以，人才是最堪修佛法者。企业文化是一种管理文化，是“以人为本”而凸显人文关怀的管理文化。佛教文化既然和企业文化都是以人为本的，那么就有许多相通互融之处。

一、佛教缘起说与企业人事管理

伟大的科学家爱因斯坦说：“我每天上百次地提醒自己，我的精神生活和物质生活全部在依靠别人（包括活着的人和死去的人）的劳动，我必须尽力以同样的分量来报偿我领受了的和至今还在领受着的东西，我强烈地向往着俭朴的生活并且常常为发觉自己占有了同胞过多的劳动而难以忍受。”

请允许我对这一段话作一诠释。大家手上都有白纸，你是否看到这张纸上悠悠飘浮的白云，雷鸣般的闪电，抑或是斜织着的细雨，或许嗅到泥土的清香。你可否从白纸上折射出了伐木工人辛勤的汗水，回旋急促的电锯声。你可否从银幕般的白纸上影现造纸工人们忙碌的身影……

大家可以与我一起默想要成就一张纸的全过程。

一个静寂之夜，一颗饱满的种子回归到大地的怀抱，一片片落叶覆盖了这一伟大的生命，冬天的皑皑白雪轻轻飘落，无声的催眠曲就此奏响，树种酣睡了。

春天来了，和煦的阳光融化了厚厚的冬雪，种子在温暖湿润的泥土里苏醒过来，开始了它的生命之旅。树芽破壳而出，穿过腐叶，走向了世界，微风轻抚，春日注照，树芽由是披上了绿装。同伴们在鼓励，树芽由是长成了小树苗，可以聆听小鸟的歌唱。小树苗深知“本立则道生”的真理，暗暗地生根了，扎入了肥沃的泥土，它需要大地的营养……

多少年过去了，就是这泥土、这阳光、这雨水、这悦耳的鸟鸣、这力争上游的同伴，让它茁壮地长成一棵直立于天地之间的大树。可以让飞鸟驻足，可以为行者避暑，大树之林因此在微风里愉快地合唱着天籁之曲。

然后，伐木工人来了，他们为这片可造之材的树林而欢喜，在紧凑的电锯声中，在伐木工人挥洒的汗水里，一棵棵大树开始了另一阶段的旅程。它们上了卡车，换乘火车，辗转曲折多次才被整齐地堆放到造纸厂。经过去皮等一系列程序，文化用纸产生了。

我们由此观照，如果没有泥土的孕育，阳光的照耀，雨露的滋润，就不会有绿色的大树。如果没有工人的汗水，车马的输运，机器的运转，就不会有雪白的纸张。你可曾想过，这一张薄薄的白纸，却是诸多条件、诸多劳动的集合，少了一个条件也不行。所以，在这一张纸上，不就有白云的飘浮、有泥土的芬芳、有雨露的润泽、有绿色的旋律、有苦涩的汗水、有隆隆的机器声、有列车的汽笛，还有出售给你纸张的服务员那微笑的脸庞。

朱熹有语云："行成于思，毁于随。"佛经里说，人之所以可贵就在于他善于思维。我们可以制作一碗米饭的记录片，从"手把青秧插满田"到施肥、灌水、收割、脱粒、打辗、上市、购买、洗淘、蒸煮，可口的米饭是诸多劳动的结晶，所以"锄禾日当午，汗滴禾下土"的诗句是感人至深的。

一碗米饭如是，一杯茶如是，一件衣服、一支钢笔乃至我们一切的生活用品，都是别人的劳动。我们读书、听课都是在享受别人的劳动。思考我们一个人的成长，离不开师长的教导、善友的提携。爱因斯坦说得好，我的精神生活和物质生活都在依靠别人的劳动。

这就是佛法所讲的缘起。缘是条件，一粒种子的成长需要条件，一个人事业的成功亦需要条件，一个企业的成功亦需要条件。在企业里，细节决定成败，企业需要员工的敬业、忠诚、主动，需要员工们有福同享、有难同当的心志，需要员工们高昂的士气；员工们需要来自企业愉快、尊重、自豪和温暖的感受，也需要上下之间多角度、多层次、多侧面的沟通和交流。所以，企业领导要周全地考虑每件事，从细节抓起。

由于我们生活在缘起的世界里，所以我们要生感恩心，感激生活中给我们提供了方便的一切，同时，要像爱因斯坦一样，"必须尽力以同样的分量来报偿我领受了的和至今还在领受着的东西"。佛教中叫作报众生恩，报国家恩，就是回报社会，报效祖国。企业的员工有了这样的回报理念，那么，企业的前途才是无可限量的，如果把眼光只放在赚取利润上，企业就会走向死胡同。你的心量有多大，企业的成就就有多大，眼光有多远，企业的发展就有多远。古人有诗曰："要看银山排天浪，开窗放入大江来。"

二、佛教性空观与企业团队精神

我们由上面的缘起内容可知，思想理念对一个人，一个企业是何等的重要。所以说眼睛对人有多重要，思想眼光对人生、对企业就有多重要，佛教有一位叫蕅益的大师说：“有出格的见地，方有千古品格，有千古品格，方有超方学问，有超方学问，方有盖世文章。”此中见地就是思想，就是认识，也就是灵魂，如果把上面的学问当作产业，把文章比作利润，就可以看出，这都不是第一位的。首要的在乎见地，其次的则是品格，也就是道德、修养，由此方能衍生学问和文章。这是一个人、一个企业成功的次序，千万不可以弄颠倒了。由于传统文化的埋没，贪婪总是被命名为理想，欲望总是被定义为向上，良心总是被嘲笑，道德总是被鞭挞。一些略有小成绩的人就自我感觉良好，俯视朋友，疏远亲人，不敬上司，漠视同事，一味地“孤高出众峰”，却不知和谐、和合才是幸福快乐之道，团结友爱方为企业成功的基石，这种心态在佛法上叫作“我见”。“我”突出了，一叶障目，则不见团体，不见师长，膨胀的“我”就会带来无尽的烦恼。佛法上说，人之所以烦恼就是因为我见炽盛如火，对治这种与生俱来的情绪，就要了达性空的真谛。俗话说“一将成名万骨枯”，一个人的成功是多少人汗水的凝聚，所以饮水思源，知恩图报这些人。一个人要走得远就要正确地审视自己，就要分析成功的因素。只要清醒地抉择，就会知道自己的努力只不过是成功的一分子而已。

我见云何？“我”在佛法上有三层意义，即：自起、独一、常住。

自起是误解，我们静心地思考就知道世间的一切事物的出现都是要靠条件的，所以是缘起，因缘的聚会才会有企业的辉煌，才会有事业的成功。辉煌、成功这些光彩夺目的桂冠是世界和平、社会安定、上下一心、辛勤努力的因素共同铸造的。这不是某一个人的缔造，这是指万事万物之出现而言。

独一是指事物的存在。如果把人的出生比做生起，那么从生到死这段时间就是存在了。众所周知，人的存在需要朋友的告诫、师长的教导，要有工作维系生活，要有住房以安住身体，要有知识以滋养灵魂，如是等等，所以事物的存在不是独一的，是要互相依存的，要善待自己、善待别人、善待周围的一切。

常住是指事物会永久地存在，大家知道，这不现实！子在川上曰：“逝者如斯夫，不舍昼夜。”赫拉克利特亦云：“人不能两次踏入同一条河流。”东坡有词云：“月有阴晴圆缺，人有悲欢离合，此事古难全。”是的，“积聚皆消散，崇高必堕落，合会要当离，有生无不死”。在这个世间，任何事物都不会永久地存在，且看人有生老病死，物有生住异灭，宇宙有成住坏空。一部历史，就是一部无常史，罗马大帝国、强汉盛唐，今何在哉！这是事物的真面目，要直面、勿回避，感情、财富、名誉、地位、寿命终究有一天都会走向无常，中国的古人讲的居安思危，就是要破除“常住”、永久这种错误的观念。“塞翁失马，焉知非福”也是在演绎无常的哲理。

然而这不是消极，不是悲观，正因为无常，所以才要努力，奥斯特洛夫斯基说：“应当赶紧地生活，因为不幸的疾病或是什么悲惨的意外，随时都可以让生命突然结束的。”这是对无常的深刻体认。证严法师说：“人的寿命因短暂才显得更珍贵。”无常的意蕴就是让我们珍重当下，而不是因为过去而悲伤，因为未来而发愁，这是“我”的三层意义。“见”就是执著、执取上面的错误认识，以为是最胜的。一个人有了自有、独一、常住的错误见解，就认为个人的成功来自于自己的才华，企业的成功来源于自己的远见卓识，如是成就是我所作，常存不变，感觉好到了“唯我独尊”的境地，却不知如是见解就成了前进的障碍，开拓的羁绊，就会自我封锁发展空间，等于把自己变成了笼子里的鸟。

所以，体解性空就会谦下，“水唯善下能成海”；体解性空就会团结，就不会忽视哪怕是一个清洁工都是企业成功的缔造者；体解性空就会把成功的喜悦与员工们共享；体解性空就会知道没有最好，只有更好；体解性空你就会挥洒自如，不会由于失败而忧愁，不会因为成功而陶醉；体解性空就会在成功的竿头上更进一步……

体解了性空，前途就会如同大海一般的广阔，现在很多企业里稍有成绩的人就认为自己不同凡响，这样就会直接影响企业的前途，因为每一个员工都是成功企业的缔造者，试想，一个企业里领导班子都有这种意识，企业的发展就不会有生命力。所以，企业要有团体精神，要增强凝聚力，企业的发展才会长盛不衰。一滴水，只有融入了大海，才会成其广阔。佛陀成道后，依然与弟子们一起托钵乞食，赤足云游，所以僧团因此而长盛不衰。

性空是灵动的，韦应物说得好："春潮带雨晚来急，野渡无人舟自横。"

缘起性空是佛法的灵魂，因体解这一真理而悟道者千千万万，悟道是成功的象征。但愿佛法的真谛之魂能融入企业文化，成为企业之精神，则企业之成功亦将万万千千，正所谓："尽日寻春不见春，芒鞋踏破岭头云。归来笑拈梅花嗅，春在枝头已十分。"

三、佛教因果论与企业伦理道德

如上所言，既然缘起是真理，由缘起衍生的因果报应理念亦为真理。因果报应是朴实无华的人生哲理，就像佛陀说真理的存在一样，是遍一切处的，是放之四海而皆准的。它就如同大地和泥土一般的平常，然而世间众生的安立，一切生物的生长无不依赖它。是的，我们每天都离不开大地，然而，我们却没有想到大地的可贵，没有想到大地是建立一切的基础。

我们还是从上面缘起的表述来说明因果报应的道理，就以白纸为例，从投入大地的种子到制成白纸，这一阶段，是一连串的因果。假若以种子到大树此一时间段论，则种子为因，长成的大树就是结果了；若以大树到制成白纸这一时间段论，大树则是因，制成白纸就是结果；若从种子到白纸此一时间论，种子也是白纸的因，白纸是前面的树芽、小树苗、大树等一切的果了。所以，因果要依时间来表述。

在佛教中，因果报应与六道轮回又是紧密相连的。六道是我们人生与一切众生当下和未来的趋向。我们的未来有真实的轮回，当生有真实的轮回，当下也有真实的轮回。

让我们一起先探讨当生的六道轮回。六道指的是天、人、阿修罗、饿鬼、畜生、地狱。孟子说"人者，仁也"，指有恻隐之心、仁慈之心就称为人。一般地，我们都称为人道。然而，六道之中又有六道，这就是当生的轮回。就以人道为例，作为一个国家的好元首，令出必行，于所愿得自在，衣食住行皆人间所极，是为人间天道。若是丰衣足食，心地善良宽厚者，是为人间人道。若是人间官长，福禄有余，然而性格暴烈，好斗逞强，即是人间修罗也。若是三餐不继，流落街头，抑或是遭受灾难，水米难得，久处饥饿，则是人间饿鬼道也。若是以出苦力以换取极少资粮以维系人生，如挑山工，大山车路不通，以身背送物资者，即人间畜生道。我们不是经常说，旧社会的同胞过着猪狗不如的生活吗？若久处囹圄，或亲人别离，心如刀绞，或车祸的当事者，断手断脚，血涂遍地，是为人间地狱也。

一个人的心情心态也有六道之轮回，让我们一起来探讨这种当下的六道轮回吧。

当你找到了一份非常理想的工作，或者和久别的好友相逢，或是拿到了不菲的奖金，心情异常快乐，看到一切都是那么的美好，甚至对于以往的敌人都不憎恨了，还会报以微笑，问声你好！当时你就步入了天道。对于一个哲人或贤人，如曾子三省其身；颜回一箪食、一瓢饮，居陋巷而不改其乐；古来山居的高僧寒山子“重岩我卜居，鸟道绝人迹”；王维“明月松间照，清泉石上流”。如此心境，一片宁静，光明自在。对于一切坦然面对，不以物喜，不以己悲，都是天人的心态。别人的讥笑、打击、欺骗都可以一笑向春风。面对工作，就会以回报社会，报效祖国，福利众生的想法，去一丝不苟地完成，这都是精神生活上升到了天堂，当然，这要自己去体会，佛法上经常这么说：“如人饮水，冷暖自知”嘛！

见到了即将被宰杀的鱼或者鸟，你动了恻隐之心，想到“我肉众生肉，名殊体不殊”，是一般骨肉一般皮的，当下慷慨一把，买物放生；过马路时，扶一把白发苍苍的老太太，牵一把左顾右盼的小朋友；将美食未尝先奉父母，逢年过节不忘向师长问好；于朋友从不失信，代人之劳，成人之美；乃至深爱你的妻子丈夫，无有外染；喜欢读有益于身心的书；把快乐与人分享，分担朋友的痛苦，如此等等的心态产生之时，你当下就在人道。

对于手下的职员或家里的保姆，没有耐心，动辄便大发雷霆，怒目相向，他人稍有违犯，便以十分还报，以斗争为快乐，如此念起就沦落到了可怕的阿修罗道。

本来有帮助人的能力，然而赈灾捐物时你无动于衷，乞丐的愿望一次次在你的冷漠中变成了失望，不肯把自己的快乐与人分享，总想得到非分的东西，如此的悭贪心态就是饿鬼道。

假如做了错事，不感到惭愧，比如说窃取了朋友的名誉地位，巧取了公家的财产，劫夺了兄弟姐妹的财富，事成之后还沾沾自喜，自以为是。不尊敬父母、师长、上司，经常在外面宣传自己单位、朋友的失误和过错，欺凌弱小，以此为乐。如果心胸狭隘，把一件不顺心的小事，放在心里，而且从各个方面让他膨胀，让心情异常地沉重；本来生活在于当下体味，而总是寄望于未来，为了赚钱而身心疲惫；本来孝养父母，扶持兄弟朋友是理所应当的快乐，却视其为负担，由是倍觉心情沉重；本来藉工作可以报答领受了的和至今还在领受着的劳动，却予以应付的心态，如上种种心生，当下就进入畜生道了。

最后是地狱道，我想是大家都不愿意听到的，然而我们还是要去了解它。如果凶残如屠夫；宁我负人，人毋负我；鲸吞国家财产，疯狂贪污受贿，巧取赈灾钱财，背叛国家，欺骗人民，忤逆父母，侮慢师长，欺凌众生，忘恩负义，恩将仇报，我们经常读小说，看到“禽兽不如”之流的，如上相应一念心生，就是地狱了。

所以，轮回在当世，也在当下，要看自己的处境，要看自己的心态，更重要的是自己要清楚地认识，积极地改变，轮回就在一念之间。比如说朋友托你办件事，你感到这是负担，就是畜生道。你转念一想，朋友于我有恩，应该报答，知恩报恩嘛，由是便欢欢喜喜地去努力，就这一念，即入天堂！所以，我们每一个人的喜怒哀乐的心情无时无刻不在六道中轮回，只要你认真去观察。

未来的轮回是在这一期生命结束后的走向，就如同种子到大树是一期生命，从削皮加工到制成白纸又是一期生命，从白纸制成使用以至走向回收又是一期生命。大家知道，能量是不灭的，而是转换的。所以，轮回也同样如此，人死了绝对要投生，投生到哪里，这取决于你这一生的善恶能量，以强者先牵的原则，决定未来。所以，要想未来一片光明，就要及时行善，以道德规则来要求自己。儒家的仁、义、礼、智、信，佛家的不杀、不盗、不邪淫、不妄语、不饮酒（不饮用对身体健康有害的东西），都是道德规范。善的定义是“此世他世，俱顺益故”，也就是现在以至于未来，给人带来的都是利益。我们要仔细地甄别，有些眼前有利益，而未来无利益，这不是善的范畴，比如有的化工厂出产的产品赚了很多钱，可是排出的污水给未来的生态环境带来了极大的损害，这种只为眉睫的思想是恶的。道教有一则故事，可以给大家启迪，说的是吕洞宾出家修道，他的师父说我有点石成金之术传你，吕洞宾说石头变成了金子不会再恢复石头的原形吗？师父说，五百年之后会的，吕洞宾说，我不学了，这法术会害五百年以后的人，师父一听，大喜过望。想想我们的所作所为有没有这五百年的眼光啊。自工业革命以来，生态之破坏令人揪心呐。所以，善不是以当前的利益来界定的，而是要以时间来考证，如果为善了，给当下以至于未来的众生都带来了利益，那么你决定会在善道里受生。佛陀教导我们，不但要关爱这一期的生命，而且还要关爱下一期的生命。

六道轮回无论是当生的，当下的，还是未来的，都是对因果报应的诠释。因果报应就是让我们日常生活中对天地、鬼神、君子乃至一切生灵都要存有敬畏心，如果一个人是无所畏的，那这个人就是最可怕的。因果报应是警告我们，要时刻对自己的言行思想负责，因为那真正的是自作自受。道德就是好因好果的宽阔大道，也是成功、辉煌的宽阔大道。

一个企业的成功强大，与企业每一个员工的素质和道德是分不开的，员工的砖石共同造就了企业的大厦，假如其中一块砖石松动了，破烂了，企业的大厦就有了隐患。古人说：“千里之堤，溃于蚁穴。”所以，企业的强大与员工的道德密不可分，我们希望员工们把企业共同营造成美丽的天堂，给人以期望、以梦想、以利益、以欢喜，只要员工们的认识提高了，道德提高了，有所敬畏了，企业就会强盛，就会强盛不衰。企业就有了标准，有了灵魂，有了内涵，有了希望。

从“供需而改革”谈都市寺院的社会责任

今天，我很荣幸来参加大佛寺此次高峰论坛，能有这么一个好机会能和济群大和尚、吴教授等老前辈，还有我们的教授学者、外国的高僧大德、在座的各位共同学习，感恩大家。

本次论坛的主题是“都市寺院的社会责任”，刚才聆听了静波法师所讲，确实深有感慨。但怎么去定义都市寺院？是从区域来分或是从内涵来分？我个人觉得这个标准还很模糊，就比如，大佛寺和无著庵同处闹市，大佛寺对外开放，无著庵未对外开放，难道就能说大佛寺是都市寺院、无著庵是山林寺院或者大佛寺和无著庵都是都市寺院吗？对于这个问题，我暂时不加以讨论。

我认为当下佛教寺院责任都很重大，无论是所谓的山林寺院或是都市寺院，都必须肩负起荷担如来家业、延续佛法慧命、利益苦难众生的责任和使命。正如刚才静波法师所说，现在社会对佛教有很多方面的误解，甚至是对立面。还有很多负面的评论被强加于佛教，又或者佛教本身存在一些人员在某些方面没有做好。其实，根本原因还是出于每个人自身层面。殊不知，我们每个人很难改变社会，那我们就先要改变我们自己，我们首先要树立这个观点。

在市场经济洪流的推动下，现代社会变得复杂起来，生活价值的标准也出现分歧。要是大家只认理，那么就只能到法院听后判审。如果认道德，那我们就应该扪心自问，所作所为是不是问心无愧，是不是与良心冲突，是不是与因果相悖。所以，如果认理，就是在外在找一个暂时的依靠，而尊崇道德，便是在我们自己内心找到一个永恒的净土。

现在，我们这个社会真的很怪，怪到我们没办法接受。“老人家摔倒了，你扶不扶？”也成了社会热议的话题。甚至也有记者来问我，坚定地回答就一个字“扶！”。其实，这根本不需要问，中国是一个礼仪之邦、道德之国，佛教更是注重知恩报恩，我们都应该将德摆在先于理的位置。

为什么现在社会产生了这么多的问题？当然这里有个历史的原因，就是佛法在传播过程中曾经被中断，在传承上出了问题，以至于国人在信仰层面、在道德层面也跟着出了问题。现在国家虽然政策开放，还我们信仰自由，但我们因为自身我慢贡高、懈怠放逸，对佛教教义了解甚少，也着实悲哀。作为僧人，我们更是应该从我们自身层面找原因，我觉得有一个很大的因素就是我们寺院还没有真正强大起来。虽然在硬件上比较强大，比如大佛寺修得很庄严，法师花费很多精力，但是寺院内部的软件、寺院的内涵还有待提高。佛教在呼唤着有道有德之人来肩负家业，弘扬正信、护持正法，才能令正法久住。

刚才静波法师说了一句很有意思却又值得深思的话，静波法师说："真理在穿鞋，歪理邪说已经走遍天下。"佛陀在《楞严经》说："末法时代，邪师说法如恒河沙。"值得我们深思的是，为什么邪师说法这么有市场？这便直接反映出是由于我们自身缺乏智慧判别的能力。为什么会缺乏智慧，也是我们每个人值得深思的问题。在我看来，虽然现代科技为我们带来了很多方便，但我们在一味享受现代科技给我们带来方便的同时，现代科技也在逐渐腐蚀我们思考的能力，所以当事情来临的时候我们都没办法用智慧去判别。所以越方便，我们越懒惰、越没有思维，然后在多元文化信息的冲击之下，我们现在的思维散碎，心理也是玻璃的碎片，导致我们心理破碎，思维短路。在如此严峻社会问题背景下，我们需要佛法的智慧，需要佛教的正念，需要禅定的力量。这就是社会提供我们佛教的机遇和挑战，所以无论是山林寺院或是都市寺院，都必须有勇气直面这一机遇和挑战，如实地肩负起荷担如来家业、延续佛法慧命、利益苦难众生的责任和使命。

如何把机遇和挑战相融合？如何做到既能面对挑战又能抓好机遇？也是需要从我们自身出发来思考的问题。我们常说"供需而改革"，供需平衡是社会法则，但我们现在必须客观认识到，寺院的供需不平衡：社会大众需要的，我们没有给或者给得不足；社会大众不需要的，我们在拼命地扔，这就是供需不平衡，所以需要改革，要在这机遇与挑战并存的现实问题中把寺院的责任做好、把佛学重兴起来。在此我引用两个太虚法师的观点和大家共同学习探讨。

第一是阐明佛教发达人生的理论，第二是推行佛教利益人生的事业。这两大方面，一个实体的，一个是理论的，理论跟实体结合起来，就成为推动佛教发展的动力。我们必须要挖掘、修行和落实佛学利益人生的理论、阐发人生的理论、启发人生的理论。太虚法师最后还总结，最终是要实现从人天乘到大乘菩萨的境界升华。太虚法师是人间佛教的推行人，诠释了用佛法来启发人生、庄严人生，最后得到佛法的实在利益，正所谓“人成即佛成，是名真现实”。

因此，从这两个方面来说，寺院的首要任务是以人为本突显学修法门，用理论来指导实践，若是不能运用佛教发达人生的理论来推行佛教利益人生的事业，知行不合一，那么永远都是一个门外汉，得不到佛法真实的利益。所以，我觉得寺院对于学修法门的定位非常关键，用一个清晰可行的行持法门将我们所学的佛法教理落实于生活实践，才能够摄受我们所要教化的、愿意修学这一个法门的四众弟子，树立起他们的正知正见。

第二，我们还应该着重僧团建设，加强僧才培养力度。佛法弘扬本在僧，僧不度僧枉佛子。所以，我觉得聚焦到寺院的基本功能来讲，僧才培养是十分重要的一个环节。现在好多寺庙忙于应酬经忏，而忽视了僧团的建设、僧才的培养。一个寺院也只有拥有正知正见的僧人、通达佛法教理并将一个法门的法义修持述而不作地传授于信众，才能让居士信众受益。若是没有僧团的力量，还怎么去弘扬修学法门呢?

所以，我觉得这两个是我们的根本。确立法门是让更多的人知道我们的目标是什么，方向在哪里；增强僧团的培养力度，是我们僧团本身有人才出来，乃至你在这个法门里面培养在家信众来互相影响互相学习，也算是发扬我们的弘法事业。

第三个重点，就是要针对性地加强培训。要在弘法利生事业中运用我们的措施方法，使这个修学法门在弘扬之中得到更多人的认可，把信徒引导好，这样才能够解决静波法师所列举的社会现象。

当然，在寺院建设中还有对外交往、慈善服务的方面。太虚法师给我们提出慈善服务的理念，而我刚才所说的建立法门就是一种慈善服务的渠道，从理论上、行持上我们更加可以引导。像大佛寺，长期以念佛作为引导信众，所以就有好多信徒到这里来，这就是法门突显的作用。修学法门人才的培养是我们的着重点。

最后，我希望每个寺院都能落实好法门的定位和人才的培养，在这个基础上才能发挥寺院的价值和作用。佛教于当今想要取得更大的发展，首先要改变的是我们自己，从僧团建设到寺院的弘法功能，要适应这个社会，我们的寺院、我们的僧团强大了，那些邪魔歪道自然就会降服下来，让正法的慧命得以延续。希望在座的高僧大德、护法居士共同来努力，实现我们传承历史、立足当下、发展未来的佛陀家业，成就佛教的世间价值和作用，这就是我们的使命！

谢谢大家。

弘扬岭南禅风，推进文化建设

（2015年10月22日）

众所周知，佛教文化是中国传统文化的重要组成部分。在过去的三十多年中，赵朴初会长提出的“佛教是文化”这一命题，为中国佛教开辟出了复兴之路，也为中国佛教如何在具有中国特色社会主义制度下进步和发展，指出了着眼点和落脚处。其内涵丰富，如佛教的人才培养、道风整饬、组织完善等等内容，都可以说是文化建设的一部分。所以，佛教文化建设关乎佛教与社会主义社会相适应能否得到落实，与继续发扬佛教出世入世能否辩证统一的前途命运息息相关。

一、慧灯相续，奕叶相承

岭南文化之一的禅宗文化，一直以来都是中华传统文化的重要组成部分，自佛教传入东土，特别是六朝菩提达摩入粤，中唐慧能振兴顿教以来，岭南禅宗文化开启了辉煌篇章。此后，岭南禅宗，如五代云门宗之鼎盛、宋明临济宗之发展、清初曹洞宗之昌明，如同曹溪之水，始于涓涓，终成汤汤。

自二十世纪八十年代寺院恢复以来，广东省佛教界十分重视佛教文化建设。特别是在两千年之后，广东省佛教界非常重视发掘禅宗历史文化资源，按照古为今用的原则，传承悠久禅宗历史，融合新的时代精神，采取多种形式，大力发掘和整理具有岭南特色的禅宗优秀文化资源，通过举办大型禅宗文化活动、编印佛教书籍、创办佛教图书馆与菩提树下的对话、举办佛教音乐会与各类适合信众需要的学修活动、推动禅堂坐香与大众禅修相结合等，不断继承与开拓禅宗六祖文化的内涵，营造寺院的文化范围，促进寺院的道风学风建设，为加强精神文明建设、服务社会主义核心价值观的落实、共同实现中国梦做出了应有的贡献，受到海内外同仁的一致好评。

二、把握机遇，扬长避短

2006年至今，广东省佛教界还陆续开展了“一十百千万活动”“广东禅宗历史文化长廊”“广东禅宗六祖文化节”“菩提树下的对话”“禅悦行”“农禅夏令营”等大型系列活动。在上述活动中，佛教音乐会，佛教诗书画艺术展，佛教文物、法器展，讲经诵经法会，禅宗文化学术研讨会，禅宗寺院胜迹游，专题片拍摄和相关光碟发行，协助成立广东省放生协会，将六月六日定为全省佛教放生日等一系列形式多样，异彩纷呈的活动，向社会大众充分展示了禅宗优秀传统文化的内涵和风采。其中“六祖文化节”已纳入《加强建设广东文化建设规划纲要》。省佛教协会在“六祖文化节”的基础上，又成功推出“菩提树下的对话”这一全新禅宗文化的弘扬方式，先后与高校、企业家联合会、区政协等单位举办了“禅与企业人文关怀”“禅与幸福人生”“禅与新时期广东精神”和“禅与诚信道德”等多次对话活动，并组织历年在全国讲经交流会中获奖的法师，到全省巡讲。大力弘扬禅宗文化，自觉践行人间佛教的理念。

与此同时，还积极与学界合作，深度发掘和整理禅宗优秀文化，将出版《禅宗六祖文库》（已列入“二十一世纪海上丝绸之路”书系）、《真谛全集》《楞严经集成》《不空全集》《广东佛教与海上丝绸之路》等系列专著，并举办不同议题的佛教学术研讨会，从而为全方面加强佛教文化建设打下坚实基础。通过推进佛教文化建设促进了团体与寺院的自身建设，大力恢复禅堂修习，整理禅堂规矩，举办面向社会的禅修活动，树立佛教正面形象。

三、展望未来，同圆国梦

时代对中国佛教寄予着殷切希望，中华民族的伟大复兴事业呼唤着中国佛教做出更大的贡献。中央统战部和国家宗教局有关领导曾要求佛教界积极弘扬中华优秀传统文化，为实现中华民族伟大复兴的中国梦做出新贡献；注重加强思想建设，为佛教健康发展提供思想保证；持续推进教风建设，努力维护佛教良好形象；积极推动生态寺院建设，为建设美丽中国添砖加瓦；协助政府规范寺庙管理，为维护佛教界合法权益发挥积极作用。值此第四届世界佛教论坛召开之际，关于继续推进佛教文化建设工作，我们还有以下几点思考和行动：

我们认为加强佛教文化建设应有五个方面的考量，即一个路线、四点认识。

所谓一个路线，即是佛教文化建设，应以强化爱国爱教思想觉悟为根本，以践行“人间佛教”为路线。即是说加强佛教文化建设的出发点与落脚点都是为了更好地引导广大佛教徒坚持走与社会主义社会相适应道路，从而激发和稳固信教群众对国家的认同感，在世间道中探求佛教的真理，彰显佛教的价值。这是全体佛教徒的必然抉择，更是我们所应肩负的崇高使命。

四点认识：首先，应有自信地认识。自信是对我们信仰和传承的信心。所谓信仰自信，即是指要对我们所追求真理的自信，对佛陀至善圆满教法的自信。传承自信，就是对客观存在与历史担当的自信。佛教文化能够缔造二千多年的辉煌，并成为举世瞩目三大宗教之一，在新世纪再次为人类所崇敬，这不是偶然的现象。对信仰和传承的自信是我们做好佛教文化建设的核心所在。

其次，自觉地承当。传承和传播佛教文化的主体和主力，是我们每一位佛教教职人员，乃至在家佛教徒。从缘起的角度讲，佛教文化建设有希望，与我们有关；佛教文化没作为，也与我们有关。要有舍我其谁的勇气去承当，在千载一时的历史因缘中，不负使命，荷担家业。

再次，自律地践行。当今社会存在价值混乱、人心浮躁的现状。我们在国家倡导、社会需要、自身证明、价值体现的四个时机下，应自觉地去践行佛教文化的价值体系。中国社会推崇孝德、和谐、忠恕的思想。就佛教来讲，“孝名为戒”“六和敬”“慈悲喜舍”等精神，都是与当代世人所珍视、尊崇的优秀传统道德内容相符。弘扬佛教文化不仅关乎佛教传承的命脉，更是发扬中华优秀传统文化的重要举措。作为佛教徒，要恪守佛教的底线，不搞怪、不浮夸、不推诿，严格自律弘扬正能量，以正面的良好形象回应社会的关切是我们不可推卸的重要责任。

最后，自得地安住。文化的投入是巨大的，也是持久的，尤其是佛教文脉的中断给我们带来了很大的困难与阻力，需要我们有足够的信心和耐力，只有润物细无声、栉风沐雨，才能雨后见彩虹，才能使人文效益、社会效益乃至经济效益逐渐突显。

其他关于如何推进佛教文化建设，如：应有计划、有步骤地深入开展两岸佛教界文化交流；加快青年人才的培养；发展佛教教育事业，开展佛教弘法事业；办好佛教媒体和佛教文化机构；开展与港澳台和海外华人佛教界的联谊工作等等，都应纳入我们的思考当中。

结　语

在过去二千多年的历史文化长河中，中国佛教文化熠熠生辉，光彩夺目。同样，今天这个伟大的时代，我们相信佛教文化仍能“古树莫道老，枝叶年年新”。佛教界要发挥独特优势，通过文化建设的推动，积极服务社会主义核心价值观的落实，服务“一带一路”的建设，为“中国梦”的成就贡献佛教徒应有的力量，这不仅是助力国家的富强，同时也是践行“人间佛教”思想，庄严国土、利乐有情的实际行动。相信在全国佛教徒不断推进文化建设的努力过程中，中国佛教界必将迎来新的发展机遇、获得更为广阔的发展空间。为开创佛教文化事业更加辉煌而努力奋斗，为实现中华民族的伟大复兴做出新的更大贡献！

包容生和谐，慈悲长智慧

和谐发展是时代的强音，和谐发展是永恒的主题。纵观当今国内外形势，我们可以看到：中东某些国家的突变，给我们以深刻的教训。我国经过三十年的改革开放，经济持续发展，人民群众的利益增加了，生活也改善了，可由于社会结构的变动，思想认识的变化，利益格局的调整，收入分配失衡，城乡差距增大，贫富悬殊，因而就会不断产生人民群众的多元化诉求，这些事实告诉我们，居安思危，和谐发展比以往任何时候都显得迫切和重要。也就是说：不论是深入改革开放、全面落实科学发展观，不论是转变发展方式、创新社会管理，不论是改善民生、建设幸福中国乃至使我国从经济大国向经济强国转变，使中华民族屹立于世界不败之林都需要走和谐发展的道路。然而，进行和谐发展是需要智慧和经验的，我认为这些智慧和经验除了从新中国成立以来的历史经验进行总结，或是从社会主义核心价值理论中提炼智慧外，也可从中国的传统文化中获得启示。

中国传统文化归纳起来有两个主要的基本思想：一是“人伦和谐”；二是“天人协调”。“人伦和谐”是指人与人之间、人与社会之间的和谐相处。“天人协调”是指人与自然、自然与社会之间的协调发展。佛教创始人释迦牟尼佛在两千多年前就告诫佛弟子，佛教事务的管理，建设和发展都必须遵循“六和敬”的原则。所谓“六和敬”就是身和同住、口和无争、意和同悦、戒和同修、见和同解、利和同均。佛教的和谐思想是着重在人的身心本位上而展开的，若把这些传统文化的和谐内容概括起来就是：身心伦理的和谐，家庭伦理的和谐，社会伦理的和谐，自然伦理的和谐，世界伦理的和谐。毋庸置疑，从人文层面来说，进行和谐发展是有必要向传统文化要智慧的。儒家孔子的智慧总结起来就是一个“仁”字，“仁”就是二个人，这就是说不能什么事都光想自己一个人，用现在的话来说，就是要换位思考，要共赢相处，才能和谐长久。孔子提出“仁政”“仁人”，“仁政”者必须重心下移、眼光向下，脚步向下；

"仁人"者是"己所不欲，勿施于人"。

包容生和谐，慈悲长智慧。发展不能以GDP数字增长为取向，而是要人与全社会的全面发展，和谐发展，才能取得最大的社会效率。幸福也不是物质指数的叠加，人们在享受物质生活的同时，更应该重视心智的培育，才能感受物质以外的人文幸福。过分地追求外在的个人幸福是十分短暂的，只有将个人的幸福融入集体的利益，国家的繁荣昌盛之中，才能得到最大公约数的幸福，用传统文化的内涵来表达，就是感恩奉献、慈悲包容、知足常乐、平常心，才是最永久最大的不竭幸福源泉。知足常乐不是自满不进步，而是要求我们要懂得欣赏和珍惜，平常心就是理性的生活、智慧的生活。

不依国土，则法事难立

中国梦是包括宗教界在内的全体中华民族的共同奋斗目标。道安祖师曾这样告诫我们："不依国土，则法事难立。"身为佛子，当行佛事。佛教是爱好和平的宗教，佛陀报国土恩、报众生恩的慈悲利他精神是爱国主义思想的集中表现。爱国爱教是中国佛教的优良传统，在关键时刻，更应该增强责任感，发挥自己的作用。

扶正祛邪，净化信仰

改革开放以来，宗教迎来了历史上最好的发展时期，这一时期是宗教信仰自由政策得以全面贯彻落实的时期，是公民的宗教信仰权利得到法律切实保障的时期，是宗教界广大信教群众的合法权益得到全面保护的时期，更是全国宗教界在建设中国特色社会主义社会中发挥积极作用而得到全国各族人民与全社会充分肯定与大力支持的时期。

作为佛教界来说，要大力弘扬佛教所倡导的"正知正见"等八正道教义，践行中道实相，抵制异端邪说，消除一切邪知邪行邪教对正信宗教的渗透与破坏。正信的传统宗教是爱国爱教爱人民的，是坚决反对滥杀无辜的。那种异端排斥、暴恐极端、滥杀无辜的恶行是违背宗教戒律的，是违法的，是对正信传统宗教的挑衅与破坏，是人类的公敌。

向善修德，知行合一

慈悲向善是佛教优良传统的核心内容。佛经说"诸恶莫作，众善奉行，自净其意，是诸佛教"，释迦牟尼佛设立佛教的本怀在于利济众生，帮助一切众生离苦得乐。对佛教徒来说，弘法的目的在于利生，一切修行的目的也在于利生。"庄严国土，利乐有情"是每个佛教徒的终生目标与崇高使命。佛经更告诫我们："心安则众生安，心净则国土净。"这就是说，我们的家庭要和睦共处，我们的社会要安居乐业，我们的民族要和谐团结，我们的国家要长治久安、繁荣昌盛，关键在于每个同胞，要长养慈悲心、爱心和清净心，向善修德、从善如流，知行合一。作为佛教弟子，应以戒为师，内修戒、定、慧三学，外行四摄六度（四摄指四种摄取化导众生的方法：布施、爱语、利行、同事；六度即修行六度：布施、持戒、忍辱、精进、禅定、智慧），以利益人群；引导信众践行佛教慈悲和谐的伦理准则，做知法守法、爱岗敬业、乐于奉献的好公民，共创崇信道德文明的共同家园。

和谐团结，共建共荣

佛教源远流长，拥有极为丰富的和谐思想。社会和谐关乎中国的发展，也关乎佛教自身的发展。要结合时代特点，建立多种平台，开展不同宗教间的交流对话，做到五教同光，把宗教工作融入国家大局，融入建设社会主义社会的大局。这些年，佛教界举办了“世界佛教论坛”，开展了建设和谐寺观教堂活动，发表了《倡导宗教和谐共同宣言》，提出了坚持爱国爱教、主张平等包容、弘扬和谐理念、反对歪理利用、发挥积极作用等五项原则主张。佛教界通过讲经交流、论坛、出版、网络、学术研讨会、佛教文化节、夏令营等形式，向教内外信众与社会各界人士阐释和谐理念，这是当前佛教界弘扬正道、参与和谐社会建设的重要途径，也是服务于社会主义核心价值的方式。

佛经上说：一滴水只有放在大海里，才能永不干涸。当今宗教界的发展来之不易，离不开改革开放以来党和国家对宗教界的关怀，离不开整个社会大环境对宗教发展的支持。佛教是以慈悲、智慧、和平为宗旨的宗教，提倡“上报四重恩，下济三途苦”；提倡自利利他，在传播和发展过程中从未出现因信仰的原因而发动战争的情况。《护国金光明忏》，即是一部集中体现了佛教爱国护国思想的经典。佛弟子应遵循“勤心拥护是王及国人民”“亦当令是王及国人民一切安隐具足无患”的教诲，服务国家大局，抵制渗透，对内维护国家安定、宗教和睦、民族团结，对外维护世界和平。而这也正是佛教界的优良传统，自古以来不乏其例，如宋代高僧大慧宗杲大力提倡“忠君护国”，反对权臣秦桧妥协投降。明嘉靖年间，很多寺院的僧人自动组成僧兵，参加到抵御倭寇入侵的战争中。和平年代不需要战争，但各民族之间的和谐团结、共建共荣则是永远值得提倡、值得牢记、值得笃行的。

以寺养寺，六和共住①

（2007年6月11日）

一、寺院经济的产生、发展及特点

佛陀时代的僧伽，只有向在家佛教信徒托钵乞讨布施，有的仅是日中一食、一麻一草就能过生活，因而不从事劳动生产，没有集体群居与集体开支的经济问题。佛教传入中国后，僧人从靠统治者的封赐逐渐转变为自耕自食、集众修行劳作的寺院丛林生活形式，有的寺院住僧上千人，而且中国寺院大都建在山林深处，远离村庄，靠托钵化缘是无法生存的。这种群居的集体修行生活就必然要集体经济的运作，所以寺院经济也就应运而生，寺院经济管理也随之出现。

据史料记载，东汉初年，佛教刚刚传入，外来僧人的生活完全由国家供给。到魏晋南北朝时，寺院经济产业已包括农、林、果等各种门类。隋唐寺院的产业除了具有大片农田外，园、圃、竹、树、碾、硙、仓、廪、厨、库以及僧众和附户的住房一应齐全，形成一个以大片田业为主，并有一定程度分工分业、自给自足的自然经济体系。宋元明清各朝代寺院经济虽有不同的变化，但管理模式都沿袭着以前的形态。总之，唐以前寺院主要依靠统治者的封赐，是一种依附式寺院经济。唐以后出现自给自足的集体经济形式，寺院也在依佛教经律的规定对其财产进行管理的同时，还设置一系列的管理机构，配置相应的管理人员，采取具体的管理方式对寺院财产进行着较为有效的管理。这也许是唐代佛教出现“马祖兴丛林、百丈立清规”的原因之一。

从佛教寺院经济的形成和发展历程中，可以发现佛教寺院的经济，在其社会本质层面，具有解决整个社会财富分配不均的具体意义。寺院经济收入包括：自给性收入、布施收入、经营性收入、法事收入。寺产还分为佛物、法物、僧物。寺院开支主要是寺院建设和保证僧尼修行之需，

① 在广东省百名寺院财务管理人员培训班上的讲话。

以及回报社会从事各项社会公益事业，因此寺院经济的发展目的，是在于弘法利生，而不同于一般的商业经济活动，这也可以说是寺院经济的特点所在。

二、加强寺院财务管理是佛教自身建设与发展的需要

寺院是僧众集中居住学修弘法的道场，也是联系信徒的纽带和服务社会、对外友好往来的重要场所，更是传统艺术文化的载体，有的寺院还是重点文物保护单位。显然每座寺院要落实好这些功能，都得依赖于寺院的经济条件。《法华经》说“资生业等，皆顺正法”，可见管理好寺院经济，不仅是维护道场的利益，更是保障寺院健康发展、做好弘法利生的重要基础。

当今随着佛教事业的进步与发展，寺院对外不断开放，广大佛教信众与社会热心人士对寺院建设布施支持的增多，加强寺院财务管理更是成为寺院完善管理的重要内容。佛陀也告诫我们，僧团要以“六和”共住、共修，其中的“利和”就是要我们管理和运用好寺院的经济。

三、加强学习，提高素质

二十一世纪是知识经济迅速发展的时期。在这样一个时代，财务管理的内涵、目标和方式都发生了根本性的转变。佛教也从三衣一钵靠他人供养的现象，被农禅并重自耕自给取代，随着我国改革开放的深入，宗教信仰自由政策的不断贯彻落实以及社会的演进而不断变化，我们佛教寺院全面对外开放，佛教界与社会互动的领域不断扩大，许多新的工作、新的情况都被纳入了正常的管理范畴，这也对寺院财务管理工作提出更高的要求。只有努力提高财务管理人员的素质，才能提高财务管理的效率、保证工作质量，适应形势发展的要求，而提高素质就必须加强学习。特别强调的就是要加强对《中华人民共和国会计法》、国家相关财务管理政策和规章制度、《宗教事务条例》、中国佛教协会制定的《汉传佛教寺院管理试行办法》和佛教基础知识的学习，不断提高自己的业务政策水平。财务人员需要及时掌握最新的管理手段，更好地履行法律法规赋予的职能，努力实现财务工作的管理制度化、报账程序化、操作

规范化、人员专业化、设施现代化。切实做到民主理财、财务公正、公开、透明,自觉接受监督,主动真实反映资金流动情况,对正当的开支不设卡、不刁难,对不合法报销要站稳立场、坚持原则、严格把关,树立佛教寺院财务管理依法不依人的作风,圆满完成寺院财务管理的各项工作任务。

常言道:经济是一切工作的基础,寺院同样也不例外。目前大部分寺院都面临着僧团队伍的自身建设、寺院的修复重建以及开展佛教文化和社会公益事业等工作,财务负担不断加重。这更要求财务管理人员要强化理财意识,认真履行责任,做好开源节流的工作,使寺院的经济向着有序的方面发展,实现“以寺养寺”“六和共住”的目标,更好地发挥佛教优势与积极作用为构建和谐社会服务。

教学相长

弘法是家务，利生是事业①

岭南是交广道海上丝绸之路传入佛教的重要地区，自三国开始，历代印度高僧相继航海到广东弘法传教、高树法幢，应该说广东佛教与中国佛教的历史一样，经历了佛教的初传、经典的翻译、义理的诠释、宗派的建立与传承发展的全过程。至明清期间，广东佛教也逐步走向式微。二十世纪四十年代，广东佛教得益于虚云老和尚等近代高僧的驻锡弘法，才呈现了复兴的态势，尤其是太虚大师派大醒法师到潮州创办岭东佛学院，开启了广东佛教学院式僧伽教育的新纪元。由于经济拮据的原因，两年后就停办了，广东佛教也因战火离乱逐步走向衰败，至“文化大革命”更是败坏殆尽。所幸的是十一届三中全会全面落实宗教信仰自由政策，1982 年广东佛教协会成立，在政府的关心与支持下，相继开放了许多寺院。自此，云峰长老、智诚长老、本焕长老、惟因长老、佛源长老、新成长老、定然长老、定持长老、慧原长老、定根长老、又成长老等一批高僧大德为培育佛教的后继接班人，开始收徒接众、兴隆三宝，有的还在所主持的寺院开设简易培训班，接纳年轻僧众修学。至九十年代初，在省民族宗教局的关心与支持下，批准恢复岭东佛学院。本人从中国佛学院毕业回广东后，有幸协助定然院长参与岭东佛学院的复办、教学与管理工作，对佛教教育的重要性有着深刻的体会。随后，省民宗委相继批准成立云门佛学院、广东尼众佛学院与曹溪佛学院。四所佛学院的开办，使广东佛教僧伽教育真正走上了正规的学院式教育道路。二十年来，四所院校为广东乃至全国佛教界培养了大量的佛教僧才，为广东佛教事业的进步与发展做出了积极的贡献，成绩斐然。为巩固四所佛学院的办学成果、整合四所佛学院的办学资源、升格学院的级别与内涵，国家宗

① 在广东佛学院 2014 级本科新生入学典礼上的讲话。

教局经调研协商，于2011年批准成立广东佛学院，总部设在省佛教协会所在地光孝寺。至此，广东佛教教育迎来了新的发展机遇，也面临着新的挑战。

如何服务四所佛学院，推动广东佛学院办出新的成果？这是我们必须慎重考虑的重要问题。经过多方的酝酿与考量，结合广东佛教界的具体情况，决定以广东佛学院本部与社会大学合办的形式，将佛学课程与社会课程同步进修，培养复合型人才，帮助在校的学僧、教师以及有高中文化程度的寺院僧众考取佛学文凭与国民教育文凭，使他们既能掌握佛学理论知识，又能打通与社会教育沟通的渠道，进而促使学员考研深造或出国留学。其次，我们还采用宽进严出的办学原则，尽一切方便和可能，帮助更多的学员共同享受社会公共教育资源。

也许有人质问，出家人会修行成佛，还要文凭吗？文凭对出家人的修行成佛并不重要，可文凭是我们沟通社会，成就“五明知识”的媒介。佛陀告诉我们“菩萨要在五明上成佛”，从这个意义上来说，文凭也是我们修行成佛的桥梁，因为通过求学，真实地考取文凭，掌握社会“五明知识”，才能权巧方便，契理契机地弘法利生，从而成就自利利他的修学功德。当然，出家众的修学重点是信仰情操的培养与戒定慧的成就，故学院也坚持在寺院上课。为此，希望在座的各位学员要珍惜这来之不易的求学因缘，端正学习态度，认真听课修学，遵守学院规章，严格自律。由此，结合国家培养宗教人士关于“政治上靠得住，学识上有造诣，品行上能服众，关键时刻起作用”的总体要求，提出两个方面的意见与大家共勉：

一、要树立爱国爱教的高尚情操

爱国爱教是我们佛教办学乃至做好各项佛教事业始终要坚持的正确方向。然而，爱国爱教不是口号，我认为要有实在的内涵，那就是要有历史的认知、文化的认同、信仰的认识。我们只有认知历史、认同文化，才能了解中华民族的伟大，深知中华优秀传统文化的源远流长与历史价值，才能全面了解国情、社情、民情，深刻认识到今天国家的进步与发展是来之不易的，从而激发起内心热爱祖国、热爱中华民族的真实情怀。

我们只有充分认识佛教信仰的价值与力量，才能坚定修道学佛的信心，筑牢爱教的根本。国兴则教兴，离开祖国和民族，佛教焉能存在？离开祖国与民族，佛教事业便是无根之木，无源之水。

二、要肩负弘法利生的崇高使命

古德云“弘法是家务，利生是事业”。弘法利生是每个学佛者义不容辞的神圣责任。如何去完成这份任务，实现这一终极目标呢？我认为应该做到勤奋学业、奉献事业、修行道业。所谓勤奋学业，就是要争取一切时间因缘发奋读书、求学、诵读经典；所谓奉献事业，就是将修学好的“五明知识”、文字般若无私奉献到日常的讲经说法、寺院建设与管理，全身心服务信众、僧众、常住；所谓修行道业，就是体验佛法，所谓能发心认真做事是修行，待人慈悲友善是修行，说话有佛法真理是修行，身心安住有法喜是修行，能做到自得利、他受用，当下圆满修行功德，这就是真实的修行道业。

同学们，我们所处的是知识爆炸的时代，科学技术的进步，物质的快速发展，日跃千里。信息化、智能化已经进入寻常百姓家，互联网、云计算、大数据正在改变我们固有的生活方式，颠覆社会的管理模式。社会在发展，时代在进步，我们不能裹足不前，故步自封，而应适应社会，与时俱进，争取一切时空学习现代的“五明知识”与技巧，才有本领为弘法利生的使命发力。只有将勤奋学业、奉献事业、修行道业有机地统一起来，才能凝聚自身的正能量，为佛教事业的进步，当今经济社会的发展，和谐社会的建设贡献全部的力量。时间能给我们成长，社会能推动我们进步，历史会给我们肯定。只要我们发心立愿，不断求进步，我们的人生一定有非凡的成就。

修学《心经》能获得人生智慧

（2014年11月14日）

《心经》的翻译在《大正藏》中收录了好几种，但在汉传佛教中留传最广，诵读讲解最多的就是我们崇敬的四大翻译高僧之一——玄奘大师翻译的《般若波罗蜜多心经》版本。他翻译的文笔流畅，言辞优美，含义丰富，仅有二百六十八字，为古往今来出家在家奉为修学的规集。

玄奘大师翻译的《般若波罗蜜多心经》语言精练、组织严密、内容更是丰富全面，整部心经以原始佛教的五蕴十八界、十二因缘和四圣谛为教化根本，以开显大乘空义、修证般若智慧获得解脱自在为究竟。因此这部经的内容，统摄了大小乘，是一切佛法的纲要和根本。大家都知道佛教的修行是戒、定、慧三个方面，持戒与修定必须要以智慧作为前导。没有智慧的指导，持戒也就是世间一般的好人善人，不是一个学佛的人；没有智慧的指导，纵有多大的修定功夫，与一般外道修行没有两样。因此，我们修学《心经》，奉持《心经》都是为了求得智慧。没有智慧的人，就是奉行菩萨道也不是菩萨，凡夫与诸佛菩萨的根本差别就在于此。释迦牟尼佛成佛以后所说的一切法，都是从智慧海里流露出来的，他说法的目的也在于希望闻法的人能通过他传授的修行方法获得智慧。可以这样说，一切佛法都是因智慧而产生的。《心经》就是一部智慧的经典，所以我们奉持读诵《心经》就能生长智慧，从而获得解脱自在。

因此，我们就明白了，佛学与学佛是有根本差别的。佛学是知识层面，学佛是增长智慧。如果我们用理解心态和方法去诵读经典，得到的是世间的知识和学问，不是无漏智慧。有学问者也能把一部经典讲解得非常详尽，但他不一定能获得无我、无相的智慧。只有以体验的、坚持落实的积极清净心态奉持佛经，才能不断增长智慧，获得解脱。没有智慧，一切佛法无从生起。谈到这一点，我们更要知道，《心经》虽然是一部神圣的宝典、智慧的宝典，但它也最近人情、最接地气、以人为本，是我们落实人间佛教的根本途径。我们若能至心奉持《心经》，就能够照见五蕴、十八界、十二因缘、四谛而获得人生的智慧，从而认识人生的价值和意义所在，所谓“人身难得、佛法难闻”。我们能至心奉持《心经》就能对世间的一切现实观空不执著，而获得我们最真实的幸福快乐的生活；我们能够至心奉持《心经》就能超越世间的一切，而获得生命的回归。

如此神圣难得的经典，我们能当面错过吗？希望大家能够至心奉持《心经》，滋润心田，不断提高自己学佛修行的层次，共同成为般若会上的修行人、解脱人，让《心经》成为我们生命的一切，这就是我们获得佛法真实利益所在。

学海无岸，世出世间须探索①

佛教是十分注重修学的宗教，可以说，佛教是教育，是人生道德与信仰的教育。因此，在我们的人生历程中，有幸进入佛教院校学习，其意义与价值是非同凡响的。与大家共勉修学的两个方面：一、珍惜因缘，牢记使命；二、以闻思修，成就一切。

一、珍惜因缘，牢记使命

佛教是讲缘的，培训班的设立亦如此。一方面，广东佛学院成立得到国家宗教局的批准、得到省民族宗教事务委员会的大力支持，同时，得到中山大学比较宗教研究所冯教授等教授队伍的大力支持；另一方面，光孝寺的常住、各位法师、各位执事给予后勤的保障，才有今天的圆满开班。

这些因缘是非常难得的，希望大家珍惜今天的学习机会。每一个人都可以随时随地去学习，但是要找到一个适合自己学习的平台，就需要自己各方面的努力，也需要因缘具足，离开因缘一切都没办法成就。所以，要珍惜这个来之不易的因缘，以这个因缘作为学习奋斗的动力，希望大家知恩报恩，努力学习，以优异的学业成就回报十方。

我们出家的目的不仅是为了修行，解脱烦恼和生死，还肩负着弘法利生的使命，离开这个使命与目的一切都是空谈的，一切都难以落实，我们必须牢记这个使命。要完成这个使命我们就必须努力学习、精进修行，离开了努力就没办法成就肩上所担当的历史使命，弘法利生凭口说是不可能的。我们不但要学好佛教的教理教义、佛教的经典，还要学好世间的知识，这样才不辜负出家的初心。我们肩上的任务，不单是自己修行，还要弘法利生、住持正法、主法一方，甚至为佛教协会领导一方，为整个佛教事业贡献自己。如果自己的内心智慧和学业上没有一定的提升，今天没有努力，恐怕就要落后于别人。因此，学习是为了更好地积

① 在广东佛学院第一届研究生培训班开班仪式中的致辞。

累，通过我们的积累，在学识上、修行上得到增长，得到进步，得到成就，得到弘法利生的清净智慧和内在的无上功德。

二、以闻思修，成就一切

佛教讲学修并重。我们为了修学的进步而走进这个学校、走进这个班，目的是为了学有所成，修有所得。那么如何去落实呢？我认为必须要掌握三方面的措施——以闻、思、修来成就学业，也就是说：学习世间的知识，修学一切佛法都离不开闻、思、修这三方面。

从佛教的角度来说，通过听闻善知识的教化成就我们的文字知识与内心智慧，这就称作文字般若，因为有善知识等多项因缘的成就也称为缘因佛性，即是千百亿化身的释迦佛。要通过听闻才能成就，也称为闻所成慧。我们听闻善知识的教化和他们教授的知识、引导的方法和智慧，进一步加以观照思维，这就是我们的观照般若。只有这样落实，知识才不会变成文字层面的一种符号，才能真正在我们身心上产生价值作用，这就是了因佛性，也称为思所成慧，即能成就毗舍那佛。通过善知识传播给我们的文字般若，进一步到观照般若，从而修正念、正因。如是修所成慧必圆成实相般若，也即正因佛性，就证本性毗卢遮那佛。所以，通过闻思修就能成就三种般若，成就三种佛性，圆证三身佛。这是我们学佛和在班里学习的目的，只有通过努力才能庄严自己、利益别人。掌握了这些方法，学习才能有路可走，有道可修。因此，我们相对于世间的学问有所不同，就是学修并重。

虽然禅宗说不立文字，并不是不要文字，而是不要执著于文字。每个人的成长不可离开文字与音声。办班学习、亲近善知识、亲近高僧大德是对文字般若的修持。通过他们的讲述、语言文字的熏陶，成就文字般若的内心智慧，通过语言音声的熏陶建立起观照般若的内心世界清净光明，我们才能得到正因佛性的无上庄严。从这个层面来说，一切文字、音声都是佛法的根本，文字般若就是通向寂静涅槃的一种路径。通过音声文字，我们能够得到观照般若和实相般若。这样的学习才能把世间的一些知识转化为三身佛，转化成三大般若的体系，从而达到华严的圆融境界。所谓一花一叶皆如来，繁花翠竹都是般若之本体，只有转物情与文字声音为心智，才能了却自己的妄想，充实自己的身心智慧。所以，学修并重不是空谈的，也不是一蹴而就的。在这个班里，我们通过自己的努力和善知识的引导，才能够获得更多的启示，从而认真总结、深入思考、积累内化。或者在庙里，或者是在平时的人生修行道路上，能将得到的启示，运用到庄严自身与弘法利生上，其功德利益就不可思议。这是我们必须要落实的修学目的和在学校里要端正的学习态度。只有掌握这些方法，我们才能学以致用，才能在规定的时间之内成就自己、增长自己、转化自己、庄严自己，在学习的道路上得到更多的庄严功德。佛陀告诉我们："菩萨要在五明上成佛。"因此，在课程的设计上，我们相对于一般的佛学院较为多样化，除了佛教文化与佛经导读外，还有书法、管理、演讲、财务、档案，希望大家难学能学，尽一切学，积累更多弘法利生的智慧与成佛资粮。

这个班为大家提供了学习的平台，但能不能成就自己，主要靠自己的决心和努力，平时要多观察、多听闻。很多东西不一定是课本里面有的，特别是带有禅修的出家众。有时候，扬眉瞬眼、举手投足或许就是言语道断，就能触动内心的悟性。所以，内心能否转化，不但要有外在因缘，也有内在因缘。内在要有绵密的定力；外在要多听闻、多观察、多关注，要留住当下那片清净的时空。以观照的形式来促进我们对时空的美好欣赏和向往，让这个世界成为落实修行的美好空间，只有这样，才能够随时随处转化内心。也就是说，懂得感恩、懂得欣赏、懂得珍惜时空，才能让自己学到的知识在这个十方法界得到印证。所谓印证并不是说开悟了是印证，是每时每刻心与时空环境如何达成统一、达到不二。所以，我们既要在班上有形式的传承，又要在心里有超越的心悟与坚定的信仰情怀，才能够将学习的知识，成为我们落实在整个时空里面的妙法。所以，懂得欣赏、懂得感恩、懂得对世界有敬畏，人生的进步就是无穷无尽的，产生的心的作用也是无穷无尽的。每一样事业、每一个法、每一个动作，用不同的心境去面对它，就会产生不同的结果。佛经告诉我们"烦恼即菩提"，修行离不开当下的环境，当下环境的好与坏，能否和你的心统一无二，这就是落实世间法、出世间法的根本。所以，我觉得不但要把世间的知识来成就以后管理寺庙、弘法利生，更应该用出世间的方法和心态来落实修行的每一个脚步。学无止境、修无止境，学习和读书是为了增长自己的知识，也是为了我们身心智慧的进步和发展。希望大家能够通过学习，总结出自己修学的方法，落实在每一个时空中。其实，无论哪个宗派，关键就是当下的心、当下的转念。中国佛教八大宗派的宗旨，一切的修行都是要求我们导归于三皈依的佛法根本。离开皈依佛、皈依法、皈依僧的三宝皈依就没有佛法。皈依就是要我们转妄念而回归三宝的本体，回归内心的自性。皈依了三宝，这个时空一切都是美好的；皈依了三宝，就能化一切烦恼为菩提。所以，在皈依的道路上，我们找到了自己本来的面目，才是每颗落实的心所要庄严的本念与本位。没有回归的人认为学习是为了捞一个文凭，没有回归的人把学习当成一个过河的拐杖。我们皈依了以后，拐杖就变成船、变成彼岸。所以，通过皈依，才能真正让我们的心回到清净本位上去。

有的人可能说，修行如果只是皈依就很简单了，但简单平凡是最有根本内涵的。其实，修行是从简单的皈依上真正去落实，脚踏实地地去做，每个人才能够得到佛法的真实受用，离开三皈依没办法真实。这个三皈依讲起来简单，但别忘了祖师大德告诉我们“出家如初，成佛有余”。什么叫如初？就是三皈依。我们经常忘记三皈依，就把世间跟三皈依脱离了，他是他、我是我、众生是众生、佛陀是佛陀，初心与究竟不能统一，我们才永远是凡夫，因此不能丢掉三皈依。如果每一个法、每一个世间事物、每一个老师，你都能记住对你的教育与恩德、都能与三皈依统一，在三皈依的整个层面上接受一些知识，那所有事情就是现成的佛法。学习离不开闻思修，如果你掌握这三个方面，三皈依就在其中。一切有情只要皈依，就是我们必须要广度的对象。所以，念念皈依，就是功德资粮的积累，也就是一切法回归本性，这样就没有烦恼，一切法一切人事都能成为我们修行的每一个正向和正果。

我今天也许讲得太多了，但是确实是有感而发。在班里，每一个时段的学习，不要忘却我们的初心。六祖大师虽然圆寂一千三百多年了，但是他讲的整本《六祖坛经》从头到尾都是讲皈依。皈依什么？皈依三宝，皈依般若。从最初的“菩提自性，本来清净，但用此心，直了成佛”，到中间的自性五分法身香和机缘品、定慧品、忏悔品、般若品，以及最后的嘱咐品的三十六对都离不开皈依，离不开对立的统一，皈依就是不二法门的落实，所以说《六祖坛经》涵盖了八大宗。为什么？因为它离不开最初，也没有忘记根本。所谓，初心与究竟无二无别，皈依和究竟也不二，成就了不二法门，落实的方法就是无念、无相、无住。我们通过这些方法，才能把世间的知识转化，也期盼大家在每一个课程上把世间法、出世间法统一起来，将每一门课、每一本书、每一个过程都能转化成自己内在的清净智慧。修行、学习乃至以后弘法利生其实没有分段，而是一以贯之。我们能以闻思修的方法把学习、修行、弘法利生融为一体，今天就是明天，人生肯定会放大光彩、大转法轮、大做功德、成就自己、成就别人。这里拈出佛源老和尚在云门寺一对联，作为讲话的结束："学海无岸，世出世间须探索；虚怀若谷，唯心唯物不分家。"

青少年德育及对“心文化”的需求

“十年树木，百年树人”，教育涉及作为个体的一生，群体的一代人。如果一代人没有得到良好的教育，心灵的成长不够成熟，方向不够正确，就容易对自己应该做和不该做的行为做出错误的判断取舍，进而妨碍社会的发展进步，甚至破坏社会的繁荣与稳定。因此，教育对于未来社会的发展，人类的进步，具有十分重要的意义和价值。随着近几十年来社会的飞速发展，青少年教育中出现了一些新的问题，如暴力事件、自杀等践踏生命的行为，功利主义和消极的人生态度等等，需要我们认真去面对。

出现这些问题的原因是多方面的，主要有以下几个因素：

第一，青少年的思想观念较过去有了很大变化。目前是“信息化、全球化”的时代。新媒体的迅速崛起使得青少年大量接受碎片化的信息，从而难以形成对世界和人生的系统化的认知。同时，社会上并存着不同文化的多种价值观，对这些价值观进行判断和取舍，由于青少年缺少人生经验，德育还没有健全，往往难于做出最好的选择。这些也是青少年性格当中形成不稳定的因素之一。

第二，当今教育更偏重于知识和技能的培养。考试成为判定学生能力的重要手段。从而使得教师和学生更加重视理论知识的学习和应试技能的提高，忽略了关乎人生德育与心灵教育，偏离了中华传统文化的学习，在这个开放的年代，大家一味追求物质名利的享乐，使得人心不古，社会风气不正，人心浮躁，心灵得不到净化。

第三，传统道德伦理的基础缺失。自工业革命以来，东西方社会都经历了巨大的震荡和变革，人们对现世生活的关注也迅速取代了对来世生命的向往，导致了各种宗教和传统文化的衰落，以之为基础的道德伦理观念也随之瓦解。

第四，主客二元的认知模式。主流认识论是基于主客二元的对外认知模式，强调主体对客体的认知，缺乏主体对自身的认知。当今人类文明可以用“物文化”概述：以外在物质为客体，追求物质的发展，从而使得作为主体的人类，无法适应外在物质的快速变化。

要想处理好当今青少年教育中出现的种种问题，就必须面对和解决现代文明弊病的根源。

第一，我们可以回归到各大传统宗教和文化当中，无论是佛教还是基督教、天主教，都有超越现世生活的传统，关注生与死的问题，这样的一种人生观很容易唤起人们内在的道德自律性。虽然不同的生活环境培育造就了不同的宗教与文化传统，但是相互之间仍然具有很多精神一致的共通理念。例如佛教主张众生皆可成佛，儒家倡导人人皆可为尧舜，都是一种成圣成贤的道德期许。而实践的根本和入手处，都是尊师重孝。佛教和基督教都认为人性很容易被无知和欲望染污。而染污的人性，则需要靠信仰的力量得到净化和提升。所以，无论是基督教的洗礼还是佛教的皈依，所代表的不仅仅是一种外在的形式，更是内心的一种归属感，从此心灵有了向上提升的空间。而基督教和儒家都强调责任和担当意识。基督徒们追随耶稣的足迹，担当起救世的责任。这种强烈的责任感，在儒家里也一样强烈和明显。“为往圣继绝学，为万世开太平”，又如佛教的“不为自己求安乐，但愿众生得离苦”的菩萨精神，以天下为己任的情怀由是可见一斑。在相互尊重的前提下，我们应该把这些充满智慧的道德理念凝聚为普遍意义的思想共识，作为当今社会重建道德信仰，深化品德教育的伦理资源。

第二，面对“物文化”带来的现代性危机，提倡以“心文化”为导向的心灵教育。前面谈到，人们现在过度依赖外在的物质力量和技术手段，极大弱化了人类本有心灵的能力，从而无法认识和化解烦恼和恶欲。因此，开发和恢复内心的潜能，建立坚固的自我信心是人类的当务之急。未来社会，人心将是最宝贵的资源，其价值主要体现在革新文化和提升道德，人类社会也将进入一个全新的发展阶段，这就是“心文化”。而佛教可以为构建心文化贡献应有的力量。在认识论方面，佛法以“一实相印”（大乘）、“涅槃寂静”（小乘）为真理的终极归宿。佛教认为，对终极真理的直接体认，只能来自依戒定慧修行而获得的内心证悟。人类的思维与语言作为一种辅助方式，并不能真正把握终极真理，即诸法实相。因此，佛教不是以二元对立的视角来看待世界和人类自身，而是用自他不二的观念来处理心物的关系，具有内在超越性的特质，是构建心文化的宝贵精神资源。

在“心文化”阶段，社会进步将始终围绕人的需要，与人的生活紧密结合，更加注重人的心理感受和精神价值。心灵教育是涵育人心、发扬心性的主要方法。而佛教的内明学可以作为实现心灵教育的重要方式之一。内明之学是一套系统有效的对内认知方法，如佛教的止观法门，可以帮助人们清晰地体察内心状态，消灭烦恼于萌芽。目前，静心、禅修等止观训练已经广泛应用于教育等领域，获得了很好的社会反响。

印度诗人泰戈尔说：“教育的目的是应当向人类传送生命的气息。”所以，教育应该以人为本，展现生命的意义和价值，帮助受教者做好准备，正确面对和规划未来的人生道路。当今社会，我们不仅需要科学技术的知识，也需要心灵解脱的智慧，这样才能从内心的种种烦恼、困惑和悲伤中解脱出来。而这种解脱的原动力就需要我们从人类智慧的宝藏——传统宗教和哲学中去汲取。只有这样，才能真正完善现代人类的内心与世界的高度统一，达到身心和谐、自他和谐的目标。

僧以寺名，寺因僧显

岭南古刹，慧灯再续①

（2006年2月18日）

春回大地，万物更生，国运昌隆，佛法中兴。

岭南千年古刹光孝寺，法筵盛开，慧灯再续。

承蒙各位的厚爱与支持，于百忙之中拨冗莅临晋院升座庆典，让我们感到万分荣幸，充满无上法喜。对此，请允许我以个人的名义并代表光孝寺两序大众，对大家表示热烈的欢迎和衷心的感谢！

光孝寺是中印佛教文化交流的发源地之一。自公元232年三国虞翻舍宅为寺以来，已有一千七百多年的历史，代有高僧。昙摩耶舍大师、求那跋陀罗尊者、智药三藏、达摩祖师、真谛三藏、金刚智大师、不空三藏、般刺密谛三藏、义净三藏、鉴真大师等各宗祖师先后驻锡，译经弘教，高树法幢。尤其是六祖慧能大师于此剃染受戒，开演东山顿悟法门，光孝寺享誉海内外，成为大众景仰、共修证道的十方丛林。

然而岁月沧桑，历史变迁，光孝寺曾几度遭受毁坏。改革开放后，国家实行宗教信仰自由政策，1987年，将光孝寺全部归还佛教界管理。二十年来，在各级领导、诸山大德、各位护法居士及社会各界的鼎力扶助下，本焕老和尚、新成老和尚先后率领全寺僧众，重建殿宇，重塑佛像，使光孝寺呈现出一片中兴的好景象。

1990年，我从中国佛学院毕业回光孝寺常住，有幸亲近本焕老和尚、新成老和尚，并得益两位老和尚的谆谆教诲，使我在为人处事、学佛修道等各方面有了新的进步。特别是他们两位老前辈为法忘躯的大无畏精神，时常激励着我。此时此刻，我要向两位老和尚表示衷心的感谢，同时要感谢在座的诸山长老、大德法师，感谢各级领导、社会各界与护法

① 在广州光孝寺升座庆典上的致辞。

居士长期以来对我的厚爱和支持。

光孝禅寺是禅宗的根本祖庭，明生继任法席，自知德薄才浅，修行不勤，大事未明，恐负众望。然而大众所托，推辞不恭。从此以后，明生将兢兢业业，至诚奉公，崇德报恩，谨记刚才各位领导以及觉光长老、圣辉大和尚对我的教诲与嘱咐。也祈望各位诸山长老、大德法师、各位领导、各位护法居士一如既往地鼓励关心我，支持光孝寺的建设与发展。同时，也希望光孝寺两序大众，同心同德，共同努力，高举爱国爱教的旗帜，坚持佛教与社会主义社会相适应，认真贯彻落实《宗教事务条例》，加强自身建设，发扬人间佛教的优良传统，与时俱进，服务人民，回向社会，积极为国家的稳定和谐与繁荣昌盛，为祖国的统一，为世界的和平做出我们应有的贡献。

最后，再一次对大家的莅临表示诚挚的感谢，祝愿大家身心自在，一切吉祥，万事如意。

僧界典范，缁素同钦①

（2009年3月1日）

惊悉佛公上人报示寂，钟磬无声，山河同悲。我们失去了一位德高望重的人天师表，广东佛教界更是失去了一位为复兴佛教奉献了毕生精力的当代高僧。此时此刻，我怀着非常沉重和悲痛的心情，代表广东佛教界对佛公上人舍报西归表示深切的哀悼。

佛公上人童真入道，志愿坚定，正信正行。早年亲侍虚公，深得虚公的厚爱与器重，授记云门法脉。从此诸方参学，潜心苦修，博通古今，精研经教，解行并重。然诸行无常，世事变迁，二十世纪五十年代末，上人蒙冤入狱。“文革”时期又遭受沉重打击，以致身心深受折磨，如此境遇，上人却毅力坚强，意志坚定，坦然面对，无怨无悔，以苦作乐，从不改其爱国爱教的一片赤诚之心。改革开放落实宗教信仰政策以来，上人坚决拥护共产党的领导，与党和政府荣辱与共、肝胆相照，毅然挑起重兴如来家业的重担，他不畏时艰，身体力行，尊依祖训，丕振家风，兴寺办学，培养僧才，农禅并重，道风远播，德泽普被。缅怀上人的一生，戒行高洁，生活质朴，平等待人，饱参饱学，著作等身，慈悲喜舍，弘法利生，立足人间，引领社会，热心公益，捐款捐物，布施大众。他不为自己求安乐，但愿众生得离苦的高尚品德不仅赢得了佛教界人士和社会各界的尊重，更是僧界的典范，堪称佛门泰斗。

今天的追思大会，庄严肃穆，诸山长老、各级领导及佛教信众亲临法会，悼念可亲可敬的一代高僧，充分体现了党和政府对宗教界人士的亲切关怀和重视，体现了社会各界对我们的关注和支持，也体现了上人在海内外佛教信众心目中的崇高威信。

高山仰止，缁素同钦。佛公上人虽然安详坐化，涅槃圆满，但上人为国为教的高尚情操，利济众生的慈悲情怀，鞠躬尽瘁、为法忘躯的大

① 在佛公上人示寂追思赞颂法会上的讲话。

无畏菩萨行愿，是我们永远继承和学习的榜样，全省的佛教徒要以师愿为己愿，遵师训，继师志，同心同德，勇猛精进，共同开创佛教事业的新局面。

祈愿佛公上人于常寂光中，不舍娑婆，乘愿再来！

人有责任，才有因果传承①

（2014年12月15日）

惟添法师早年出家，我跟他有二十多年的道友之情，自主持大埔万福寺以来，带领两序僧众，引导广大佛教徒高举爱国爱教的旗帜，坚持佛教与社会主义社会相适应，践行人间佛教的思想，贯彻落实执行宗教事务条例，为万福寺殿堂建设、塑造圣像、安僧办道、弘法利生、传承佛教文化，乃至积极参与社会各项公益慈善事业做了大量卓有成效的工作，倾注了全身心的心血。因此，今天的荣膺方丈升座庆典可谓是众望所归、龙天推出、可喜可贺！

佛教文化是中国优秀传统文化的重要组成部分，更是人类精神家园建设的重要资源，习近平主席在联合国教科文总部演讲告诉我们，中国特色的佛教文化对中国的传统文化具有深刻的影响和重要的作用，弘扬中国优秀传统文化，佛教徒要担当重要的责任。习主席的讲话高屋建瓴，为我们做好佛教文化的传承工作指明了方向。也就是说，我们只有坚持人间佛教的正确方向，将弘扬佛教文化融入中国优秀传统文化之中、融入国家文化大繁荣大发展的软实力建设之中、融入世界的文明进步与发展之中，才能真正彰显佛教文化的社会作用与时代价值。

人间佛教的内涵，我的理解有三大部分：第一，佛教文化的传承；第二，佛教教理的弘扬；第三，佛教慈善工作的落实。只有把这三个内容落实做好，才是真正发扬人间佛教优良传统，才是真正落实佛陀“庄严国土、利乐有情”根本教义的实际行动。因此，弘扬传承好佛教文明，弘扬传承好佛教文化，将慈善作为我们佛教徒全身心生命追求的任务，这是我们义不容辞的责任和应该担当的崇高使命。

人有责任，才有道德，才有因果传承；人有使命，才能够为历史创下功德。相信惟添法师一定能够带领万福寺全体僧众高起点、高要求、

① 在惟添法师荣膺方丈升座庆典上的讲话。

高质量地做好万福寺全面规划工作，同时也能充分发挥万福寺的弘法平台，积极引导广大佛教徒诚信、爱岗、敬业、遵纪守法，充分发挥万福寺文化资源与地理优势，为当地经济社会建设、五位一体的协调发展乃至共筑中国梦贡献我们佛教的力量。

珠海普陀寺，传灯续慧①

（2015年11月17日）

在这丹桂飘香、日丽风和的美好时刻，我们大家欢聚在美丽的海滨城市珠海，隆重举行珠海普陀寺开放十五周年全堂佛像开光暨晋院升座庆典。感谢大家拨冗光临，使普陀寺蓬荜生辉，得无上法喜！借此殊胜因缘，我谨代表广东省佛教协会、珠海市佛教协会和珠海普陀寺的两序大众，对各位的莅临表示真挚的欢迎和衷心的感谢！

普陀寺的前身是怀庵古寺，建于清朝，至今已有三百多年历史。清朝马将军受观音菩萨的托梦，于此建了这座寺庙。怀庵古寺建成后，面积仅二百平方，也不断受到破坏。民国时期，澳门观音堂住持也兼管过这个怀庵古寺。今天，澳门观音堂现任住持也来参加庆典，珠澳一家亲，同供观世音！二十世纪末，社会企业公司为拓展旅游项目，在怀庵古寺周边规划兴建佛教四大名山的相关景点，并建成1:1仿浙江普陀山的普济禅寺。随着国家宗教信仰自由政策的全面贯彻，珠海市政府高度重视特区的宗教文化建设，大力支持发展佛教事业，经多方协调，拨地置换，于2000年1月1日，把原来的普济禅寺交给佛教界管理并对外开放。之前的普济禅寺仅通过两年建设就完工，很多殿堂质量与规制不够理想，我接手后，对整座寺庙重新进行全面的规划与改造拓建。观音菩萨的感通和功德无不时时刻刻在感召着我们各位护法居士和各位出家众，全寺僧众与信徒都认为珠海需要传承四大菩萨的精神，观音菩萨有“常居南海”大愿，怀庵古寺过去也供奉观音大士，与现在的建寺因缘一脉相承。在我们的人生过程中，有这么好的因缘建造三宝道场，是大家多生累世修来的福报。因此，原来的四大名山整合变成现在的普陀寺。现在的大殿里供奉着观音菩萨、文殊菩萨、普贤菩萨、地藏菩萨四大菩萨，四大菩萨的悲智行愿全部具足在此，大殿两侧还供奉观音菩萨的三十二相。

① 在珠海普陀寺升座庆典上的致辞。

我们的社会需要四大菩萨，我们的家庭需要四大菩萨，我们的事业成就更需要四大菩萨。因为有慈悲，才有智慧；因为有慈悲，才有事业成就的可能。有了慈悲、智慧跟好方法，我们发大愿全面践行为众生服务、为社会奉献，我们就能成就事业、和睦家庭、和谐社会，就能与十方法界的众生广结善缘，积累无量的福德与智慧。

经十五年的多方努力，今天我把一个不够圆满的作业展现在大家的面前，希望大家多给我支持和帮助。十五年，对于时间的长河来说只是弹指一挥间，但是对普陀寺、珠海佛教界来说，那是具有里程碑纪念意义的历史阶段。十五年，我们的国家全面改革开放，我们的国家不断进行经济建设，我们的国家全面落实贯彻宗教信仰自由政策，各行各业都取得飞跃的发展。十五年，我们不会忘记从国家到省市党政领导对我们佛教事业的关心与支持，不会忘记海内外诸山大德对广东佛教事业的大力帮助，更不会忘记在座各位护法居士与社会各界热心人士对佛教事业的鼎力扶持！没有大家的发心支持，就没有普陀寺的今天，就没有珠海佛教界的进步和发展。在此，真诚地感恩大家！

佛陀要求佛弟子无论是出家还是在家，学佛修行，首先要明因果、报四恩。人只有感恩，才有智慧；人只有感恩，才有正能量；人只有感恩，才有担当，才能厚德载物；人只有感恩，才能上善若水，才能集聚社会的善缘，成就无上的善报。这就是正向因果！所以，十五年，对珠海佛教界真是不可思议啊！我们觉得自己做得还不够，还要加把力来报恩，报国土恩、报众生恩、报父母恩、报师长恩。我们只有恪守报恩的伦理道德，普陀寺才能够不断前进，佛法才能发扬光大，人生才能幸福快乐。我们只有遵循报恩的伦理道德，大众才能安居乐业、诚实守信，社会才会繁荣安定，我们的国家才能屹立于世界民族之林，才能推动世界和平。因此，我觉得愿力和感恩是每个人必需充分发挥的正能量。我们要实现中国梦，就要有正能量，梦才能完成。因此，佛陀告诫我们：作为一个真诚的佛教弟子，必须上报四重恩、下济三途苦！在感恩上成就一切，这就是佛教赐予我们幸福快乐的根本源泉。

十五年，是难忘的十五年，在此基础上要把普陀寺建成一个具备文化品格、弘法利生、法门彰显、道风严谨的十方丛林。同时，我们也将发挥自己的优势，在“海上丝绸之路”的大平台上，在建设人类命运共同体的大愿景下，与海内外的佛教界加强交流互鉴，为服务“一带一路”的建设做出我们佛教界应有的贡献。因此，我们还是任重道远。世界需要佛教，众生需要佛教，普陀寺肩负着佛教的使命。光荣的使命，需要我们大家携手并肩，共同努力，勇猛精进。普陀寺更要抓住这次开光落成庆典的大好机遇，高举爱国爱教的旗帜，坚持佛教与社会主义社会相适应，深入贯彻落实宗教信仰自由政策，贯彻落实执行宗教事务条例，依照中国佛教协会和广东省佛教协会的章程全面开展佛教事务工作。接下来的任务更繁重，珠海市政府批了五万平方的地给普陀寺。在此，期盼在座各位领导、各位高僧大德、各位护法居士和社会各界朋友能一如既往支持帮助普陀寺的建设和发展，一如既往支持帮助佛教事业。

最后，愿将今天的功德回向我们的祖国风调雨顺、国泰民安，回向我们的人民安居乐业、幸福快乐，回向我们的事业更加有所成就，回向大家福寿康泰、一切如意！

谢谢大家！阿弥陀佛！再次感恩大家！

大德示寂，风范长存①

（2015年12月1日）

真禅长老是一代高僧大德，僧界爱国爱教的楷模。他一生信仰坚定、深入经藏、禅教兼通，是佛门杰出的践行者。尤其是在上世纪八十年代，长老不顾年事已高，毅然挑起复兴三宝事业的重任，积极协助党和政府落实宗教信仰自由政策，坚持弘扬优秀佛教文化，大力开展对外和平友好交往活动，团结广大佛教徒和社会各界人士，坚决拥护共产党领导，拥护社会主义制度，维护民族团结与祖国统一。在教内，建寺安僧、高树法幢、中兴祖庭、光大佛门，为上海佛教的复兴与中国佛教的振兴，为促进海内外佛教的友好交流，为传承“庄严国土、利乐有情”的人间佛教优良传统，为维护社会的和谐稳定，做出了卓越的功勋。

关于真禅长老，我有一个亲身经历的故事。1983年我到五台山受戒，当时我们上五台山的时候，方得知当地不允许异地人到五台山受戒。后来经过多方努力，终于在塔院寺受戒。受戒完我去上海拜见老乡观性法师，观性法师跟我们说：“明天要去玉佛寺参加一个法会。”什么法会呢？就是真禅长老为一百二十多个新出家人剃度。在八十年代，当时宗教政策还没有落实那么圆满，要让一百二十个人在这里一起剃度出家，不是容易的事！可见，长老为佛教事业的传承与发展，为佛教人才的培养，呕心沥血，高瞻远瞩，令人叹为观止。这是我的亲身经历，所以我1983年就来过玉佛寺，今天来到更有一种感念的无上之情，念念不忘长老为法忘躯的大无畏精神。

长老为上海佛教事业的恢复开放与进步发展，奉献了无量的心血精力。他筚路蓝缕、栉风沐雨、迎难而上、勇猛精进，用自己的一生为佛教事业筑起了一个光辉的典范，高山仰止，是我们后学无限敬仰的榜样。长老是地方及全国的政协委员，他参政议政，与党和政府肝胆相照，荣辱与共。他严于律己、宽以待人、慈悲喜舍，其功德享誉全国佛教界。

① 高山仰止，纪念真禅长老诞辰一百周年。

他有弥勒菩萨的精神，为上海乃至全国抗洪救灾、慈善福利事业，做出了无尽的贡献。正是他如此爱国爱教的高尚情操，才赢得了社会的一致敬仰，以及各界的无限赞扬，也让人无尽思念与缅怀！

大德虽示寂，风范永存，德泽千秋。我们特别欣喜地看到，在长老圆寂的二十年中，上海佛教界与玉佛寺大力继承长老的遗志，承前启后、继往开来、不断开拓进取。在爱国爱教、执行政策法规、寺院恢复、道风建设、僧才培养、弘法利生、社会福利慈善事业等方面做出卓越的贡献，使上海佛教呈现出一派繁荣兴旺的崭新气象，有些方面还在全国起到引领带头作用。这真是无愧于长老的殷切期盼，不愧为长老所开拓佛教事业的继承！正因为这些成绩的取得，我们更加怀念长老，他为佛教界积淀下了丰厚的基础和无上的功德。我们也相信，有长老在常寂光中的不断加持，上海佛教界一定能够百尺竿头更进一步，一定能发挥自己的优势特点，为上海经济社会的和谐发展与五位一体的和谐发展，乃至实现中国梦做出更大的贡献！

祈愿上海佛教界明天更加美好！祈愿长老在常寂光中回顾娑婆、乘愿再来、济度众生！也将我们今天缅怀长老与诵经功德回向：祈祷我们的祖国风调雨顺、国泰民安，上海市政通人和、百业兴隆，回向大家福慧增长，一切吉祥！

凡寺必有禅，六祖慧能大师光耀千秋

（2013年9月4日）

翻开中国佛教历史，我们就能看到，佛教在中国的发展历史悠久，形成了影响巨大、具有中国特色的佛教宗派，就是禅宗。而能对禅宗继往开来、承前启后、开拓创新、集其大成和开宗立派的就是六祖慧能大师。近代著名的历史学家、儒家钱穆先生高度评价我们六祖大师，他说，中国学术思想史上有两大伟人，对中国文化有极其大的影响，一是唐代禅宗六祖慧能大师，一是南宋大儒朱熹。慧能实际上就是唐代禅宗的真正的开山祖师，朱子是宋明理学的集大成者。大家知道朱熹是学富五车的一代大儒家。而慧能大师却是一个砍柴夫，他何以能成为唐代以后中国文学思想史的伟人和导航者，这是值得我们探讨研究的。是的，六祖慧能大师不识字，但他说的语录与释迦佛的说法等位无差，同称为经典。他虽是一个砍柴夫，但如王维、柳宗元、白居易、苏东坡、黄庭坚等历代大文豪、艺术家都对他敬佩得五体投地。他虽被称为獦獠，但贵为女皇的武则天、唐中宗多次下诏，敬称他为国师。大师的修行与智慧可谓是高山仰止。

读遍《六祖坛经》，我们更能发现六祖大师开创的中国禅宗，涵摄了佛教的全部精义，引领了佛教诸宗的辉煌。他将释迦佛在灵山会上播撒的禅的种子，在中国的大地上培育成一棵参天的大树，并蔚然成林。因此，禅宗在历经唐武宗灭法之后，却丝毫无损，依然矗立在中国。至唐末五代，禅宗更是如雨后春笋般地蓬勃发展。六祖大师培育的四十三个开悟大弟子，不仅把禅弘扬到祖国大江南北，建立起五家七宗，还把禅法传播到韩国高丽、日本以及欧洲国家。六祖大师的经历修行确实让我们无上的赞叹。禅宗一千多年以来，不仅成为中国佛教发展的主流和代名词，也成为“凡寺必有禅”的世界性的宗教。可谓是曹溪一脉，法海横流，六祖大师用他全部的智慧和毕生的精力，开启了禅宗光耀千秋的辉煌历史。

星移斗转，光阴荏苒。六祖大师圆寂一千三百年了，可是他在中国佛教史上、中国思想文学史上的地位是任何人都无法代替的。正是他用了禅悟的智慧将传统神圣的佛法融入生活，融入社会，融入人间，贯通与深化儒道思想才使禅宗适应了时代的进步和发展，实现了印度佛教的中国化，六祖大师也真正成为人间佛教的开创者和先行者。也正是因为禅宗能结合中国文化的实际，才能如此绵长地发展与辉煌，才能有今天传遍世界各国的无穷力量。六祖大师当之无愧与孔子、老子并称为东方三大圣人，当之无愧被尊称为世界十大思想家之一。毋庸置疑，禅宗文化不仅成为中华传统文化的重要组成部分，同时，也是人类精神家园不可或缺的重要内容。六祖大师一生的修行功德以及对人类文明的巨大贡献，我们广大佛教徒，尤其是广东佛教界，不仅要深深缅怀，无上敬仰，更要传承落实，发扬光大。祈愿六祖大师在长寂光中，不舍娑婆，长护大地众生。

住山必念开山力，荷担如来家业①

华林禅寺也叫西来庵，是禅宗的第一个祖庭，也就是达摩祖师自西天来到东土的第一个弘法道场。它始建于梁代，至今有一千四百多年历史，经历了隋、唐、宋、元、明、清等时期，慧灯永续，香火鼎盛，高僧辈出，更有佛陀舍利供奉在此，乃华林镇寺之宝。但是，寺院也离不开成住坏空、生住异灭的因缘变化规律，经历沧海桑田，特别是在"文化大革命"时期，大量的寺庙被占用，佛教宝殿成为娱乐场所，道场有名无实，被破坏殆尽，华林寺也不能幸免。

幸逢我们国家深入改革开放，全面贯彻落实信仰自由政策，广州市委市政府高度重视文化的发展，把佛教文化的复兴与建设当为重要的一环，批准华林寺恢复开放。至此，光明大和尚接过重兴祖业的重担，筚路蓝缕、披荆斩棘，可以说是栉风沐雨，非常艰辛地带领两序大众一步一个脚印，在这黄金宝地上重修禅宗祖庭，修复五百罗汉堂、重建达摩堂、重塑祖师像，直至大雄宝殿的奠基启建，逐步形成了十方丛林的规模。

这一过程意味着什么？意味着佛教事业的发展也要经过不断的努力，才能成就无上的功德。在这个不断发展的时代，我们佛教界的发展面临着很多挑战，不仅需要自身的努力，更是离不开党和国家，以及各级政府部门的关怀。因此作为佛教徒，高树法幢、重建寺庙、弘扬正法是我们不可推卸的责任，承前启后，继往开来，传承历史，发挥文化是所有人共同的使命。今天，我们有缘见证一座祖庭的建设兴起，要牢记祖师的教导："住山必念开山力"，我们更要把责任承担起来，这样才不负党和国家对我们的期望，以及社会民众对我们的长期支持。

当前，我们国家正在全面建成小康社会，"一带一路"的伟大战略构思正在逐步落实。习主席提出"一带一路"的战略构思，旨在希望中国与沿途国家建立起政治互信、经济交融、文化包容的命运共同体、责任共同体、利益共同体，互通共荣，让世界各国人民也共享中国改革开

① 在华林禅寺大雄宝殿奠基庆典上的致辞。

放和和平发展的成果，这一伟大构思可谓高瞻远瞩，高屋建瓴。

历史上的“海上丝绸之路”，是中国与东南亚国家乃至与世界沟通的人文交流、文化交融、文明互鉴的重要通道。这条道路是靠无数心怀苍生、坚定和平信念的人们走出来的。佛教僧人正是其中重要的一个群体。他们不求名利，以坚定的信仰为支撑，不畏艰难险阻，不远万里弘扬佛法，其中就有著名的中国禅宗初祖菩提达摩祖师，达摩祖师的到来不但是我们中印文明交流的见证，也是中印佛教文化，尤其是禅宗法门建立的奠基者，他的伟大贡献对今天也起着十分重要的影响。大家都知道，达摩祖师之后，传二祖慧可、三祖僧璨、四祖道信、五祖弘忍，再到六祖慧能大师在广州光孝寺落发出家，一花开五叶，中国禅宗传遍祖国的大江南北，成为“凡寺必有禅”的鼎盛局面。达摩祖师对中国佛教的贡献居功至伟，令人高山仰止。正是有无数的传播佛教文化的使者奋不顾身的努力才使得“海上丝绸之路”的沿线国家有着如此丰富的文化遗产。所以，作为新时代的佛教界人士，我们需要继承祖师们的大无畏精神，为促进中印以及其他沿途国家的友好往来做出更大的努力，更要担当起弘法利生的责任，服务好“一带一路”的建设。

以出世心为入世事①

岁月流逝，转眼云峰上人已经离开五周年。云峰上人是中国佛教界的著名爱国高僧，生前曾担任中国佛教协会咨议委员会副主席，第六、七、八、九届广东省人大常委会委员，广东省、广州市佛教协会会长，广东省、广州市佛教协会名誉会长，六榕寺住持。上人的一生信仰坚定、修持精进、戒行严谨、勤勉弘法、为法忘躯，为广东乃至全国佛教事业建树了丰功伟绩。

云峰上人，自幼接触佛法，深受熏陶，1935年，赴香港宝莲寺屿山佛学院学习四年，并在该寺圆受具戒。旋返上林寺，助理寺务，以报师恩。后随广东近代高僧海仁法师研修佛法，并在粤、港等地弘法。1951–1958年，任湛江市佛教协会会长，组织佛教徒从事生产劳动，提倡“自力更生、农禅并重”。1959年，驻锡广州六榕寺，初任六榕寺管理小组组长。1962年任广州市佛教协会副会长、六榕寺监院。在“文革”动乱期间，虽历经磨难，但爱国爱教的赤诚之心坚贞不渝、永不改变，依然驻守六榕寺。“文革”结束后，上人无怨无悔，积极协助政府落实宗教信仰自由政策，努力筹办和组织恢复佛教事务以及省、市佛教的各项工作。先后担任广东省佛教协会第一、二、三、四届会长，广州市佛教协会三、四、五、六届会长，全面主持省、市佛协工作。今天我们缅怀他的高尚品德，学习他的精神，就要像上人那样为佛教事业勇猛精进、竭尽全力、贡献毕生。

学习云峰上人爱国爱教，践行人间佛教的崇高精神

云峰上人先后当选为湛江市政协常委，广州市政协第三、四届委员，第五届常委，广东省人大第三、五届代表，第六、七、八、九届常委等职。积极参政议政，关心国家大事，协助政府落实宗教政策，恢复、重建寺庵，维护佛教界的合法权益，坚持独立自主，自办教会的方针，努力推

① 在纪念云峰上人圆寂五周年法会上的讲话。

进佛教与社会主义社会相适应，爱国爱教，终其一生心血于佛教复兴大业，鞠躬尽瘁，做了大量的艰苦的工作。上人一切所为与佛教的宗旨“庄严国土、利乐有情”是一致的，与当今社会所倡导的热爱祖国、维护民族团结、维护法律尊严、维护人民利益都是一致的。今天我国已进入建设中国特色社会主义新阶段，我们佛教徒也要像上人那样高举爱国爱教的旗帜，关心国事，为夺取全面建设小康社会的新胜利，为经济社会发展做出应有的贡献。

学习云峰上人忘我兴教，建寺安僧的奉献精神

上人驻锡六榕寺之时，承担起重修重任，历经十年艰辛，殚精竭虑，终使古刹焕然一新。他又筹资千万元巨资，大修六榕花塔，使垂危的千年宝塔重现昔日雄姿。同时，上人以身作则，领众熏修，严肃戒规，使六榕寺道风纯朴，寺貌井然，声名远播，深受教内外的赞誉，六榕寺曾连续获得广州市政府颁发的“文明宗教活动场所”和广东省佛协颁发的“文明寺庵”的光荣称号。上人与省、市佛协其他领导人一起，共同努力，在各级政府的重视和支持下，逐步收回全市寺庵房产，并积极筹资重修重建光孝寺、华林寺、大佛寺、海幢寺和无著庵、陶轮学社，对广东各地佛教寺院的恢复开放也倾注了大量心血，使全省佛教呈现欣欣向荣的发展景象。今年是广东佛教的道风建设年，我们要学习上人的这种为教忘我的奉献精神，加强寺院管理和建设，以戒为师，纯正道风，塑造广东佛教新形象。

学习云峰上人勤修苦练，孜孜不倦的修学精神

上人勤学“五明”，持戒精严、修学严谨、生活清淡、勤俭节约、待人和睦、处事圆融、勤学上进、孜孜不倦。上人文学造诣精深，对佛教历史文化的传承非常重视。积极参与编修《广州宗教志》，亲自主修《六榕寺志》和《禅宗法乳集》，为挖掘、整理、弘扬广东佛教历史文化做出了积极贡献。在对外交往与弘法工作中，常以文会友，诗词唱和，因势利导，大力弘扬禅宗优秀文化。广东是六祖禅宗的祖庭，禅宗文化底蕴深厚，我们要学习上人这种志存高远，精进好学的学习精神，不断挖掘和整理禅宗优秀文化，为推动社会主义文化大发展大繁荣，共建中

华民族共有精神家园做出不懈努力。

学习云峰上人弘法利生、服务社会的慈悲精神

上人始终以弘法利生为己任，先后在六榕寺、南华寺等寺院大开法筵，讲授《六祖坛经》《四十二章经》《心经》等经典，广施法雨，普利群生。上人对《六祖坛经》解行尤深，常以《六祖坛经》的义理教化信众，引导信徒发挥自性自觉，奉行五戒十善以净化自心，实践四摄六度以利益人群。上人在自我行持上，处处体现出“以出世心为入世事”的人间佛教精神，身体力行地带领广大佛教徒开展扶贫、助残、赈灾、敬老、助学等公益活动。上人的慈善懿行，社会各界给予了高度评价和赞誉。我们要自觉学习上人这种慈悲济世的菩萨精神，积极建设和谐宗教，服务和谐社会，开展各项公益慈善活动，为服务人群，回报社会做出积极的贡献。

祈愿云峰上人于常寂光中，不舍人间，乘愿再来。

世界之窗

承先祖大德法界之心，开一带一路信念之旅

为了使各国经济联系更加紧密、发展空间更加广阔，习近平主席提出共同建设“丝绸之路经济带”，逐步形成区域大合作。其后，习近平主席又再次提出：中国愿同东盟国家加强海上合作，共同建设二十一世纪“海上丝绸之路”。至此，中国关于“一带一路”的战略构想正式全面展现，并引起国际社会的高度关注。

历史上的“一带一路”，是中国与东南亚国家乃至与世界沟通的人文交流、文化交流、文明互鉴的重要通道，中国与世界各国因交流而增进了解，促进融合，因互鉴而促进发展，不仅带来了经济、建筑、艺术、文化的交流，甚至也带来了政治体制的互相借鉴。这条路是靠无数心怀苍生，坚定和平信念的人们走出来的。他们为人类精神家园的建设、文明的进步和发展，以及宗教和平做出了不可磨灭的贡献。

其实，在历史上，丝绸之路和“海上丝绸之路”就扮演着经济、文化交流的不可替代的角色，而岭南更是经济文化交流的重镇。珠海作为二十一世纪“海上丝绸之路”重要节点城市，毗邻港澳，素有千岛之市的美誉，历史上也是海丝传播的重要港口，尤其是近代以来孙中山、詹天佑、苏曼殊等政治、科学、文化名人的相继出现，塑造了珠海成为中国输出对外留学的重要驿站。我们应该以佛教大无畏的开创精神去面对世界。“一带一路”不仅是政治、经济的互助共赢，更是宗教、文化上的交流和创造。

一、“丝路”精神的传承

自从秦汉以降两千多年，中国佛教通过西北方的陆上丝绸之路和东南方的“海上丝绸之路”，完成了佛教从传播到输出的伟大历程。自东汉迦叶摩腾和竺法兰初传佛教，到三国时期的朱士行西行求法，再到东

晋法显泛海锡兰，唐代玄奘步行五天竺，义净继踵印度，鉴真东渡日本等等，都是依托于“一带一路”所开辟的空间和提供的机缘，才取得的传播佛教文化的巨大成就。在这两条文明之路的重要节点上，镶嵌在南海、东海沿岸的众多古港，共同编织了一幅“梯航万国，舶商云集”的动人画卷。岭南在“海上丝绸之路”上的重要作用，著名国学大师饶宗颐说道：“丝绸之路的最初起点在中国，而海上丝绸之路的发祥地最早在广东。”由此，广东在“一带一路”历史和现实的地位和作用，其独特性不言而喻。

广州在历史上就是岭南地区的政治、经济、文化中心。它在“海上丝绸之路”的开发、传播的过程中，扮演着极为重要的角色。从印度洋向中国方向而来的弘法或经商船队，都要经过马六甲，经过交广道。广州则是重要的驿站，而广州光孝寺则是每一个乘船而来的大师都要停留和驻锡的寺院。如光孝寺的开山祖师昙摩耶舍，在东晋时期来到中国，当时他在南海地区弘法，被许多乡绅请到季华乡讲经，从此后竟然创立了佛山这座城市。还有求那跋陀罗，在南北朝时第一个在南方建立戒台。当时，所有岭南一带受戒的僧人，都集中到广州光孝寺这边来。唐朝初年，智药三藏带来了中国有文献记载的第一棵菩提树，现今中国很多的菩提树都是这棵树的分枝培育起来的。一千五百年前，真谛三藏作为中国的四大翻译家之一，在广州十二年多（557-569），住光孝寺七年，翻译过不少经典，他是旧唯识论的重要传承人和弘传者。不空三藏，开元年间来到中国，在光孝寺设过密坛，也翻译不少的经典，成为当时的国师，并称为“开元三大士”之一。

瞻仰佛教祖师的高尚情操，我们不得不扪心自问，我们是否具有如此的信念可以去探寻我们内心的真相，了解生命的根本。

千年前，般剌蜜帝将经片和贝叶经藏在自己的身体里面带来中国，又经过长时间的海上颠簸，最后才在广州光孝寺剖开，翻译经典。鉴真和尚双眼失明，一个年过花甲的老人还要航海到日本去传播佛教的戒律，为日本的佛教发展贡献力量。如果这种精神和信念用在我们“一带一路”的建设上，那就没什么困难可言，并且大家都能不分彼此的共同发展。因此，建设“一带一路”，成就文化交流与文明互鉴，圆满学佛修行的功德需要我们奋发有为，敢于担当，铭记祖德先贤，传承“丝路”那种坚韧不拔的大无畏精神。

二、佛教教理的传播

中国佛教在过去近二千年中，承载了东西方文明的交流，奠定了中国传统文化的基础架构，同时也为世界文明的沟通和碰撞，区域文化的缔造和传播，起到不可替代的巨大作用和卓越贡献。今天国际社会的格局，是命运共同体的诠释；今天世界的方向，是互鉴互利的坐标。只有将佛教在“一带一路”历史中的能量再次激活，才能更好地展示佛教利国利民的价值在当今世界的作用和意义。所以，我们需要双语人才的加入和参与，需要将佛教深刻的内证方法和宏大的利他誓愿做出新时代的诠释，让更多崇善仁慈，传播真理，爱好和平的人受益。

抚今追昔，佛教僧团建立之初，佛陀就劝导其弟子到各地去传播佛教。许多弟子不畏艰难困苦，以其简陋的交通工具，弘扬佛法、传播文明、教化群生。这当中，有许多祖师经过艰难险阻，以弘扬佛法为自己毕生的心愿和信念，克服着种种逆境，勇敢地踏上征程，这其中既有来华弘法的印度祖师，也有许多由广州作为出海口的中国祖师。义净法师、鉴真和尚都曾经在广东登陆过。当时鉴真和尚身边有两个随同回日本的日本僧人普照和荣睿，荣睿就圆寂在庆云龙兴寺，现在埋在肇庆的鼎湖山上。但是鉴真和尚依然没有因为悲恸而停止东渡，他依然坚持着自己佛法利生的信念，在广东驻锡数月，回到扬州后继续东渡，最终成功。

法显、义净和玄奘法师的事迹也是家喻户晓，载入史册。他们都是以大无畏的精神，为法忘身，冒九死一生的艰险，为求真理而百折不挠，鲁迅称赞他们为中华民族的脊梁绝非过誉。他们为我们民族争得了荣誉，为灿烂的东方文化增添了异彩，为佛教的发扬光大建立了不朽的功勋，高山仰止。正是历史上这些不畏艰险、舍身求法的祖师大德，才成就了今天我们中国佛教文化的灿烂。所以，今天的我们必须要将文化传承、传播的重任承担起来，用内心去感知这些祖师大德的大无畏的菩萨境界和信念。

“一带一路”不但是经济的走廊，更是世界文明尤其是佛教人文交流的黄金纽带。相较历史以商人为主的贸易交流群体，以僧人为主体的文化互鉴所带来的影响更为深远悠长。而在国际交流中，宗教文化间的交流更容易化干戈为玉帛，且宗教往往可以借助教理教义的互相认同感，拉近不同民族之间情感。佛教界在“海上丝绸之路”就有着无与伦比的优势：和我们毗连着的国家，如越南、缅甸、锡兰、印度、朝鲜乃至日本，都是根深蒂固的佛教国家。我们可以将宗教信仰与睦邻友好的外交关系相互联系在一起，减少战争，让人民安住在佛法的清凉自在中。因此，不论出家在家乃至佛教的爱好者都应牢记佛陀“庄严国土、利乐有情”的教导，责无旁贷肩负起“弘法是家务，利生为事业”的宗教使命，积极发挥我们的语言优势将佛教的教理传播于五大洲，心怀法界，利益众生，让各国人民沐浴佛教的光明智慧，解脱烦恼，自在安详。

三、和平使命的担当

祈祷国泰民安，守望世界和平是人类的向往，更是我们佛教徒的使命担当。毋庸置疑，中国与“一带一路”的诸多国家有较为深厚的佛教因缘。除了共同拥有浩如烟海的经藏与人数众多的佛教徒，中国佛教还有着较为完善的仪轨制度与组织架构，这使得中国佛教与“一带一路”其他国家之间的佛教徒无形中又增加许多亲近感。在外交形式多元化的现代社会，佛教无疑有着较为众多的受众群体，以佛教交流辅助政府间交流，以期在传播佛教价值观的同时，赢得更多的文化认同。使佛教为地区稳定和促进民间外交起到极大的推动作用。因此，佛教人文交流对重建“海上丝绸之路”的作用更不容小觑。也就是说，我们既要传播佛教教义让众生离苦得乐，解脱生死，获得内心的平和与安详，更要率先垂范担当维护国家的和谐稳定，成为促进世界和平的使者。

佛教历史文化是软实力表现，虽然不见得能带来显见的经济效益，但是却能够促进社会与文化的发展，还能够促进对外交流，能够对政府之外的民间交流做出有益补充。

今天，我们借助“一带一路信念之旅”这样一个文化主题，应该不要忘记在“一带一路”上不畏艰难传播佛法的那些高僧大德，正是从这些古人的身上，我们看出“一带一路”的文明精髓。他们为了自己的信念，不顾自己的身心安危,贡献自己毕生的力量,这点是我们开拓"一带一路"倡议里面要歌颂弘扬传承的重要精神。他们不为名利，不畏艰险，他们唯一的目的就是要把佛教的光明智慧、文明价值与和平理念传到其他国家，这是何等崇高的使命。这种使命驱使他们不顾一切的艰难险阻和九死一生的危难来完成弘法利生的大功德。

我们通过佛教英语夏令营，学习祖师大德们难忍能忍、无私无畏的菩萨精神，坚定信念的高尚情操，担当起佛教徒弘法利生的历史责任，促进友好交往，把"一带一路"的精神发扬光大。今天的人类比以往任何时候都更有条件朝和平与发展目标迈进，更应该努力构建以合作共赢为核心的国际关系。"合则强，孤则弱"。合作共赢应该成为国与国之间的共同取向，也应该成为我们学佛人的共同的目标。所以，能够将佛教的感恩奉献、慈悲包容、共生不二的精神大力推广，可以让广大佛教徒更加积极奉行慈悲喜舍、自利利他的菩萨道，努力扩大各方共同利益汇合点，尤其是佛教界要铭记祖辈先德为法忘躯，心怀法界，利济众生的无私无畏的大菩萨功德，大力传承祖辈大德对佛教事业与和平使命那种同舟共济、勇于担当的高尚情操，承先启后、继往开来，携手并肩，团结合作，共同为世界佛教的进步与发展，为亚洲地区的安定和谐与世界和平做出大功德、大贡献。

佛指舍利赴台巡瞻，两岸法乳一脉相融

应台湾地区佛教界的请求，经国务院批准，陕西扶风法门寺佛指舍利于2002年2月23日至2002年3月31日赴台湾各地巡回瞻礼。中国佛教协会组织以圣辉法师为团长、刀述仁居士为副团长的护法团一行五十九人，护送佛指舍利赴台。我省佛教界共有四位法师参加，我也荣幸被选为成员之一参加此次胜会。代表团还特邀国家宗教事务局局长叶小文为顾问，一行同往的还有以中国佛学院组成的护法团二十四人。大陆护法团在抵台并举行佛指舍利安奉法会之后，与台湾佛教界进行了广泛的参访交流。两岸佛教界通过此次交流，加深了相互了解，增进友谊。现将我在参访过程中了解的情况和体会简单地汇报如下：

一、佛指舍利赴台瞻礼，在两岸佛教界和台湾同胞中产生了广泛的影响

法门寺始建于东汉，因为供奉佛指舍利而备受历代帝王的崇敬。唐代自太宗起，历经高宗、武后、肃宗、德宗、宪宗、懿宗等七位帝王曾将佛指舍利迎请至长安、洛阳礼拜。为保护佛指舍利，唐僖宗于咸通四年下令封锁地宫，佛指舍利从此埋藏于地下，至1987年法门寺真身宝塔倒塌，考古清理地基才重新发现佛指舍利。据推算佛指舍利在地下已埋藏有一千一百一十三年，可见其稀有珍贵。正是如此，海峡两岸的佛教徒和同胞都莫不渴望能早日礼拜瞻仰这枚佛陀的真身舍利。江主席等中央领导人为满足台湾地区佛教徒和同胞的祈愿，特批准陕西扶风法门寺佛指舍利于2002年2月23日至3月31日赴台供奉。此举在海峡两岸人民中掀起了空前的影响和轰动，可以说这是一次发挥了佛教慈悲智慧去联系两岸人民感情的重要活动，其意义和价值大大超出了佛教信仰的范畴。

此次台湾佛教界组成了恭迎佛指舍利委员会，佛光山星云大师任委员会主任、吴伯雄居士任委员会副主任。2002年2月22日，星云法师、惟觉法师率僧众三百多人，租乘港龙公司飞机两架抵达陕西，当日下午两岸的诸山长老法门寺方丈静一法师、佛光山星云法师、江西云居山方

丈一诚法师、中台禅寺住持惟觉法师、佛指舍利护送团团长圣辉法师等四十位大和尚与数千信众云集扶风法门寺举行隆重的恭送法会。当晚，陕西省人民政府领导在人民大厦举行盛大的宴会，省人大委员会常务副主席范肖梅女士代表省长程安东会见前来恭迎佛指舍利的台湾代表，并作了热情洋溢的讲话。她说佛指舍利此次赴台，是两岸的一大盛事，借着具有两千多年历史的佛指舍利，能促成两岸宗教、文化、艺术等方面的交流。星云法师代表台湾佛教界表示感谢，他指出这次恭迎佛指舍利，台湾有句口号叫“佛祖来了”，这口号就是每位台湾信众的心情，期望凭仗佛力，融和两岸乃至全球华人的心，不再因省籍、姓氏宗亲的分别，彼此产生隔阂。中台禅寺惟觉法师则表示，此时是佛指舍利来台最好的时间因缘，所谓“不看僧面看佛面”，恰好适逢两岸三通的节骨眼上，大家都能向佛陀的慈悲光明学习。国家宗教事务局局长叶小文对两岸佛教的通力合作概括为“团结统一，功德圆满”。

佛指舍利于2月23日下午抵达台湾桃园机场，双方完成交接签约仪式后，车队经高速公路进入台北市区，途经仁爱路、新生南路、辛亥路时，在六十位供花人员与六十位持手炉燃香供佛的佛光山法师和能仁家商、志光商工和泰北高中乐仪队吹奏声前导下，引领恭迎车队前往台大体育馆。沿途数十万信众自设香案与燃香供奉佛指舍利，夹道恭迎，情不自禁地唱诵梵音佛号，场面盛况空前，庄严壮观，在台湾各界人士中产生了广泛的影响。台湾地区的所有电视台、报刊都报道了此次佛指舍利赴台供奉情况，香港凤凰卫视全程实况转播。

据有关报道，24日晚由台湾地区星云法师等自己举行的恭迎佛指舍利祈安大法会，除两三万信众及台湾地区佛教界诸山长老外，台湾地区政界要人也出席参加了法会并瞻礼佛指舍利。他们对此次法门寺佛指舍利赴台瞻礼，表示大力支持，同时也对大陆有关部门领导的英明决策表示认同并给予高度的评价。

我们在参访过程中，与台湾地区佛教法师和信众交谈中，他们都莫不称赞佛指舍利来台湾巡瞻，是对台湾同胞的关爱，这是一项功德无量的事。

二、佛指舍利赴台巡瞻，实现了三个突破

1. 恭送佛指舍利的两架港龙专机，只在香港作短暂的停留，所有人员没有落机，也没有更换乘务员、飞行员，两架原机直飞台湾桃园机场，在场的台湾法师都说海峡两岸佛教界首先实现直航的突破。

2. 佛指舍利在台湾各地巡瞻，实现了台湾岛内各地区佛教界以及各阶层民众空前的大团结，突破了台湾佛教界各自占山为王、互不相干往来的局面。据了解，台湾的佛教分四大山头（佛光山、法鼓山、中台山、慈济会）、几大门派（大岗派、月眉山派、开元寺派、法云圆光派、大仙寺派、观音山派、万佛山派、清凉山派、东和寺派）和五大团体（中华佛寺协会、中华佛教青年会、中华佛教居士会、中华佛教护僧协会、国际佛光会），这些组织构成了台湾佛教整个体系。而台湾佛教这几大组织，平常彼此互不往来，这次佛指舍利赴台瞻礼，他们自觉地奉行“联合迎请，共同供奉”之原则，由台湾佛教界四大山头、九大门派、五大团体共同迎请，数十位长老大德联名向大陆宗教部门提出迎请。佛指舍利赴台巡瞻这一大因缘实为台湾佛教界汇纳百川，无所畛域开了历史先河，紧紧地把台湾佛教这几大组织团体和广大佛教徒与同胞联系在一起。这不但是佛教界的盛事，也是缔结台湾佛教界友好关系、和睦团结的善缘。

3. 此次佛指舍利赴台巡瞻，护送团在星云法师的陪同下，参访了台湾的所有佛教寺院和团体，足迹遍及整个台湾岛，这不但加深了两岸佛教界的相互了解与认识，同时也突破了两岸佛教界多年来互不了解的局面，也突破了以往仅由台湾某个山派及某个团体邀请大陆个别寺院参访的局限，真正做到了海峡两岸佛教界的大融合与大交流。

三、佛指舍利赴台巡瞻，随护送团参访得到的三个体会

1. 此次参访体会到，大力加强两岸佛教界的友好交流，有利实现祖国的统一大业。两岸佛教都是同教同源，法脉相承，若能拓广交流层面，就能加深相互间的法缘关系。而且佛教在台湾有着深刻的信仰，有着广泛的影响，信徒众多。若能团结好台湾佛教僧众和信徒，有利于孤立台

独分子，促进两岸民族的团结和祖国的统一。

2. 此次参访还体会到，台湾佛教界大力发扬佛教慈悲济世的优良传统，积极为社会福利事业多做贡献，真正体现了建设人间佛教的理念和精神。例如花莲证严法师发动信徒建设慈济医院、慈济医疗大学，建立佛教义工队，在全球各地救贫赈灾，建立血库、骨髓库，救治病苦之人。1998 年，我国长江、嫩江流域发生水灾，他们组织佛教徒投入到救灾行列，为灾区人民捐钱捐物；前几年浙江省就有几位血癌病人得到台湾慈济医院骨髓库提供的骨髓而救治。星云法师发动一百万佛教信徒，每人每月捐一百元台币，在中国台湾和美国及澳洲等地举办社会大学，免费接纳贫困学生读书，大力为社会及佛教培养人才。

3. 此次参访体会到，台湾佛教寺院有严正的道风与学风，有严谨的管理制度，高度重视佛教人才的培养（例如，佛光山有出家人获硕士学位的约一百多人；博士学位的有二十多位）。同时也能利用现代化信息网络弘扬佛法，方便信徒学习佛教。

佛指舍利赴台巡瞻，各项工作取得了圆满成功，护送团所到之处，都受到台湾民众的热烈欢迎和热情款待。护送团一行结束在台湾地区七天的行程，于 3 月 2 日下午返回北京，当晚受到中央统战部王兆国部长、国台办陈云林主任及中央统战部副部长李德洙等国家领导人的亲切接见。王兆国部长对此次佛教舍利赴台巡瞻的成功给予充分的肯定，赞扬全团成员为两岸佛教界和人民做了一件具有重要的历史意义的大事。

心平天下平，心净国土净

（2015年9月15日）

引　言

在浩瀚的佛教义理中，众生平等、自他不二的和平理念，不仅是佛陀创教的根本与教化世间的重要思想，更是人类共有的精神财富。现实中，佛陀也为我们树立了榜样。佛陀住世时，摩羯陀国琉璃王子曾数次想要进攻佛陀的故乡迦毗罗卫国，佛陀都以无言的威德感召，令战火熄灭，实现和平。正因为如此，践行佛陀的和平思想，便成为佛弟子的共同心愿。面对纷繁多变的当今国际形势，维护社会稳定，捍卫亚洲与世界和平，比以往任何时代更显得迫切与需要。为此，弘扬佛陀的和平思想，不仅是我们中韩日三国佛教界法门兄弟的共同心声，更是时代赋予我们不可推卸的历史使命。

一、“黄金纽带”与和平期待

和平不是坐而论道的空谈，使命却是落实当下的承当。1993年，中韩日三国佛教界的前辈欢聚在日本，共同庆祝中国佛教协会成立四十周年，赵朴初先生在聚会中倡议，“中韩日三国的佛教文化是我们三国人民之间的黄金纽带，源远流长，值得我们珍惜、爱护和继续发展”，这一构想得到了三国佛教界的热烈响应。并于1995年5月22日，在北京举行了以“友好、合作、和平”为主题的中韩日三国佛教友好交流首次大会。从此，便搭建起了我们三国佛教界在新的历史时期合作交流的平台，“黄金纽带”的伟大构想无疑在三国佛教界中增辉溢彩，耀眼夺目。二十年来中韩日三国佛教界的交流与合作，使三国间的传统友谊，佛教徒的法门道情，得到了充分沟通和进一步深化。此时此刻，我们更加缅怀三国佛教界以赵朴初先生、宋月珠长老、中村康隆长老等为代表的老一辈法门领袖，正因为有他们高瞻远瞩的卓识远见与高屋建瓴的无上智慧，开创出举世瞩目、绵延相续的“黄金纽带”，才为我们三国佛教界共同推进世界和平奠定了牢固的基础。在此，三国佛教界更应该珍惜，不遗余力地继承与发扬“黄金纽带”的精神，才是对先辈们最好的回报和纪念。

二十年来，三国佛教界以友好交流大会的平台，关注国际局势，回应世界民众的心声。今年正值世界人民反法西斯战争胜利七十周年，抚今追昔，我们深刻地认识到，发生在二十世纪三四十年代那场战争，给中国人民乃至亚洲人民和世界人民带来了严重的灾难。幸运的是，全世界爱好和平的力量联合起来，携手并肩作战，最终取得了世界人民反法西斯战争的伟大胜利。转眼七十年已过，反法西斯战争的历史已经渐渐模糊邈远，但以史为鉴的经验和教训却不能忘记。所以，任何一个心中有责任感，有家庭、有民族、有祖国的人都应该维护和平，为消除战争而共同努力。

我们今天相聚在被命名为“和平都市”的广岛，反映了广大日本民众追求和平的良好愿望。因为见证战争的可怕，我们就更应该珍惜来之不易的和平环境。我们三国佛教界更应该携手合作，防止历史重演，奏响和平友好的主旋律。站在新世纪的黎明，“和平”与“发展”已确立为二十一世纪面向人类未来的两大主题。只有“和平”才能“发展”，只有“发展”，人类才能获得“如愿的幸福”。所以，向全世界传递佛教徒拥护和平的热切期待，这是我们三国佛教界能够承担起的历史责任。

二、世界现状与潜在危机

物欲膨胀是世界和平的隐患，尊重才能消解贪婪的进程。伴随着工业文明的不断向前推进，不断制造出物质利益与鼓励消费的无休止的欲望，必然要求资源被尽可能地占有和利用。于是，利用强权政治推动经济社会的发展，那就是资源的掠夺与再分配。发达国家利用自己的经济实力获得了更有力的政治话语权，进而不断地控制资源大国和原料输出国。但是，对于任何一个主权国家来说，谁会希望成为他国发展的资源库呢？因此，复杂的利益纠葛构成了一系列的，甚至是一触即发的矛盾冲突。倘若反省这四伏的危机背后，不难发现：危机的根本不外乎人类膨胀的欲望。这种没有止境的对于物质世界的不断欲求，使得供人类生存的环境资源也变得狼狈不堪。告急的环境在以地震、海啸、泥石流等自然灾害的方式敲着警钟，但我们却始终假装听不见，贪婪依旧。本国缺乏的资源就购买或交换他国的，达不到目的就会采取非常手段，于是，看似平静的“和平”湖面，潜藏着利益的巨大暗流。而推动此一霸道行径的无非是人类膨胀的欲望，以及极端的自我主义、自私主义。

世界七大洲中，除南极洲外，都有主权国家分布，在这两百多个国家和地区中，居住着不同的民族和种族。他们的历史有长有短，但无论怎样都有其长期积累沉淀下来的民族信仰和文化性格。文化只有异同之别，而无对错之分的。所以，面对即使可能与己大相径庭，甚至价值取向完全相反的文化，最好的态度也应当是理解、尊重和包容。但就目前国际情势来看，狭隘的民族主义思潮仍然潜在，并且容易迷惑民众，制造争端。仔细分析起来，狭隘的民族主义一般表现为对自身文化、信仰的过分自信，甚至企图用霸道的政治手段强行将自己的文化移入其他民族的土壤中，漠视其他民族的历史文化、风俗习惯，以秩序缔造者的身份大行文化侵略之便，如此一来，冲突自然会连连不断。我们应当充分地认识到，不同历史文化孕育下的民族信仰和文化性格，才是他们赖以生存的精神支撑，只有理解和尊重异域文化，去掉狭隘的民族主义固执，才可能真正地减少冲突，避免战争，和平共处。

三、心灵净化与和平愿景

佛法生命在于世间中的实践，真诚沟通才是和平的前提。从世界现状来看，既然充斥着自私的自我主义和狭隘的民族主义，潜藏着冲突的危机和不安，那么如何化解外在的冲突和危机，佛教思想中也可以提供方法和途径。在佛教看来，自私的自我主义和狭隘的民族主义，就是贪瞋痴等不良情绪在现代社会的反应和表现形式。要从根本上化解冲突和矛盾，就应该从支撑自我主义和狭隘的民族主义存在的贪瞋痴入手。贪瞋痴被佛教喻为心灵深处的毒瘤，是所有佛教徒在修行中要加以对治和根除的。佛教认为，只要将心灵深处的贪瞋痴等毒素加以清除，心灵得到逐步的升华和净化，对人类存在潜在威胁的自我主义和狭隘的民族主义自然就不存在滋养的土壤，由此而带来的冲突和危机也才能真正地化解。所以，佛教中常常有“心净则国土净”“心平则天下平”的教诫，这是佛教以他的独特方式给世界带来的关怀与安慰。诚如上面分析所说，内心的不净之处莫非由贪瞋痴之所引起，并由贪瞋痴所支配的身口的行为加以系统地表征。所以，所谓心灵的净化过程无非是制止贪瞋痴等烦恼扰乱心灵的过程。对于一个个体来说是如此，对于一个由一定数量组成的团体——国家亦复如是。一个国家需要收敛它自身的贪婪才能不恃强凌弱，才能得到他国的尊重，才能维护一个地区，乃至世界的和平与稳定。

有鉴于此，我们中韩日三国的佛教徒，就应该积极主动地倡导以净化心灵为途径，以铲除自我主义及狭隘民族主义为手段，以实现人类持久和平为目标的愿景。希望人人都能意识到自我内心的净化，与生存环境有着不可低估的影响；期待世界人民都能明白实现内心的和平，才是实现人类和平的真正良方。为了着实有效地推动人类社会走向持久和平的未来，我们三国佛教界应该向世界发出号召，世界各国人民乃至不同的国家和地区之间，应该秉持“真诚沟通，共铸和平”的理念，以文明互鉴的姿态，用包容和尊重的智慧，达成人与人之间、民族与民族之间、国家与国家之间的和平共处素养：

第一，对于不同的国家和人民，都应坦诚相待，互相尊重，贸易往来，互利共赢。特别是在资源大国面前，不强取、不掠夺，进而避免以集体为标签的国家贪婪。

第二，对待不同国家和民族的文化，兼容并蓄，采取宽容态度，不使用排他机制，逼迫其他民族放弃自己的文化及信仰，进而避免狭隘民族主义的瞋恚。

第三，面对冲突，客观公正，尊重事实，不偏不倚。不因利益权衡而丧失原则和客观公正性，进而杜绝利益角逐引起的不辨是非的愚痴。

当然，一个国家作为一个群体的利益联盟，根本出发点肯定是站在本国民众利益的立场上，但是，立足本国、本民族不代表一定要损害或伤害他国或他民族，世界作为人类共同生活的家园，必定是需要彼此克制和迁就的，因为世界和平是靠大家共同维护的。我们三国佛教界，更应该与世界各国人民一道，为实现人类社会的持久和平而贡献佛教徒的力量。

结　语

历史是人心的足迹，和平是历史的境界。以“黄金纽带”为契机的友好交流大会，已走过二十年不平凡的历程，已为东北亚地区的和平与稳定发挥了不可替代的作用。虽然经历曲折，但始终未能阻碍我们向往和平的坚定信念和步伐。三国间老一辈佛教界的先德们，为我们做出了榜样，值得我们继承和发扬。面向未来，我们更应该肩负起历史的责任，以更加积极的姿态担当使命，为谋取人类和平而展现出新时期三国佛教界的良好面貌。我们相信，在三国佛教徒的共同努力之下，三国黄金纽带将与我们共同信仰的慈悲和智慧，光耀世界，利益无穷。爰为赞云：

海会云来聚群贤，和平真理广宣扬。

黄金纽带传承远，永熄干戈妙吉祥。

让佛教成为构建亚洲和平的重要力量

（2011年3月15日）

佛教是热爱和平的宗教。佛教认为世间一切事物的存在、发展到消亡，都是因缘条件组合、安住与分离的过程。“此有故彼有，此生故彼生”，说明了世间相待而存在的法则。若遵循佛陀揭示的因果法则来理解人类的相依共存，就可以发现世界和平与生活在地球上的每一个生命个体、家庭、民族、社会、国家有着密切的关系。只有尊重生命的平等性、神圣性与不可侵犯性，以慈悲、智慧、宽容的胸襟，化干戈、怨恨、戾气为玉帛、慈爱、祥和，才能维护人类社会的和平环境。

今日亚洲，虽然整体上比较和谐，但仍不安宁。佛教认为这种种矛盾和争斗，主要来源于人自身的贪欲心、怒心和愚痴心，即“三毒”。贪欲是对名声、财物等己所爱好的东西没有满足的一种精神作用；怒是对不合己意的有情生起憎恨，从而使自己身心不得安宁的一种精神作用；愚痴是指愚昧无知、不明事理的一种精神作用。这些精神作用的扩张，使得人类相互间争夺不已、仇恨不已，以至永远不知道解脱苦难的真正道路在哪里。

佛陀教导人们要“勤修戒定慧，息灭贪瞋痴”，就是要人们通过戒定慧的自我修养，去除贪欲心、怒心和愚痴心，净化自己的心灵。而在具体实践上，则是要人们以布施去转化贪欲心，以慈悲去转化怒心，以智慧去转化愚痴心。当下社会，我们就是要把握时代发展的方向与脉搏，契应人类社会发展的需要，积极地开展契理契机的人间佛教，弘扬佛教奉行慈悲、实践平等、倡导和平的优良传统，才能化解人类的思想矛盾、斗争冲突、恐怖暴力等行径，实现人类永久的和平与人间净土的圆成。

中国有佛教、道教、伊斯兰教、天主教、基督教五大宗教。我们都以和平作为主题和追求的目标，五大宗教和睦相处，共同致力于推动经济社会发展，建设和谐社会。1994年，中国五大宗教代表人士共同组成了中国宗教界和平委员会。“中宗和”坚持“友好、和平、发展、合作”的原则，发扬中国宗教界爱国爱教和崇尚和平的优良传统，促进各宗教团体的团结和睦，发展同各国跨宗教和平组织和“世宗和”“亚总和”等国际宗教和平组织的交流与合作，推动建设持久和平、共同繁荣的和谐世界。在“中宗和”的组织下，中国宗教界每年都为世界和平举行大型祈祷活动，倡导各宗教的信徒共同携起手来维护和平、反对战争。“中宗和”还与一些国家的跨宗教和平组织签署了双边交流协议。在中国佛教界的倡导下，“世界佛教论坛”已在中国举办两届会议，倡议用“和”的精神和智慧，化解矛盾、消弭纷争，营造和谐、维护和平。今年 1 月，中国五大全国性宗教团体响应联合国第六十五届大会通过的关于设立“世界不同信仰间和谐周”的决议，共同发表了《倡导宗教和谐共同宣言》，呼吁广大信众积极行动起来，践行和谐理念，为构建和谐社会，共建持久和平、共同繁荣的和谐世界而努力。

我们祈祷，佛陀慈悲、平等的教诲化解人类之间的仇恨。我们希望，人类以宽容和理解取代对抗。

祝愿世界和平，众生安宁。阿弥陀佛。

中韩日三国佛教历史渊源及其对未来的展望

中韩日三国一衣带水，风月同天。通过历史上彼此间的文化交流，尤其是悠久的佛教交往，共同促进，相互发展，共同创造了东亚地区卓越的文明互鉴，造福各国民众，也为世界佛教发展和地区和平做出了优异的贡献。

一、水乳交融，源远流长

佛教在中古时期一直是东南亚与东北亚地区最有影响的宗教之一，许多国家都以奉佛为其特色，佛教文化就是加强与周边国家外交联系的桥梁。历史上，韩国、日本等国先后接受了中国的佛教，滋养和丰富了本国文化，扩大了佛教文化在世界的影响。

在朝鲜的三国时代，佛教从中国内地先后传入朝鲜半岛。公元六世纪中叶，佛教由中国经由百济传到日本，初期的弘扬以圣德太子为最大功臣，确立佛教为国教。此后，日本留学僧陆续至中国求法，将中国佛教的思想传承、宗派教说、修行方法等引进日本，逐渐演变成日本特有的宗派佛教思想。在佛教东传日本之后，日本以佛教为纽带，与当时的中国建立了政治、经济、文化、宗教，乃至建筑、艺术、农耕等社会各个领域，全方位的友好交往与联系。

在全面深入的碰撞交流中，佛教文化所取得的成就则是举世瞩目，流芳千古的。其中以遣唐使发挥的作用，在历史上被三国人民称道赞扬。公元六世纪，正是中国中原地区重新统一，文化全面兴盛之时。出于学习中国先进文化制度的需要，日本和朝鲜半岛，相继派遣使者前往中国，历经隋唐宋三个朝代近五百年的时间。使者们除学习中国先进的政治、经济制度外，还十分仰慕中国的佛教文化，以及由佛教文化的兴盛而呈现出高超的文学和建筑艺术。在庞大的遣唐使队伍里，三国僧人彼此往来的身影穿梭其中。其中最著名的如鉴真、金乔觉和慧灌等人。

鉴真大师六次东渡日本，最后一次成功。在日本广建戒坛，传律受戒，并且给日本带去了大量的佛教章疏，工匠技艺，医学文化，并尊为缔造日本文化的恩人。金乔觉，即地藏王菩萨的化身。韩国王族，创立了九华山道场，成为中国四大名山之一。“地狱不空，誓不成佛”的悲誓宏愿，形成了中国佛教精神的重要部分。高丽慧灌，到中国跟随三论宗吉藏大师学法，后至日本开创三论宗。其后者，如新罗元晓，日本最澄、空海、荣西，中国道元禅师等等，在三国佛教史上，因西来东渡，开宗立派，赫赫声名，熠熠生辉，不胜枚举。也正是三国佛教的祖师大德锲而不舍的坚持与不懈的努力，不断开创交流合作，传承相接的牢固根基，才有中韩日三国佛教祖庭相望，法脉相连，水乳交融，源远流长。

二、和衷共济，法幢同擎

佛法在世间，也不离世间无常变迁之因缘规律。中国佛教虽然创造了隋唐时期空前发展、名僧辈出、著述极多的鼎盛局面，然而也因政教关系的逐步恶化，经历了唐武宗时期的“会昌法难”。这次法难，使中国佛教元气大伤，大量重要的研究材料和经论被焚烧，使得佛教复兴遭遇前所未有的巨大瓶颈。就在佛教典籍无以为继，教理难以再现辉煌的情况下，朝鲜和日本僧人及政府，秉着同根同源，共生共荣的祖庭情怀，全力支持中国佛教的伟大复兴，反哺所出，使得大量经卷可以重新回归中国。

据《吴越王传》中记载，在“安史之乱”与“会昌法难”的双重打击之下，中国天台典籍已为数不多，当时仅有海东高丽国天台教法极为盛行，典籍保存完整。由吴越王派往韩国的使者带去了钱弘俶的亲笔书信及五十种宝物，求取经典。于是高丽王令僧人谛观持佛典入华，谛观祖师来到吴越之后留居于螺溪定慧院，不但谦虚受教于义寂大师，随其学习教观法门，而且将所携全部天台宗典籍悉付于师门，这对天台宗的中兴传承发挥了极大的作用。

清末时，杨仁山居士创立金陵刻经处〔同治五年（1866）创设，到宣统三年（1911）仁山逝世为止〕，被尊为中国近代佛教复兴之父。经杨居士手订的《大藏辑要》共列经书 460 部，3220 卷。其中通过南条文雄博士在日本搜购的中国唐代散逸的佛经论疏有近三百种，约占所列经目 460 部的 70%。

再有，道宣律师的《南山三大部》历经宋、元、明、清七百多年间，少有人弘扬戒律，多数律典在战火之中烧毁。民国徐蔚如居士从日本请回《三大部》，在天津付梓重刊，但错误遗漏很多。近代高僧弘一律师慨叹戒律之衰微，发愿毕生学弘戒律，从日本请得古板《三大部》，历经二十年，遍考中外律典丛书以校正之，才使得《三大部》在东土重放光芒。如上种种，无不显示同舟共济的同根之情，法幢同擎的同源之谊。三国佛教薪火相传，慧炬长明，法缘绵延，令人铭记缅怀。

三、铭记先德，捍卫和平

佛法是和合一味的，佛教徒是懂得感恩的。和合是同源的落实，感恩是使命的践行。1952 年，亚洲及太平洋区域和平会议在北京开会期间，赵朴初居士代表中国佛教界将一尊象征慈悲和平的佛像请托与会的日本代表赠送给日本佛教界，引起日本佛教界的强烈反响。日本佛教界友好人士大谷莹润、西川景文、菅原惠庆、大西良庆长老等多次组团渡海送还中国在日殉难烈士遗骨，发起了“日中不战之誓”的签名运动。1962 年，中日两国佛教界和文化界共同发起纪念鉴真逝世一千二百周年活动。1980 年，在邓小平同志的支持下，两国佛教界举行鉴真大师像回国探亲活动。此次活动再次掀起了中韩日三国佛教不忘历史，铭记先德，寻根访祖，友好交流的新期盼。故 1993 年已故赵朴初会长亲赴日本参加“日本佛教界与韩国佛教界共同纪念中国佛教协会成立 40 周年”的庆祝活动，在活动上他高瞻远瞩地提出：中韩日三国佛教界的友好交流自古到今已形成一条“黄金纽带”。这一形象的比喻，立即得到韩国和日本佛教界的赞同和响应，并共同倡议提出“三国佛教黄金纽带会议”，以期为三国佛教延续法脉交流，为东北亚地区和平，乃至世界人民的福祉，做出这个时代佛教徒应有的贡献。“三国佛教黄金纽带会议”自 1995 年首次举办以来，先后经历了十九次大会，走过了二十多个年头，“三国佛教黄金纽带会议”业已成为三国佛教友好交流的核心活动。本人在已故赵朴初会长和历届中佛协会长的提携信任下，见证和参与了这十九次的盛会。在此期间，亲身领略到三国佛教彼此之间的千古法谊，希冀地区和谐稳定，守望世界和平的拳拳之心，何幸如之，毋庸讳言！我们三国佛教要一道铭记水乳交融的历史，共同缅怀为三国佛教事业奉献力量的先德，合力捍卫地区与世界和平，抵制制造区域动荡不良因素，让三国佛教的友好力量，成为发挥三国民间外交的主流作用，团结协作，共谋共筹。

我们期望继续深入开展三国佛教法务活动，促进三国佛教文化交流的深度和广度。以广东佛教界举办的“禅宗六祖文化节”为例，不仅吸引了韩国、日本和东南亚各国很多著名寺院的法师信徒前来参礼访问，既弘扬了优秀传统的佛教文化，也进一步增强了与各国佛教界的友好往来。“黄金纽带”会议要坚持轮期举行，不断加深中韩日的友谊，并借此推动国际佛教的和平运动。佛陀教诫我们“多次的重复就是为了更好的悟入”；祖师开示我们“念兹在兹，久久必得回应”。中国佛教诸多寺院积极对接日韩寺院，缔结友好关系，值得继续发扬和扩大。同时，希望韩日佛教界继续关注和支持中国世界佛教论坛的举办，展示世界佛教和合共荣的风范。

结　语

中国国家正在大力构建政治互信、经济融合、文化交流的利益共同体，生命共同体与责任共同体的“一带一路”伟大战略，这对我们多年以来不懈努力的三国佛教黄金纽带友好关系具有十分重要的推动作用。中国的古先贤说：“合则强，孤则弱”，我们要用佛教 “和合共生”的教理，努力在新形势下积极倡导“和平共处”。今天的人类比以往任何时候都更有条件朝和平与发展目标迈进，更应该努力构建以合作共赢为核心的国际关系。“和平相处，睦邻友好，合作共赢”应该成为国与国之间的共同取向。我们应该把佛教的感恩奉献，慈悲包容，共生不二的精神大力推广，让三国广大佛教徒更加积极奉行慈悲喜舍、自利利他的菩萨道，努力扩大各方共同利益汇合点，尤其是三国佛教界要铭记祖辈先德为法忘躯、心怀法界、利济众生的无私无畏的大菩萨功德，大力传承祖辈大德对佛教事业与和平使命那种同舟共济、勇于担当的高尚情操，承先启后，继往开来，携手并肩，团结合作，共同为三国佛教的进步与发展，为亚洲地区的安定和谐与世界和平做出大功德、大贡献。

佛教对外交流的历史、现状以及展望

佛教是当今世界三大宗教之一，发源最早，教义丰富。佛教作为印度文明成果传入中国二千年，经国人消化吸收后，最终成为中国传统文化组成部分之一，在社会各领域中产生了重要影响，发挥着重要作用。其中佛教对外沟通与文化交流的功能，更为促进睦邻友好、文化传播、国际交往等发挥了不可替代的作用。

佛教在中古时期一直是东南亚与东北亚地区最有影响的宗教之一，许多国家都以奉佛为其特色，佛教文化就是加强与周边国家外交联系的桥梁。中国佛教在“请进来”与“走出去”的“民间外交”中，在持续不断的“求法”与“传法”中，逐步成长，进而发展成为世界佛教的主体和中心。以法显、玄奘为代表的求法者和以鉴真为代表的传法者，将悟彻的智慧凝聚成普利群生的愿行，他们是世界佛教文化的脊梁，也是文化交流的使者。

唐代之前，中国佛教界主要是向外学习和输入印度佛教文化，佛教外交多为“请进来”；唐以降，向外学习与向外输出并举，佛教外交也随之变化，“走出去”也就成为民间外交发展的主流。中国僧人将足迹留在周边亚洲诸国，韩国、日本和越南等国先后接受了中国的佛教，中国佛教滋养和丰富了他国文化，扩大了中国文化在世界的影响。近代太虚法师发起世界佛教运动，倡议成立世界佛教联合会组织，现代中国佛教界在中国佛教协会的组织下在民间外交方面发挥着重要作用。2014年“世佛联”第二十七届大会在中国陕西宝鸡法门寺举行，这将有助于中国佛教的发展和走向世界。在古今交流史上，佛教扮演着重要的角色。而连接中外丝绸之路最活跃的穿行者，就是佛教僧侣。佛教在沟通中外、促进交流方面起了不可替代的作用，中国佛教本身就是一部国际交流的史书。

历史经验证明，共同的信仰可以将不同肤色和不同国籍的人群牵在一起，可以增进双方的友谊。佛教民间外交有助于处理复杂的国家关系。

新中国成立以后，中国佛教界主动向外拓展的意识进一步增强，成绩斐然。

一是建寺安僧，传承法脉。中国相继在尼泊尔建立中华寺、在印度菩提伽耶建立中华寺等，弘扬佛法。中国选派学僧到斯里兰卡、日本、缅甸、泰国等国留学，同时日本、泰国、越南等国的留学僧也来中国参学，在一来一往中培育僧才，使法脉传承不断。

二是开展法务法会，展示中国传统文化。由广东佛教界举办的“禅宗六祖文化节”、河南少林寺举办的“少林文化节”等相继登场，推波助澜，弘扬中国传统文化。中国佛教界还以法物为纽带，开展佛牙舍利、佛指舍利等法物的巡礼供奉活动，进一步增强了与各国佛教界的友好往来。以法务法会为切入点，与亚、非、欧、美多个国家都建立了友好合作关系，展开了形式多样的友好交流活动。

三是提出“黄金纽带”，加深中日韩友谊。中国佛教界积极参与了国际多边佛教与多边宗教的和平运动。特别是赵朴初老居士所提倡的三国黄金纽带关系，对巩固中韩日之间的传统法谊起到了独特的作用，产生了深远的影响。

四是举办世界佛教论坛，展示大国风范。三届世界佛教论坛为各国不同种族、不同佛教传统搭建了一个平等的、多元化的、开放的对话平台，团结了海外佛教同胞，展现了中国佛教大国的形象，使全世界佛教能充分认识中国佛教悠久历史和博大的传统文化内涵，深入了解我国宗教自由政策。

五是加强港澳台联谊，促进祖国和平统一。佛教界一直重视与港澳台开展深层次、多方面的交流，在交流中求同存异，互相促进，共同发展，为两岸间的民间联系与促进和平统一做出贡献。

当代，尽管中国佛教界通过对外交流，在凝聚海内外佛教力量、倡导和谐文化理念、提升中华传统文化的世界影响等方面起到了重要的作用，但与亚洲佛教信仰的国家的海外推广力度相比，中国大陆佛教界的海外传播能力还需进一步提升。2013 年，习近平主席访问哈萨克斯坦和印尼时，先后提出“丝绸之路经济带”和打造“二十一世纪海上丝绸之路”的倡议，“一带一路”勾画了沿线亚非欧国家共荣发展的路径。

丝绸之路不仅是经贸之路，也是文化之路、信仰之路、绿色之路、和谐之路，民间的文化和宗教交流是丝绸之路的亮点。佛教界如何做好在丝绸之路上的佛教文化交流是我们的新课题。我认为要在如下几方面有所准备：

一、志存高远，自觉担当。佛教界要有弘法利生的担当，联合政教学界开展佛教公共外交课题研究，坚定理论自信、文化自信，以弘扬中国文化为己任，以推动世界和平与人类文明为使命。

二、制定目标，树立品牌。佛教的国际交流，重要的是提升中国文化的国际影响力。要探索建立和完善中国佛教“走出去”的战略。鼓励以寺院为单位去国外发展，与外国的寺院结成友好单位，取得中国佛教在世界佛教的话语权。中国佛教界还可以按照中国佛教的传统在国外建造寺院，传承法脉。同时佛教界在政府相关部门的鼓励和支持下，可以通过法务活动、文化巡演、合作研讨、书画交流等形式，不断树立佛教文化品牌，让世界人民了解完整的、全面的、真正的中国佛教文化。

三、政策跟进、拓宽思路。我们还可以在政策上做一些改进，给佛教民间外交开一些“口子”，或给予特例处理，可否按全国重点寺院所属的地理位置，有针对性地与其周边国家进行外事交流，如佛教是东南亚地区的共同信仰，广东海南可在“形成亚洲命运共同体和实现亚洲共同发展”上有所作为；可否让僧侣出国手续简化些；可否在中国办一所世界性的佛教大学。

四、联动丝绸之路、创新交流平台。要积极发挥佛教在“丝绸之路经济带”建设中“民心相通”的现代价值。大力挖掘丝绸之路上的佛教遗迹，整理丝绸之路上的佛教精神资源，开展丝绸之路上的宗教传播与融合，举行跨宗教之间的对话，让中国风格寺院在丝绸之路平地而起，让神圣殿堂鲜明地展示中国传统文化。

五、内强素质、外树形象。人能弘道，非道弘人，要开展交流需要一批优秀的僧人。佛教界要大力培养信仰坚定、有佛学造诣、精通外语的僧才，特别需要努力推动英语语系和西班牙语系佛教人才的培养。

“人成即佛成”，只有人格、僧格、国格三位一体时，才能让人高山仰止，心行相应，达成自立立世的美好愿景，推动中国佛教走向世界。

鉴真精神传千古，中日友谊万世存

鉴真大师与我所主持的海南南山寺、广州光孝寺都有很深的因缘。鉴真大师第五次东渡时遇飓风，漂泊到海南岛三亚市南山居住，养息身体，弘传佛法。居住一年后在回扬州的路上，也曾驻锡广州光孝寺和广东庆云寺，设坛传戒。今天，我能够和大家在这里共同弘扬鉴真大师的精神和学习鉴真大师的崇高品德，感到无比荣幸！鉴真大师，生在中国、长在中国、出家学习也在中国，但他把一生所学、所修、所证都毫无保留地奉献给了日本人民，他不仅是中日两国佛教界无比尊崇的高僧大德，也是两国人民永远难以忘怀的中日文化传播与友谊的先驱者。

鉴真大师自幼聪颖过人、慧根宿具，少年时期就自愿发心出家，随后在中国各地遍参大德高僧，勤学苦修。由于他严持戒律，学业精进，年仅二十五岁就已经是学通三藏、精通五明、德望高超的大师。中年时代的鉴真大师，一方面弘扬戒律、培养僧才、修建寺院，一方面积极服务社会、利益人民，广泛地从事社会慈善活动，开悲田院布施贫民，施医赠药救治病人。这段时期适逢盛唐文化的顶峰阶段，鉴真大师通过长期与社会大众和各界人士接触，使他掌握了盛唐许多的优秀文化和技术成就，积累了许多实际经验，也以他的道德为感召，团结了一大批具有高深造诣的技术人才，为后来东渡日本传播盛唐文化和优良技术打下了坚实的基础。

公元 742 年，日本僧人荣睿和普照礼请大师东渡日本弘传律法。他听闻邀请之后，想到南岳慧思禅师转世为日本王子大兴佛法的传说，以及日本长屋王曾造千领袈裟供养中国大德僧众，其袈裟边沿上绣着："山川异域，风月同天。寄诸佛子，共结来缘"十六大字。大师认为中国佛教与日本佛教很早就结下了深厚的善缘，于是他欣然应邀，并与荣睿、普照及众多弟子一起拉开了六次东渡的悲壮序幕。

鉴真大师率领弟子和各类技术人才在公元 743-748 年间先后五次东渡，均以失败而告终，牺牲了三十六人。特别是第五次渡海失败，对鉴真大师打击更为巨大，不但日本高僧荣睿大师病逝在中国广东肇庆，连他的爱徒祥彦也不幸去世，自己也因积劳成疾双目失明，然而他东渡的弘法戒律誓愿丝毫没有改变。正因如此，当公元 753 年（天宝十二年）十月，日本遣唐使藤原清河等在回国前，再次代表日本迎请鉴真大师去日本传律授法时，此时的鉴真大师已年届六十六岁高龄，且疾病缠身，在这十分艰难的情况下他仍慨然应允随使团东渡日本。由于大师的不懈努力与执著追求，感召十方，公元 753 年十二月二十六日成功地抵达了日本九州太宰府，实现了他的人生夙愿。到日本后，他立即在奈良东大寺建立戒坛，教授戒法。后来又创建专门弘传戒律的唐招提寺，以正规羯磨法长期为日本僧人授戒，成为日本律宗始祖。除了律法典籍之外，鉴真大师还带去了中国天台宗的根本著述，在唐招提寺经常讲天台三大部，从现实来说，大师也是日本天台宗开先河者。

鉴真大师东渡日本携带了佛经、佛像、舍利、佛具、书画等，同行弟子中有擅长雕塑、绘画、建筑、书法等高等技术人才。由此可见，大师是有组织、有准备、有计划地把中国盛唐高度发达的文化和技术传播到日本。可以说，大师与弟子们共同创建的以唐招提寺为中心的盛唐文化宝库，对日本奈良时期光辉灿烂的天平文化起到了巨大的推动作用，对中日两国人民的友好关系和文化交流做出了巨大贡献。他是当之无愧的优秀民间外交家，是中日友好的使者。

鉴真大师将日本看作是他弘法利生的第二个故乡，不遗余力地从事佛法传播、文化交流工作，直至公元 763 年五月六日圆寂于唐招提寺，圆满完成了他一生的丰功伟业，这是多么伟大的壮举啊！回顾鉴真大师为中日文化交流和中日友谊所做出的杰出贡献以及他一生为法忘躯的感人事迹，使我们感到无比骄傲和自豪。鉴真大师是中日友谊的象征，他那种坚忍不拔的毅力和百折不挠为法为教的大无畏奉献精神，是两国佛教界乃至两国人民的共同财富。因此，中日两国佛教界只有维护好两国的传统友谊，才是真正发扬光大鉴真大师的精神，才是对大师的最好怀念与崇敬。

和平与发展是当今世界的主流，和平、友好更是中日两国人民的共同愿望，佛教是利国利民、爱好和平的宗教。新中国成立后，日本佛教界与中国佛教界一起，为发展中日友好关系做出了巨大贡献，这是世人共睹的。承前启后，继往开来，这是我们共同肩负的历史使命。我们期盼在今后的日子里，能够与日本佛教界的朋友们坚定地并肩携手，加强两国佛教界的友好交流，让鉴真大师的精神永远传扬，为稳定中日两国友好关系而继续努力，为促进中日友好持续发展，为亚洲、世界和平做更多积极的贡献。

此时此刻，心情难以平静，谨以一偈来表达我的真心：

一衣带水两邦情，佛缘深厚一脉承；
鉴真精神传千古，中日友谊万世存！

中泰佛教法谊情深，共同促进社会和谐

承蒙贵大学厚爱，授予我名誉博士学位，我倍感荣幸。特别是代理僧王座下，百忙中慈驾向我颁发名誉博士学位证书，深感无上荣光。我知道这不仅是给我个人的荣誉，更体现了泰国人民和泰国佛教界对中国人民和中国佛教界的友好深情。借此机会，我谨代表中国佛教协会并以我个人的名义，对摩诃朱拉隆功大学授予我名誉博士学位，表示衷心的感谢。

摩诃朱拉隆功大学历史悠久，是国际上著名的学府。自贵国拉玛五世国王 1887 年创建以来，一直受到贵国王室的护佑和王国政府的支持，为续佛慧命、昌明佛学培养出了一批批弘法利生的法门龙象和顶尖的佛教人才，在世界各地佛教界产生良好的影响和崇高的赞誉。

近年来，贵大学积极推进国际佛教联谊活动，举办了“南北传佛教对话”“国际佛教大会”和联合国“卫塞节”等一系列影响深远的重大活动，为增进世界各国佛教徒间的法谊，为弘扬佛教慈悲济世的精神，促进世界人类的和谐、维护世界和平发挥了重要作用。

中国佛教协会与贵大学一直保持着友好合作。全国各地也派来学僧到贵大学深造学习。达磨孔莎瞻校长去年应邀到中国各地巡回演讲，受到中国佛教徒和广大民众的热烈欢迎。特别是贵院连续三次来华参加“世界佛教论坛”，为论坛的圆满成功增添光彩。我本人也多次到贵大学参访，每次都感觉收获不少。此次受传印会长委托率中国佛教代表团参加“联合国卫塞节”第九届国际佛教大会与第二届“佛教大学国际协会”大会，受到贵国和贵大学的热烈欢迎和盛情款待，终生难忘。尤其是贵校授予我名誉博士的荣誉，这是对我的无尽鼓励和鞭策，受用无量，我将珍惜这难得的因缘，努力为中泰两国佛教的友好交往，两国人民的世代友好，为摩诃朱拉隆功佛教大学的进步与发展，做出自己应有的贡献。

愿中泰两国佛教法门同道，一如既往，同心协力，为促进社会和谐，维护世界和平做出新的更大贡献。

最后祝摩诃朱拉隆功佛教大学事业日益发展！

祝愿各位大德长老、法师法体轻安、六时吉祥！

佛陀的觉悟，人类的福祉

“卫塞节”是纪念佛陀诞生、成道、涅槃的殊胜佛日。1999年12月，联合国将“卫塞节”正式确定为联合国日，并倡议每年举行全球性庆祝活动，以显示佛陀自觉、觉他、觉行圆满之智慧光辉照耀全球，并借以发扬佛陀慈悲平等之教义，倡导世界和平。自2004年首届“联合国卫塞节”国际佛教大会在曼谷隆重举行以来，经过泰国政府与摩诃朱拉隆功大学的不懈努力与辛勤付出，一年一度的“联合国卫塞节”庆祝活动已成功举办八届。近十年来，我们欣喜地看到，“联合国卫塞节”国际佛教大会为联结世界佛教徒与世界各国各地区人民，在维护世界和平、促进可持续发展、建设公正民主的文明社会以及解决全球危机等重大问题上，发挥了积极而重要的作用，成果斐然，深表赞叹。在此，我们也期待“联合国卫塞节”这一重要的国际佛教交流平台为世界佛教的发展，做出新的更大的贡献。

十分欣慰地告诉大家，在中国，藏语系、巴利语系佛教徒亦以每年五月月圆日为佛陀诞生、成道、涅槃纪念日。为了增进佛教徒之间的法谊，中国佛教协会已故赵朴初会长大力倡议，中国佛教界将每年五月月圆日的卫塞节定为佛吉祥日，要求中国三大语系佛教各寺庙均于此日举行佛吉祥日法会，与世界各国佛教徒共同庆祝。自2004年开始，中国佛教协会每年都派佛教代表团出席在泰国举行的“联合国卫塞节”庆祝活动，与各国佛教徒一道，感念佛陀的恩德，追寻佛陀的足迹，共同继承、发展并弘扬“联合国卫塞节”所体现的佛教慈悲与智慧的精神，努力将佛陀的法音传播到整个世界。

承藉今年的卫塞节庆典，我们将时空回返至二千六百年前，悉达多太子在菩提树下悟道，亲证生命的圆满自在与法界的妙乐，伟大的佛陀言传身教，不仅授予弟子出世的教诲，也告诫弟子以慈悲来饶益世间。可见，佛陀的觉悟不仅为法界众生，人类社会建立福祉，他更是维护世界和平的先行者，因此佛陀觉悟的智慧仍然可以维系今日世界的和平与安详。当今世界，随着科技的迅猛发展，人类物质生活水平不断提高，但也同样面临着战争和恐怖主义、贫富加剧、环境和能源危机、人际关系紧张等诸多问题的威胁。作为现代的佛教徒和佛教团体，更应当肩负起弘法利生的崇高使命，秉承着佛陀大慈大悲、无我利他的教诲，积极关注各种社会现实问题，要知道，佛陀是世界的，世界更需要佛教，让我们以联合国卫塞节为契机，携手并肩共同努力，为实现全人类的福祉与安和做出应有的贡献。

海上丝绸之路是宗教文化传播交流的黄金纽带

丝绸之路在人类文明历史长河中发挥着重要而特殊的作用，丝绸之路不仅是世界最长的经济走廊、文化长廊，更是一条宗教文化传播交流的黄金纽带。众所周知，佛教就是通过古丝路黄金通道的传递而成为世界三大宗教的。岭南佛教文化源远流长，岭南交广道地区在佛教的海路传播中发挥了举足轻重的作用。而广东佛教特别是禅宗的创立、进步与发展和海上丝绸之路息息相关，密不可分。广东佛教的特质体现出浓厚的海派精神与南宗风范，广东佛教堪称中国海洋佛教的代表。历史上的达摩来华、真谛译经、鉴真东渡、义净寄归，无不是在岭南完成或从岭南出发；昙摩耶舍、求那跋陀罗、智药三藏、不空三藏、般剌密谛、法显……西竺梵僧，蹈海而至；东国行者，踏波远航；东来西去，梵音远扬，人文交流互鉴，一个个名字在中国佛教文化交流史上闪耀着光辉，一部部佛经在他们的辛勤耕耘中翻译传播而成为中国佛教开宗立派的根本经典。佛法在丝路中传播，思想在丝路中碰撞，文化在丝路中融汇，友谊在丝路中延续。在“引进来”与“走出去”的对外交流中将各国人民紧密联系在一起，让各种文化、各国文明与信仰交流互鉴。可见，古丝路交往中所彰显的利益、命运、责任以及信仰情操的共同体价值，在人类跨进二十一世纪的今天依然不可或缺，甚至比以往任何时候更加迫切需要。

当前，我们的国家高瞻远瞩、高屋建瓴地站在建设人类命运共同体的宏大愿景高度上，提出“一带一路”的战略构思与建设，为古丝绸之路注入新的生机，创新了沿线国家的合作模式与发展空间，促进世界和平发展。与此同时，也为佛教界提供难得的机遇。而发挥佛教在社会文化交流与对外友好往来中的积极作用，大力服务“一带一路”的建设，这是中国佛教界当今必须肩负的重要使命。今天，我们举办中国佛教与海上丝绸之路系列活动，举办研讨会、摄影展、书画展，旨在展现岭南佛教、中国佛教的文化魅力，积极回应“文化建设中的佛教担当”；同时搭建好平台，促进与各国的人文交流和民心互通，促进亚洲的稳定与世界和平。

很高兴，有那么多的朋友来跟我们一起努力，一起推动这项盛事。相信承载虔诚取经者与传法者梦想的古丝路，通过当今佛教界的互往交流，一定能充满活力再现辉煌，获得持久的精神动力。祈望佛教信徒能在合作共赢中全力构建和平世界，为“一带一路”的建设和沿线各国人民带来更多的福祉，为实现人类命运共同体的大愿景作出更多的努力和贡献。

海峡两岸佛教同根同祖，共推中国佛教繁荣发展①

（2007年10月8日）

一、和合共生之基础

海峡两岸暨港澳佛教同根同祖，同宗同源，一脉相承两岸同胞血浓于水的亲情为两岸佛教的友好交流奠定了深厚的基础。我们都是炎黄子孙，同文同种，血脉相连；我们都是佛陀的弟子，同根同源，法乳一脉。从二十世纪八十年代开始，海峡两岸暨港澳佛教界就怀着深厚的亲缘、法缘、血缘情意，开展了相互间密切的法务交流和文化活动，充分展现了海峡两岸暨港澳佛教界的骨肉亲情。今天，海峡两岸暨港澳佛教界在此共同举行庆祝香港回归十周年大典，充分说明了这种法乳一脉的深厚基础。

二、交流合作之宗旨

佛法虽有八万四千法门，但法法平等，无有高下，其关键在于因机施教、对机说法；佛教的传播虽有三大语系，但佛教的流布早已超越种族、国家、语言、文化，成为当今普世伦理可资借鉴之源头活水。我们海峡两岸暨港澳的弘法，虽是地区差异，人群有别，但我们面对的众生的烦恼却是一样的，所要思索的社会问题也是相同的。当今世界，人欲横流，心浮气躁，众生为贪欲所牵，不断引发种种矛盾与冲突，有人与人的摩擦、人与自然的矛盾、人与自心的冲突。所谓“百年三万六千日，不在愁中即病中”。面对众生的苦恼境界，我们佛教能够为这个社会做点什么呢？我想，我们海峡两岸暨港澳佛教界的共同心愿，就是用佛教的慈悲、智慧、和合的理念和依正不二的思想，观照当今世界的和平事业，观照众生与自然的相互增上关系，为转变众生贪欲所感的业力，使世界成为祥和的精神家园而发大愿力，行大善事，做大功德。

---

① 在“海峡两岸暨港澳佛教弘展研讨大会”上的主题发言。

三、交流途径和渠道

近年来，海峡两岸暨港澳佛教大德长老和广大信徒，随顺殊胜的法缘、亲缘和血缘开展的一系列交流与合作，应该说已是春华秋实，硕果累累。我们如何在过去成功交流合作的基础上，共同探索更多、更有效的途径和渠道，进一步加强我们之间的交流与合作，可能是今后的日子里，我们应该共同关注与思索的一个焦点。比如去年首届“世界佛教论坛”的成功举办，就为我们的合作开拓了广阔的空间，提供了可供借鉴的模式。

首先，我们从文化入手来促进佛法的人间化。高扬“人间佛教”的旗帜，使佛教服务社会，奉献人群，真正起到化世导俗、净化人心的作用。文化是建立佛法与世间的一座沟通的桥梁，文化是维系正法普及的纽带，要让更多的人来感受佛法的滋润，我们就要在文化上有所建树与创意。如用佛教传统建筑、绘画、雕塑、音乐的巡回展览来加强海峡两岸暨港澳的文化认同感，激发民族自豪感。这几年佛教音乐在海峡两岸暨港澳以及华人世界的巡演，对加强中华民族的凝聚力、增加民族自信心就有巨大的作用。

其次，从教育合作来提高僧团素质。建立一支道心坚固、摄受力强的僧众队伍，是绍隆佛种、续佛慧命的根本。海峡两岸暨港澳佛教的发展因种种因缘而呈现出多元化的趋势，如何取长补短，培养一批荷担如来家业的僧才是海峡两岸暨港澳佛教界共同关注的关乎佛教前途命运的大事。清净苦修、严持净戒的大陆（内地）佛教一直以来受到各地佛教徒的赞叹；而台湾、香港及澳门的僧团受教育程度相对较高。如何进行佛教人才培养的合作计划，可以作为一个重要的话题；学院丛林化，学修一体化如何体现；海峡两岸暨港澳间僧众的互相参学与共修就提供更多的合作空间。如近几年来香港僧伽学院与内地佛教界合作培养僧才就是一种可喜的尝试。

第三，以慈善事业来展现佛法的慈悲本怀。当代佛教的主旋律是建设人间佛教，回馈社会，服务人群，报恩众生。那么海峡两岸暨港澳以慈善来推动中国佛教整体事业的健康发展将是一个有益的选择，也是在当前现实生活中促进佛教与社会的良性互动的一个积极尝试。近年来，海峡两岸暨港澳佛教团体间所开展的慈善事业已成为中国慈善事业中不可缺少的一部分。2003 年，在厦门南普陀寺举行“海峡两岸暨港澳佛教界为降伏‘非典’国泰民安世界和平祈福大法”功德圆满。2005 年元旦，海峡两岸暨港澳佛教界共同为印度洋遭受海啸灾害的国家和地区捐献善款，举世瞩目。在大陆（内地）一些地方遭到特大水灾的时候，台湾、香港和澳门佛教界许多大德纷纷伸出援助之手，通过各种渠道捐助救灾。这些活动，把佛陀的慈悲之光遍布人间，把佛教弘法利生、慈悲济世的事业紧紧地联系在一起。

我祈愿，海峡两岸暨港澳佛教界的佛弟子，为共同推动中国佛教事业的健康发展献大智慧，放大光明，做大贡献。

让慈善成为我们的习惯

落实复明慈善活动，服务构建和谐社会

（2007 年 7 月 14 日）

为落实党中央关于发挥宗教界的积极作用为构建和谐社会服务的精神，在省民族宗教事务委员会领导的关怀下，新年以来，全省举行了“传承禅宗优秀文化，共建和谐美好社会”为宗旨的“一十百千万行动”。今天就是落实“行动”中扶助万名弱势群体的实际举措。

这次慈善活动，我们得到做好事不留姓名的善心居士以及光孝寺菩提诗书画院书画家捐赠的菩提慈善复明款共计一百六十万元人民币，在省民族宗教事务委员会的支持下，联系到广东省残疾人联合会从今年 7 月开始，为广东十五个地区一千六百名无经济能力支付白内障摘除手术费用的特困患者免费施行复明手续，使患者重见光明、祛除病苦、恢复健康。我这里要向大家隆重介绍的是广东省慈善基金会顾问陈绍常先生，他去年就一人独资帮助医好省内一千名无经济能力的白内障患者，今年，他又发心为一百名无经济治疗的心脏病患者作心脏搭桥手术。他说，他要像千手千眼观音菩萨一样，以最大的努力为贫困病患者离苦得乐，这可谓功德无量，陈先生无愧为一位恳诚的佛弟子，我们这次复明行动也是受陈先生启示的。当然，我们整个行动得以顺利开展除省民族宗教事务委员会、省残疾人联合会的高度重视，也得社会各界热心人士的帮助，特别是得到在座的书画家和专家学者为我们热心筹集资金。目前各地残疾人联合会正对贫困的白内障患者进行筛查和初检，复明扶贫慈善行动在有序进行。

省民族宗教事务委员会陈绿平主任一到任就来省佛教协会视察指导，我记得在他的讲话中指示我们佛教人士要多做善人、善事。我认为这是对全省佛教徒的基本要求，也是我们学佛者的责任所在。佛教徒的使命是弘法利生，而弘法的目的在于利生，大乘佛教的根本教义就是“庄

严国土，利乐有情”，所谓“庄严国土”就是要建设好我们的国家，“利乐有情”就是要使全国各族人民过着美满幸福的生活。可见一个真正学佛的佛教徒是一个持戒修行、遵纪守法、爱岗敬业的善人，是一个无私无我、从善如流、知恩回报、感恩奉献的善事恒持者。我们也深知，这次复明行动我们救助的只有一千六百名患者，而对全省有二十多万白内障患者来说，我们的帮助是多么的微不足道，杯水车薪。因此，我希望全省佛教界都积极行动起来，加进这一慈善行列，也希望各位善心人士、各位书画家、各位信众继续关心支持佛教界的慈善事业，多为弱势群体、为和谐社会做贡献。

慈善是人类的优良传统

（2012年9月11日）

慈善是人类的优良传统，也是人性爱心的生动体现。公益慈善事业的逐步开展，也说明了我们人类文明的不断进步，伴随着人类社会文明进步的传统宗教，更是对慈善事业做出了不可磨灭的贡献。慈善在各个宗教的教义理念上，都有具体的体现。比如说佛教的弘法利生，庄严国土，利乐有情；道教提倡行善积德，以达到长生久视；伊斯兰教主张“敬主爱人”，天主教和基督教主张爱心与怜悯是神的本性，他们所有的宗教都是以鼓励和要求所有的教徒要积极加入公益慈善的行列，并以此作为实践各个宗教的教理、教规、教义的重要途径。

改革开放以来，在省委统战部和省民族宗教事务委员会的大力支持和帮助下，我们全省佛教界在安老、助学、赈灾、救困、扶贫、解难，以及心灵慰藉和生态环境的保护，医疗卫生等各方面都做出了很多的努力。特别是近十年来，我们对民族地区的文化、经济的发展，更有一份深深的感情。十年来，全省宗教界为民族地区的文化教育事业捐献有二千万元左右，其中2008年，道教与佛教实行了“百观扶百家，百寺扶千户”的慈善行动，我们光孝寺以及全省的宗教界都落实为民族地区援建养蚕房、水电站等种种设施，目的就是为了让我们的民族地区能够早一点脱贫奔康。

今年“宗教慈善周”的贯彻落实，我们全省宗教界都制定了相应的活动方案，我们佛教界除了做好心灵慰藉和扶贫救困外，今天我们援建383万元，为散居少数民族添一点福利，为慈善周的开启添一点光彩。

宗教界的慈善活动，是我们的优良传统。帮助民族地区脱贫奔康，走上富有的道路，是我们包括宗教界在内的全国各族人民共同肩负的责任。让我们以宗教慈善周为契机，团结海内外宗教徒，发挥我们的特点和优势，为民族地区的奔康致富，为我们广东的经济社会建设，和谐社会建设，幸福广东的建设，践行新时期广东精神的实际行动。

缘苦救苦，佛法对自然灾害下的心灵救助

自然灾害不仅威胁着人们的生命，而且由灾难造成的心理压力或创伤会在灾害受难者心中留下长久的影响。世界卫生组织的调查显示，自然灾害之后，约30%-50%的人会出现中至重度的心理失调，需要心理救助；20%的人可能出现严重心理疾病，需要长期的心理干预。作为以“庄严国土、利乐有情”为己任的佛弟子，一方面要尽所能在物质上提供极大程度的给予，以缓解生存之急需；还要在精神生活上，引导受灾民众重建精神家园。从佛法的角度，通过智慧解读灾难、正念建立信心、慈悲利济万物三个方面，建立受灾民众的正确人生观，从而过上欢喜、踏实、幸福的生活。这才是佛教真正而又具有人文关怀的切实救助，更是我们各国佛教徒所应肩负的弘法利生的崇高使命！

一、智慧解读灾难

自然灾害造成的伤害常常是毁灭性的。面对自然灾害所带来的生命财产的严重破坏，由于人们对灾难产生原因的茫然，又无法以平常心接受灾难，绝大多数人都抱怨灾难为什么降临到自己的头上，随之憎恨的心情也与之剧增。实言之，灾难既是现实的客观存在，也有众生共业所致，并不因某个人可以改变。佛法认为一切都是无常，佛陀在《八大人觉经》中开示道：“世间无常，国土危脆，四大皆空，五阴无我。”《梵网经》中说：“人命无常，过于山水，壮色不停，犹如奔马。”我们能理解世间一切都是苦空无常，也就认识到苦是事实，苦之无常也是事实。如何从“苦”中获得解脱是佛陀创立佛教的本怀，因此离苦得乐、了生脱死是佛教的核心问题。佛教直面人生苦难，以缘起法则揭示苦难真相和根源，其分析细致入微，思辨合理，令人信服，如佛教常言的“八苦”，包含了心理、生理、自然和社会等诸多层面的苦难。佛教对“苦”的揭示以及理想之境的描述、解脱之道的施设共同构成了一套独特的解释系统和修证体系，这套解释系统创设了一个意义世界，为人们心灵的安顿提供了精神家园。

佛法除了开示世间皆是苦，苦所集。重要的是告诉正在的承受者，苦可灭，灭有道，面对苦难有办法，更有信心。正因为世间是无常，我们才可以通过自己的努力来改变人生轨迹，才能由功利的层面向功德的维度伸展，由苦我的现实向无我的境界进取。人生的意义由此升华为在佛法真理的指导下，过好物质的、伦理的、精神的生活。面对这个物质世界大到器世间的成、住、坏、空，有情生命的生老病死，乃至微细念头的生住异灭，瞬息迁变，沧海桑田。智者观之如月圆月缺，没有主宰，更没有什么特别。受灾民众若能善于观察无常、体验无常，同时运用《金刚经》的“应无所住，而生其心”的智慧来因应，加上时空因素的转移，噩运就会离开，鸿运就会来临。如此用苦空无常的智慧解读灾难，我们必定能化逆境为顺意，转受灾因缘成为重建家园的信心和动力。

二、正念建立信心

佛法又称心法，佛称大医王，专以治疗众生心病为己任。佛教的修行体系富含丰富心灵救助的思想因素，从发心、三皈依到三十七道品、戒定慧三学，大乘菩萨行六度、密法瑜伽等，都是为治理自心而设计，都可以看作修炼身心及心理治疗的技术，或曰“心理卫生技术”“精神保健”。所以，中国哲学家熊十力则称佛家之学为“心理主义”。受灾民众可以用佛法的真理保护和滋润自己的心灵，消除内心怖畏、恐惧、焦虑、紧张等不良情绪，缓解压力、安顿心灵、和谐身心，减缓灾难带来的压力。例如，佛教的礼佛、诵经、祈祷等修持方法，可以使人将长久积郁于心，即刻就要爆发的怒火、怨气以及其他激烈的情绪和感情，以平安的方式发散出去，起到净化心灵的巨大作用；佛教的安忍观，可以磨炼自心，在任何情况下都平静不动摇，临危不惧，临乱不慌，临难不惊，遇谤不怒，赞誉不喜，胜而不骄，败而不挫，难忍能忍，有如磐石，风吹不动，雨打不入，具包容一切、承受一切的海量；佛教的放下观，可以使人舍弃心中盘踞、黏着的贪婪，愤怒，嫉恨等烦恼及忧愁，焦虑，散乱等不良情绪，舍弃因过度而变得有害的激动、狂喜，变为慈悲，舍弃贪惜吝啬，斩断不应有的情丝等，使心宽松、平静；佛教的精进观，可以使人有坚忍不拔，持久不懈，百折不回的意志力、毅力、耐力，是人心本具自性的正能量，可以开发、锻炼、增长；佛教的禅修，可以让社会大众的心灵有禅悟启迪，让生命能回归到喜悦和快乐，回归到原点的微笑与安详，共同享受幸福充实的人生。

更重要的是，佛教可以提供给人们强大的精神信仰。佛教信仰是人生的终极理想，人安身立命之大本，乃一切精神力量包括自治其心的精神力量之源泉。佛教教导人们在了解佛教的内容和特质以及明白佛陀人格的伟大和佛法的真理性基础上，经过深入理解、思考、比较、抉择，自觉皈依佛法僧三宝。这种觉（佛）、正（法）、净（僧）的正皈依，能予人坚强的精神支柱，能开发人的心智，使人在茫茫宇宙、滔滔人海中找到可靠的归宿，心灵得以安顿，成为人生旅途不可或缺的指南针和方向盘。也就是说，修学三皈依，人生就能在佛法真理的指导下，如实认识自心、净化自心，完善人格，升华品德、服务人群、奉献社会，甚至能获得现前、后世、究竟的安乐。这种信仰的力量具有提高人们精神境界、治疗心理疾病的巨大作用，更能使受灾民众心存正念，树立正确的人生观，对生活充满信心。

三、慈悲利济万物

如是因，感如是缘，招如是果。汉代历史上，中国的楼兰是个水草丰美、经济繁荣的文明之邦，也是丝绸之路上商贾云集的一颗璀璨明珠，但是随着塔里木河上中游人口的增多，区域开发活动的加强，楼兰人赖以生存的塔里木河水量急剧减少，甚至经常出现断流，结果导致楼兰地区的生态环境不断恶化，最终被沙漠所吞噬而亡国。从佛法缘起角度来说，这个世界上每一件好事都与我们有关，每一件坏事也都与我们有关，世间万事万物都与我们人类息息相关，灾难的产生既是自然规律使然，也是人类共业所感。通过佛法智慧解读灾难，皈依自己觉正净内在的自性，奉行三法印而建立正念的生活信心，最后以慈悲为落脚点，如此才有现实与佛法的双重意义。佛法教导我们只有通过慈悲的落实，才能建立一种息息相通、相互作用、互利共生的人与自然的友好关系，从根本上减少自然灾害的发生及其对人们心灵的伤害。佛法认为受灾者与救灾者，都要有慈悲心的长养，才能化解心中的种种障碍，与天地和谐，共生共存。善待国土，规范自己，减少恶缘，既是对国土的尊重，更是对自己的慈悲。

尊重自然，心存敬畏。缘苦救苦，智慧慈悲。人心净化了，社会才能净化，国土才能净化。只要人的心灵不被污染，我们的世界便有明日的希望。承佛使命，每个国家的佛弟子都应尽己所能，去感受受灾民众的痛苦，去化解他们的痛苦；并教导世人珍惜、保养、培植我们的一念善心，生起利益社会大众的慈悲心，转化共业，远离灾难！

当代中国的佛教慈善

“宗教是慈善之母”，慈善是佛教的本质属性和要求，是佛教徒的内在价值理念和取向。释迦牟尼佛设立佛教的本怀是为了利益众生，帮助众生脱离苦恼。对佛教徒来说，弘法的目的在于利生，一切修行的目的也在于利生，给众生幸福是每个佛教徒的使命。慈悲观是佛教教义的核心，佛教提倡“无缘大慈，同体大悲”“大慈与一切众生乐，大悲拔一切众生苦”，正缘于此，中国佛教慈善理念特别丰富。

中国佛教的慈善实践，可以说伴随着每个历史阶段。南北朝时期，佛教就有了世界上最古老的慈善基金会——无尽藏，专门用以救济贫穷。这种慈善性质的金融机构，到了隋唐时期的三阶教，规模空前，影响深远。而在宋代又称为“长生库”，在元代为“解典库”，流传到日本叫“无尽会社”。世界上最早、规模最大的慈善机构——悲田院，也是因佛教而有。梁武帝普通二年设“孤独园”，令“孤独有归”。北齐文宣帝时，北天竺的那连提黎耶舍法师在汲郡的西山建立三寺，收容疠疾患者。这些留寺医疗的方式，被认为是近代医院之滥觞，也是我国创始传染病专科医院之最早记载。除此，慈善事业还有扩大到生态环境的保护，公共设施的建设，兴办义学、建立公共图书馆等等。

及至近现代，中国佛教在赈灾、战后清理、养老、助学、心灵关怀等各个方面孜孜不倦，为社会、民众增强信心、克服困难起到不可替代的作用，同时也使佛教慈善形象深入人心，赢得了极大的道德感召力和社会公信度。1994 年我国第一家佛教慈善机构——厦门南普陀寺慈善事业基金会成立，特别是第八届全国佛教代表大会专门成立了“慈善公益专业委员会”，将佛教慈善事业纳入发展中国佛教事业的核心范畴，标志着现代佛教慈善事业的兴起。

自 1994 年至 2012 年底，在民政部门正式登记注册的各级佛教慈善团体有七十余家。2012 年国家宗教局联合六部委共同下发《关于鼓励和规范宗教界从事公益慈善活动的意见》，我国宗教界迎来了慈善公益事业的春天。据不完全统计，自 2007 年至 2012 年底，全国佛教界投入公益慈善事业的资金和实物，折合人民币 18.6 亿元，涉及赈灾助困、兴教助学、医疗服务、老年关怀、孤儿抚养、残疾互助、护生环保、心灵环保等多个领域，呈现出现代慈善的新颖理念、完善体制、专业运作、佛教特色，并积累了丰富的公益慈善经验。当代佛教慈善按项目可为六类：

慈善赈灾。中国佛教界在地震、台风、洪水、海啸、火灾、车祸等天灾人祸方面，积极组织及时救助和灾后救援工作。尤其在洪水、非典、地震等特大自然灾害面前，不仅号召倡议救助，而且发动全国佛教界捐款捐物，使灾难破坏程度尽可能减小，大大缓解政府和社会的压力。

慈善助学。佛教界格外倾注助学、助教的精力。如世俗教育中，湖北黄石东方山弘化禅寺发起成立“慈云助学服务中心”，重庆市“佛教希望工程编委会”，上海“觉群慈善专项基金”等等，在捐建希望小学，资助失学儿童，设立助学助教基金，资助特教方面积极投入人力物力和财力。

慈善扶贫。对贫困山区的弱势群体、公共设施和社区服务以及贫困个人进行帮扶，扶持和改善其生产生活、健康条件并提高其素质和能力，实现脱贫致富，持续发展。如重庆市佛协的“母亲工程”，兰州报恩寺的“甘露工程”，广东省佛教协会的“百寺扶千户”等活动，受到帮扶对象和社会各界的一致认可。

慈善医疗。秉承诸佛菩萨“不忍众生苦，不忍命将终”的慈悲情怀，中国佛教界一方面应缘施医施药，另一方面建设慈善医疗机构，常驻常施。以广东省佛教协会为例，全省现已有十一家佛教慈善中医诊所，惠及特困群众。云南西双版纳的“佛光之家”协助政府宣传防艾滋病，关怀患者。此外慈善义诊进入社区，方便民众，为社会稳定、人心安宁做出了贡献。

慈善养老。据第六次全国人口普查数据显示，我国六十岁以上老年人口占总数的 13．26%，并以每年 3% 的速度增长。现阶段养老服务体系不健全，养老机构严重不足，远远满足不了现实需要。中国佛教界忧政府之所忧，急社会之所急，有条件的各寺、佛教组织在全国范围内纷纷成立佛教养老院，仅江苏省就有二十多家佛教养老院。佛教的养老院有其特有的安老养老方式和临终关怀内容，使其生也安乐，终亦庄严。

慈善环保。时至今日，人类赖以生存的自然环境受到有史以来最为严重的破坏，由此背负的代价也日益沉重。佛教教义中有“依正不二”“依报随着正报转”的教义，在生态环保、心灵环保方面积极开展环保理念的推广和实践。如广东省佛教协会与广东省海洋与渔业局每年六月六日联合举行“放生日”活动，广州大佛寺垃圾分类影响一个城市的环保意识。提倡护生放生，节约惜福，推行素食环保，提高低碳效力，资源回收等等。特别关注“心灵环保”的慈善领域，设立心理咨询室、开展“菩提树下的对话”、开设佛学讲习班、禅修夏令营、佛教文化节、临终关怀等心灵环保活动。通过心灵的净化和富足，从而使人与人、人与自然、人与社会更和谐。

总而言之，佛教界通过大力宣传佛教慈悲精神，培育社会大众的慈悲价值观，提高慈善管理思想和理念，完善组织的管理制度，弘扬佛教爱他利他精神，赢得了新时代的青睐，在世界文明中起到应有的作用。

佛教慈善虽然取得了可喜的成绩，但也存在着一些问题，如资源未有效整合，组织之间沟通合作不足，内外协作力较弱，组织发展程度参差不齐，慈善平台不够广泛，做慈善的随意性较大，缺乏系统性，措施方法常态化，相互间仿效性强，缺乏创新，人才仍然紧缺，相关法律法规不够健全等，使得佛教慈善的能量未能得到有效发挥，未能起到更大的作用。与港澳台和国外的慈善事业相比，也存在着很大差距。

毋庸置疑，佛教慈善还有很长的路要走，还有很多需要完善和改进的地方。借此机会提出一些浅见与大家分享。首先，要弘扬佛教慈善理念，将人间佛教思想与佛教慈善融为一体，使佛教慈善文化深入人心，适时开展全国性乃至全世界佛教组织的交流学习，择善而从，共同发展。其次，要建立佛教慈善专业队伍，初步形成多元化的志愿服务体系，在慈善领域广泛利用信息技术，将佛教慈善组织建设成为中国慈善事业的中坚力量。再次，要彰显佛教慈善的特色，将善心与智慧相结合，将物质需求与精神追求统一，把追求人的境界的提升，人的整体素质的提高以及人性的全面发展当作最大的公益。将“爱心传递”和“授人以渔”作为佛教慈善永恒的主题。同时，要争取国家和社会的大力支持，依照相关法律法规鼓励和规范佛教界从事公益慈善活动，打造中国高效、公信、可参与的佛教公益渠道和公益平台。最后，要凝聚佛教慈善力量，形成人人慈善的氛围，推动佛教慈善公益事业更好利益众生，彰显出佛教的社会价值。

只要我们广大佛教徒坚持秉承“立足世间修菩萨行，奉献社会成菩提果”的大无畏菩萨精神，在社会各界的共同努力下，佛教的慈善事业一定能够取得更大的成就，让菩萨慈悲喜舍的甘露遍洒这个娑婆世界，为社会的进步、世界的和平做出我们应有的贡献！

百寺扶千户，慈悲永济世

胡锦涛总书记说过：全面建设小康社会，最艰巨、最繁重的任务在农村。农业丰则基础强，农民富则国家盛，农村稳则社会稳。建设社会主义新农村，是构建社会主义和谐社会的必然要求，也是一项长期而繁重的历史任务。佛教向来有着“扶贫济困、慈悲济世”的优良传统，是建设中国特色社会主义的积极力量。帮助贫困农户，建设社会主义新农村是我们佛教界应有的责任和义务，也是为和谐社会服务的实际举措。为此，我们在全省佛教开展“百寺扶千户”活动，就是想找准切入点，发挥自身优势，在新农村建设中有所作为。

一是以“百寺扶千户”为起点，多为贫困农户做实事、做好事。农村贫困户生活条件的改善是个大问题。从长远着想，我们要在努力促进农村义务教育均衡发展，帮助农民成为新型农村建设者；积极推进农村合作医疗救助制度的建立，帮助农民解决看病难问题等方面，多想办法，多出点子。从近处着手，我们要先把寺院动员起来，以寺院为基点。围绕贫困农户的上学、就医、住房、饮水等实际困难，做几件实实在在的事情，让贫困农户走出困境，树立广东佛教界的新形象。

二是以“百寺扶千户”为契机，引导教育贫困地区佛教信徒为建设新农村奋发图强。广大农村地区有为数不少的佛教信众，我们要通过这次活动来引导教育信教群众把智慧和力量凝聚到建设社会主义新农村上来，思想要解放，观念要更新，行动要大胆。通过帮扶，激发一家一户自主创业的潜能，营造奋发图强的社会风气，为脱贫致富提供实实在在的帮助，实现家庭致富奔小康。同时宣扬佛教教义教规中和谐和平理念，推动和谐文化建设，促进社会和谐、新农村建设。

三是以“百寺扶千户”为桥梁，号召更多人群投入新农村建设的行动中去。我们要发挥佛教联系面广的人缘优势，让更多的慈善家到贫困农户中去发善心，做功德，帮助孤老病残解决生活中的实际困难，消除心理上的贫困阴影，坚定生活信念，参加新农村建设。还要引导更多的企业家到农村投资兴业，加快农村劳动力转移，安排农民工就业，帮助农民致富。

农业兴，百业旺；农村稳，大局稳；农民富，经济强，建设社会主义新农村，意义重大而又任重道远。“回报四恩、庄严国土”，使所有的生命得到快乐是每个佛教徒所应肩负的弘法利生之崇高使命，是佛教徒实践“人间佛教”理念的具体举措。让我们行动起来，真诚帮助贫困乡村和农户摆脱贫困，共同进步，共同发展，共同享受社会主义社会大家庭的温暖，为实现城乡和谐发展的美好目标，为把我省广大的农村建设成为“生产发展，生活富裕，乡风文明，村容整洁，管理民主”的社会主义新农村而增砖添瓦，贡献力量。

抗震救灾，慈悲喜舍奉献爱心

“5·12”地震是让我们难以忘怀的日子，汶川是让亿万同胞永远记住的地名，地震这场惨烈的灾难更是把全国各族人民紧紧凝聚在一起。地震发生以来，广东省佛教徒与全省人民一道积极响应党中央、国务院和省委、省政府的号召，在省民族宗教事务委员会的指导下，地震的第二天就号召全省佛教徒迅速加入抗震救灾的行列，第一时间向灾区捐巨款，有的寺院还组织志愿者、义工运送物资直接支援灾区，据统计至5月28日全省佛教界已为灾区捐款捐物二千六百万人民币。

一个多月来，有党中央、国务院的亲切关怀，全国各族人民、海外侨胞、国际友人的共同援助，抗震救灾工作取得初步的成果，然而，灾民们至今还住在帐篷里，他们承受着巨大的心理创伤，顶受着天气环境的煎熬，重建自己家园的路还很漫长。大灾无情人间有爱，“大慈与一切众生乐，大悲拔一切众苦”，这是佛陀对我们佛教徒的教导，灾区人民是我们心手相连、血脉相通的骨肉同胞，作为佛教弟子，当以感同身受的悲悯胸怀，救苦救难的菩萨心肠，真情奉献，喜舍布施，慷慨解囊，用我们共同力量，汇成慈爱的洪流。为缓解灾区的困境，重建家园再次做出我们的贡献，做出我们的功德。

今晚我们怀着十分沉重的心情在这里举行“慈悲喜舍·奉献爱心”——广东佛教界抗震救灾慈善募捐晚会，深切表示了广东佛教界对灾区人民的无比关怀，用佛教梵呗音乐的特有形式，对灾区遇难同胞表达无限的哀思和悼念。更期望通过这个佛教音乐的平台汇集全省佛教徒、社会各界人士、善长仁翁的慈爱悲心，用清净心灵的精神力量增强灾区人民的信心和勇气，喜舍布施更多的财物，支援灾区人民早日渡过难关，重建美好家园。也愿将今天的歌颂功德，回向十方，祈祷灾区早日消灾重建，祈祷祖国繁荣昌盛，风调雨顺，国泰民安，祈愿布施者增长福慧，一切吉祥！万事如意！

第三篇　诃林序集

有德高行止
随心自去来

佛历二五六一年

广州光孝寺明生敬书

六祖文化

领悟禅宗要旨，开启智慧法门

佛法者，救心治病之妙方也，故佛祖释迦牟尼又被尊称为“无上医王”(见中《阿含经》卷29)。十二部经，八万四千法门，门类虽繁，而去无明，得智慧，明心见性，自觉觉他，其实则一也。各宗之中，尤以禅宗最重心法，其绝言离象，直指人心之接引手法，触机而发，快捷迅猛，故有“心宗”之称。无数祖师大德，或因一言而见性，或设一喻而悟道。然而，佛典浩繁，汗牛充栋，令一般人望而却步；禅宗文献亦浩如烟海，如无明师指点，亦徒生赞叹而无处下手。昔年马祖道一大师，为求明心见性，于南岳衡山结庵坐禅，怀让大师知其为法器而惜其门径走偏，往而问之曰：“大德坐禅图什么？”一曰：“图作佛。”师乃取一砖，于彼庵前石上磨。一曰：“磨作什么？”曰：“磨作镜。”一曰：“磨砖岂得成镜耶？”师曰：“磨砖既不成镜，坐禅岂得作佛。”一曰：“如何即是？”师曰：“如牛驾车，车若不行，打车即是？打牛即是？”一无对。师又曰：“汝学坐禅，为学坐佛？若学坐禅，禅非坐卧；若学坐佛，佛非定相；于无住法，不应取舍。汝若坐佛，即是杀佛。若执坐相，非达其理。”一闻示诲，如饮醍醐。(见《指月录》卷5)。此即磨镜悟心之著名公案。

道一祖师虽不以磨镜而悟，却因磨镜而悟。以马祖大师之慧根，尚且需要譬喻、接引，方可明心见性，而况千年之后的今天，信息社会，转型时期，人心硗薄，物欲炽盛。各种夸大其词的广告，各色诱惑人心的推销，各类挑动欲望的说辞，借助互联网络、影视传媒等各种途径，对人们本已脆弱不堪的心灵进行轮番轰炸。致使无数心灵荫翳于无明人欲之中，不能自拔，为满足一己之私而不择手段，为达到某种目的而无所不用其极。针对种种社会弊端，党和政府及时提出构建和谐社会的口号，可谓正得其时。和谐社会的建立，有赖社会各界的努力，作为社会的一分子，佛门弟子自然也责无旁贷，何况弘传大乘佛教的中国佛门，一贯主张自觉觉他，自利利他，反对作独善其身的“自了汉”，而强调以出世的精神，做入世的事业。在如何建立和谐社会的问题上，佛教界认为，除了人与人之间的和谐、人与自然之间的和谐外，人心的和谐更是不可忽视的重要因素，而且认为人心的和谐是社会和谐的基础，人的一切行为、言论和思想，都主宰于心，受制于心，心净则身、口、意净，心净则国土净。正是本于这种理念，2006 年 4 月，首届世界佛教论坛提出了“和谐世界，从心开始”的口号。

如何引导人们使自身的心灵由烦躁走向平和，由紧张趋向舒缓，由动荡达到安稳，由空虚变为充实，由失衡达于和谐，我们认为以明心见性为特色的禅宗文化在这方面蕴藏着丰富的精神资粮，在引导人们建立和谐的心灵世界方面有可资开发利用的宝贵价值。岭南广东，作为南禅宗的发源地，在实践和理论两方面都拥有建立和谐心灵方面的丰富资源，作为佛门弟子，理应继承祖师大德留下的宝贵精神财富，为建设社会主义和谐社会贡献自己的才能和智慧。基于这一想法，广东省佛教协会在省民族宗教事务委员会的支持下，于 2006 年隆重举办了以“传承禅宗优秀文化，共建和谐美好社会”为主题的广东禅宗历史文化长廊系列活动。活动以禅宗历史发展主线为内容，涵盖广东境内著名的十八座禅宗寺院。此次活动于 2006 年 4 月 20 日晚在广州市星海音乐厅以“神州和乐——梵呗交响诗大型音乐会”拉开序幕。4 月 21 日上午，在千年古刹光孝寺，举行了“禅宗历史文化长廊”系列活动和“重走唐僧西行路”大型国际文化交流活动启动仪式。之后，全省十八座禅宗寺院纷纷参与，各显奇能：或开坛说法，或结夏坐禅，或演奏梵乐，或展览书画，或举行传统武术表演，或组织体验农禅生活，或迎请高僧大德做现场开示，或举行传统经典诵读活动。形式多样，异彩纷呈，活动之成功，引得各种媒体竞相报道，一时间，僧俗四众，文人学子，或论禅说道，或交流心得，形成了禅风涌动，竞谈心法的风气。如果说，前期的活动主要偏重于实践方面，那么，活动最后一个压轴戏——“禅宗优秀文化与构建和谐社会”学术研讨会则主要是进行理论反思和学术探讨。现在呈现于读者面前的就是这次研讨会的成果结集。

经过近一年时间的筹备，会议于2006年12月25日在广州珠岛宾馆正式召开。会议为期两天，共收到全国各地僧俗两界递交的论文七十余篇，其中七十一位作者亲自与会。论文的作者中，就学界而言，有德高望重的老前辈，有年富力强的中年学者，也有崭露头角的青年才俊；既有社科院系统的研究者，也有高校系统的教师、研究生。就教界而言，有中国佛协、地方各级佛教界领袖，也有佛学院的师生。此外还有中央统战部、国家宗教局、省民族宗教事务委员会与相关地级市民宗局等有关领导机构的代表。政、教、学三界代表，济济一堂，可谓精英荟萃，盛况空前。研讨会主要围绕禅宗与社会、禅宗思想、历史文化和禅宗文献四个主题展开，既有契理契机的现实问题研究，也有考镜源流的历史问题分析；既有融会贯通的文化阐释，又有条分缕析的文献考证，可谓融历史考察与现实关怀于一炉，集义理研究与实践印证于一体。作为广东省佛教协会会长和光孝寺住持，尤其感到高兴的是，与会学者对广州光孝寺的历史文化，对其与禅宗文化的历史渊源，对其在佛教发展过程中的重要地位和作用，也给予了极大的关注，这既是对光孝寺历史地位的肯定，也是对光孝寺及广东佛门弟子的鼓舞和鞭策，更增强了岭南佛门四众弘传禅宗优秀文化，共建和谐社会的责任感和使命感。

为期两天的研讨会，学者们精力之集中，讨论之热烈，给人留下了深刻难忘的印象。会场上，学者们常常为一个问题而反复争论，为一条史实而旁征博引，为一段文献而仔细商榷，真可谓往返扣击、探幽索隐。历史上，佛教素有辩论义理的传统，而禅宗作为开启智慧的法门，更是注重领悟要旨，启迪心智，这次会议可说是义理辩论与实践印证的结合。佛教入华已有两千余年，禅宗形成也经历了一千多年，祖师大德留下的灯史语录、行传谱牒等其他各种文献资料，虽是我们今天弘扬佛法，开启心慧，构建和谐社会的宝贵财富。然而，时移世异，社会环境和众生根机已发生巨大变化，如何以佛法之理，契当今社会民众之机，还需有识之士，群策群力，对传世的禅宗文献和资料，进行历史的考察，做出合理的取舍，进而做出合乎时代精神的全新阐释，使这一历史的瑰宝，焕发时代的魅力。这次会议就是这种努力的有益尝试，现将会议的成果，结集出版，供有识之士商榷取舍，交流心得，也希望更多的热心人士共襄盛举，为构建社会主义和谐社会的伟大工程，献上一瓣心香，续上一盏心灯。

（原为“2007广东禅宗六祖文化节”学术研讨会论文集序，此题为编者所加）

参究《六祖坛经》，光大禅宗文化

佛教自两汉之际传入我国后，植根、繁衍、发展、演化并且绵延至今，成为中国历史文化不可或缺的重要组成部分。佛教在与中国传统文化交融的进程中，形成了一个影响最大又最具中国特色的宗派，即中国的禅宗。而能集禅宗之大成并开拓、创新、发展的就是六祖大师，这位杰出的一代宗师，以其修行的经历为我们留下了一部智慧真理的著作《六祖坛经》。它文字不多，言简意丰，直指人心，见性成佛。六祖以深邃的智慧，通俗易懂的语言，植根生命之源泉，在日常生活中发现和实践解脱、超越之道，给人以无穷的思想启迪。《六祖坛经》成为禅宗的宗经宝典之后，历代祖师大德或用之参究经义，或接引后学，或开山说法，或著书立说，形成了清新活泼、内涵丰富的禅宗文化。禅宗文化在海内外都产生了深远的影响，涉及政治、社会、哲学、文学、建筑、艺术、绘画及雕塑，乃至我们的衣食住行，都充满着禅意盎然的无限风光。可以说，《六祖坛经》已成为人们追求美好生活，建设和谐社会的宝贵精神财富。植根于中华文明沃土的禅宗文化，包含着佛教中人对自然环境的深刻理解，对所有生命的至诚热爱，对人类使命的清醒思考以及对人间净土的憧憬。禅宗使高深难懂的佛学，一变而为纯粹通俗的平民哲学，俸现了“人间佛教”和“生活禅”的思想精神。从六祖深邃的思辨中，我们看到悲智双运的人生，有普度众生的大宏誓愿，有简朴淡泊的摄心修炼，有庄重清净的戒律仪轨，有修行成佛的艰难历程等等，这里面自始至终贯穿着禅宗热爱自然、热爱生命、热爱生活、和谐发展、庄严国土、利乐有情的理想追求。《六祖坛经》是我们共同的文化瑰宝，继承并光大禅宗的思想精神，能帮助人类达到自我认识、自我净化、自我觉悟、自我改变的作用，能帮助世人求得人心清净，心态平和，促进社会和睦，维护世界和平，增进人类福祉。

众所周知，古今中外众多的哲学家、文学家、科学家，都从禅宗文化中汲取了丰富的思想营养并给予高度的评价。在当今世界经济全球化、政治多极化、思想多元化的博弈中，在中华民族推动科学发展、构建和谐社会、实现全面小康的历史进程中，禅宗思想正得到日益广泛的关注和认同，显示出超越时空、民族、国界的强大生命力。禅宗文化具有鲜明的中国传统文化特色，六祖的“孝养父母”“饶益众生”“上下相怜”思想是协调处理人与社会关系、人与家庭关系、人与人之间关系的最佳方法；六祖的“心平”“行直”“心好”“忠义”“心善”思想是做人的至理名言；六祖的“佛法在世间，不离世间觉”的人间佛教思想对于构建和谐社会具有重要价值；六祖的“禅非坐卧”“菩提心觅”的生活禅成为造福人类，认识自身佛性的稀世法宝；六祖的“即心即佛”“万法尽在自心”“心净则国土净”的生活智慧也正在为不同国度、不同种族、不同语言的人们所接受，成为当今人类解决心理问题、建设绿色家园的重要思想资源。可以说，六祖及其禅宗思想融贯中西，正愈来愈成为一种有着警世、医世功能的普世文化。今天，我们在六祖的故乡、禅宗的发源地，隆重举办禅宗六祖文化研讨会，弘扬禅宗优秀文化以及和谐、发展的理念，可谓正当其时，具有十分重要的现实意义。

此次“禅宗六祖文化与构建和谐社会”研讨会的举办，与会法师、专家学者激烈争鸣，旁征博引，涉及社会学、宗教学、文献学等内容；从历史、思想、现状等方面入手对禅宗优秀文化及其与构建和谐社会的关系进行深入的讨论，使禅宗这一历史文化瑰宝焕发时代的魅力。为便利法友，将研讨会形诸文字，汇为集子，刊布发行。

（原为“2008广东禅宗六祖文化节”学术研讨会论文集序，此题为编者所加）

传承六祖智慧，建设文化大省

中国佛教的特质在于禅宗。禅宗是具有中华民族特色的佛教派别，在中国佛教史与中国传统文化上具有极其重要的地位，而真正能使禅宗发展成为中国佛教的代名词，则归功于一代宗师六祖慧能大师。广东是六祖大师出生、弘法、圆寂的地方，作为佛弟子，能在大师弘法利生的根本祖庭继续他的事业，在备感荣耀的同时，感受更多的是一种重要的责任和强大的使命。相对于六祖当年的筚路蓝缕，我们已经具备了非常优越的客观条件，如何利用现有的各种资源，深入挖掘和整理，传承和弘扬六祖文化，为广东佛教乃至中国佛教的发展，为光大中华文明，为促进经济社会发展，为服务和谐社会建设，贡献我们的力量，这将成为我们必须面对的重大课题和肩负的历史责任。

六祖慧能大师创立的南宗顿悟法门之所以对后世产生深远的影响，主要是因为南宗禅法能适应当时中国佛教的发展潮流，顺应当时中国社会的情况，敢于开拓创新，并能走出自己的特色。拜读《六祖坛经》，我们会发现大师在开拓上不拘于教条，注重与中国传统文化结合；在创新上，又不背离传统，不论在政教关系，还是与传统文化的融合，或是将佛法融入生活、服务社会、实现人间佛教，乃至引导信众修学、培养僧才等方面都有他独到和超人智慧之处，这实在值得我们教内外共同探讨和传承。

中国佛教的特质在于禅宗，而诞生在岭南大地的六祖慧能大师则是中国禅宗集大成者。六祖大师的一生是光辉的一生，他经历了无数的磨难，却孜孜以求，拜师求法，忠诚护法，隐居十五年，于广州光孝寺出家受戒后，到南华祖庭弘法利生三十七年，创建了举世闻名的禅宗顿悟法门，为中国禅宗的继续和发展奉献了毕生的精力。他开拓进取、严谨务实、苦练实修、尊师重教、爱国爱民的高尚情操，以及为法忘躯的大无畏精神激励后世，光耀千古，无愧于“中国释迦牟尼佛”“东方三大圣人之一”的光荣称号。

“凡言禅皆本曹溪”。六祖大师在南华祖庭精心培养了四十三位开悟弟子，他们各自弘法于祖国大江南北，承继宗风，弘传法门，形成了“一花开五叶，结果自然成”，出现了凡寺必有禅的兴盛局面，因而南华禅寺也必然成为有史以来千万佛子求道悟禅的根本祖庭。六祖大师修持弘法的思想和语录被集结为《六祖法宝坛经》，这部被世人公认与释迦牟尼佛所说的经典具有同等地位的经典著作，不仅是佛弟子修学禅法的宗经宝典，更是人们启迪智慧、安详身心、觉悟人生、和睦家庭、安定社会的思想宝库。据有关资料统计显示，当今世界上拥有《六祖坛经》的读者高达十几亿之多，可见六祖的思想已超越了佛教的范畴，为社会各阶层、各学科所运用，对哲学、政治、经济、文学艺术、社会伦理、自然科学等领域产生了深刻的影响。

本次研讨会共收到学术论文近六十篇，各位高僧大德、专家学者的真知灼见给人以启迪，大家的研究成果将对广东佛教如何传承六祖大师的思想智慧有着重要的借鉴意义。

赵朴初会长曾说过：“曹溪法乳，滋润华夏，波及全球，有禅有文化，无禅不文化，中华禅文化已成为人类文明的宝贵财富，造福万民，光辉千秋。”在我国深化改革开放，落实科学发展观，不断提高国家软实力，促进民族团结，宗教和睦，努力实现中华民族伟大复兴的关键时刻，广东省佛教协会在省委省政府的关怀下，在省委统战部、省民族宗教事务委员会的直接领导下，在社会各界的帮助下，连续举行了两届“六祖文化节”，共同发掘整理、继承和弘扬六祖的思想智慧，这无疑具有重要的时代价值与深远的历史意义。身为佛子当行佛事，永怀祖德，丕振宗风，希望广东佛教界以举办禅宗六祖文化节为契机，大力倡导读诵《六祖坛经》，研究《六祖坛经》，传承六祖修学的品格，发挥六祖爱国爱教的高尚精神，加强寺院的道风建设和文化建设，引导广大佛教徒正知正见，爱岗敬业，为服务广东的经济社会发展，建设文化大省，构建和谐社会，为维护民族团结和世界和平奉献我们的力量。

（原为“2009广东禅宗六祖文化节”学术研讨会论文集序，此题为编者所加）

盛世文化谱华章，禅宗智慧构和谐

随着我国社会主义物质文明建设取得卓越成就，精神文明建设也正紧跟步伐。作为祖国传统文化的重要组成部分——佛教，也正在不断挖掘和弘扬自身优秀的文化内涵。在深厚的佛教文化底蕴中，对中国文化影响尤为深远的当属禅宗。而禅宗的兴起、发展和鼎盛不仅反映了佛教与中国本土文化碰撞、交融的历史史实，还给了我们一个很重要的启示：文化包容的力量可以创造、产生更为优越的精神文明。故而，在今天这个历史时期，回归传统，向历史寻找经验，在经验中开发智慧，在智慧中解决问题，确实是古人对于我们的最大帮助。

禅宗在中国共有六代祖师，始从达摩嫡传至慧能大师。慧能大师也是被西方人认为中国古代著名的十大思想家之一的智慧型人物，这就说明他不仅仅代表禅宗、佛教，而是中国人的智慧。培植和产生这种大智慧的土壤，恰恰就在我们广东。慧能大师一生除了去湖北黄梅求法的那几个月（《坛经·行由品》），其余时间皆在广东，包括他的出生、出家、受戒、弘法，乃至圆寂。所以，从佛教史上讲广东是佛教的福地，也是禅宗真正发扬光大的源头。故而我们感恩三宝，追忆大师。而感恩和追忆的最好方式，就是将从他们那里获得的利益传播开去。这种每一个具有责任感的佛教徒都拥有和具备的宗教情怀，受到了因缘的眷顾。由于前两次六祖文化节的成功举办，社会反应积极，教内外称赞一时。《广东省建设文化强省规划纲要》决定，将我会主办的禅宗六祖文化节列为政府着力打造的群众文化活动品牌之一。这为我们安住和相续现在的弘法热情和路线给予了强大的增上缘。

此次文化节我们邀请到日本等国家和我国内地（大陆）、香港、台湾的五十多位佛教禅宗方面的知名专家和学者。以“六祖禅的传承与发展”为主题，展开了深入而广泛的交流和对话，着重讨论了六祖禅的思想内涵、历史沿革及对当代社会的作用等方面的问题。通过他们的最新研究成果，不断提高六祖文化的学术地位和人文影响，也是为社会主义精神文明建设的多元发展做一分贡献。毋庸置疑，禅宗思想可以再次为我国文化架构注入新的生命力，因而为传承六祖智慧，发挥《坛经》思想应有的时代意义和贡献而精进不懈，应是我们肩负的历史责任和神圣的使命。

聊复厝言，是以为序！

（原为“2010广东禅宗六祖文化节”学术研讨会论文集序，此题为编者所加）

认识六祖文化，启发时代智慧

文生慧雨轻尘劳，禅宗智慧谱华章。伴着我国文化事业大发展，大繁荣的推动，佛教文化的多元价值和社会功能，也逐渐地崭露其深厚的底蕴和善巧的机用。在悠久而博大的中国佛教历史中，禅宗的传承和弘化，肩负过中国佛教复兴命运，将中国佛教推向世界舞台的历史使命。而这些成绩和贡献，都离不开禅宗的集大成者——六祖慧能大师的功德和智慧。

六祖大师是具有世界影响力的思想家之一，在人类思想史上具有举足轻重的地位。而这位伟大哲人一生的成就，都根植在广东。所以，被视为岭南大地的圣人，珠江文化的领袖。六祖大师的精神境界，思想精髓总揽于《六祖坛经》之中。值此文化昌明的时代，六祖精神传承着“众生平等”“入世解脱”等至深至厚的人文关怀，自然赋有大时代的魅力，对今天社会发展，人民幸福，文化繁荣具有独特的推动意义。所以，广东省佛教协会，近年来大力弘扬禅宗六祖文化，努力将广东独具特色的区域文化，做好做精。在省委、省政府的支持下，更有全省佛教界的共同参与，社会各界人士的关注，经过策划、组织、宣传，连续五年举办的“禅宗六祖文化节”，已逐步被大家认识、接受和喜爱。今年，由光孝寺承办第五届文化节，又恰逢广东省佛教协会成立三十周年。使得本次文化节的举办，平添了格外厚重的意义，并且借此回顾过去，安住当下，承前启后，继往开来，诉诸笔墨，畅所欲言。

在历届文化节举办的系列活动中，能够在一段时间内为更多的人所记住和引用的成绩，即是召开学术研讨会。以期从学术层面，开拓多角度思考禅宗文化的多元价值，加深和探讨对六祖文化的认识和时代利用，从而推动禅宗六祖文化在文化社会生活中的影响。我们的期望得以实现，端赖海内外学术界的支持，惠赐宏文，莅临出席，为文化节的成功举办贡献智慧和精力。为了总结文化的成绩，同时不致学术成果面世滞后，所以每次大会评议之后，经过作者的最终修改，而将各位大作结集成册，付梓流通，以飨读者。禅宗文化是博大精深的，六祖精神是人本智慧的，希望借助文字般若的功德，给读者带去法喜，带去清凉，也是禅宗六祖文化和相关活动的价值之一。我们相信并祝愿六祖精神在这需要安详智慧的时代能给予契理契机的启发，每一个光明的信念，都会因此智慧而更加深厚和坚定。

是以为序！

（原为“2011 广东禅宗六祖文化节”学术研讨会论文集序，此题为编者所加）

植根广东佛教，传承六祖精神

1982至2012三十年间，伴随中国改革开放的步伐，广东佛教走过了曲折而又辉煌的三十年历程，谱写出落实政策、恢复三宝，重树法幢，振兴佛教的壮丽篇章。三十年的艰辛坎坷，已然铭记在每一个广东佛教徒的心中。那些为广东佛教忍辱负重，坚守争取，继承开拓的大德、居士、是今天为文感叨的第一功德主，也是我们继承信仰的精神榜样。

“禅宗六祖文化节”，是根植于广东佛教，仰凭六祖大师的功德和智慧，而有的全国独一无二的地方公益文化活动。按照历届文化节惯例，每次活动都有学术会议的召开。围绕六祖大师和《坛经》，探讨更为深刻的历史、文化、宗教、哲学、社会等时代意义。也是为弘扬祖国传统文化，提高佛教社会影响，积极发挥佛教多元价值的善巧法门。幸得国内外的专家学者发心，踊跃投稿，建言献策，惠赐宏文，每次学术会议都有近百篇论文提交，经过评议，最后结集成册，公诸同好。

即今论文修毕，将付梓刊行，作为见证和服务广东佛教的一名衲子，谨以最真挚的谢忱，对所有关心，关注广东佛教的过去、现在、未来的善知识，报以无上的感恩！并祝愿：祖国文化昌明，佛教事业昌盛。同作最上意，共圆中国梦。是以为序！

（原为“2012广东禅宗六祖文化节”学术研讨会论文集序，此题为编者所加）

咀嚼圣人法味，获得菩提智慧

公元2013年是禅宗六祖慧能大鉴禅师圆寂一千三百周年的年份。作为成就六祖大师的岭南福地和门人法嗣。我会是年9月隆重举办了“六祖慧能大师圆寂一千三百周年暨第六届禅宗六祖文化节”系列纪念活动，并得到政、教、学各界人士的大力支持，获得了一定的认可。本届文化节，依旧沿袭历届的规制，邀请海内外专家学者围绕以《坛经》和慧能思想为主题，举行学术研讨会。

禅宗的思想是博大精神的，也是与时俱进的。无论是中国古代佛教的农禅并重，还是近现代的寺庙办学，都是在禅门宗匠的带领和主持下，开创时代先河，引领佛教发展，影响深远，意义非凡。而这些旷世功勋，或是先见之明的源头即是以六祖慧能大师为一转折的。六祖慧能大师的思想，一洗隋唐以来义学发展过剩的铅华，将最亲切、最直接的修学方法，和盘托出。不仅在唐末成为保护佛教命脉的生力军，更承载了中国佛教与传统儒家、道家文化相沟通融合，不可替代的历史文化因缘。时至而今，禅也已成为象征中国文化的符号，成为人们提升人生境界，解决心灵困惑的醍醐法药。深入文化的每一个细胞，渗入生活的点点滴滴。诸如：禅诗、禅画、禅茶一味、禅武同源等等。我们很难想象，如果没有禅宗，今天的中国佛教史如何书写？如果没有慧能大师，中国传统文化的三足鼎立又会是什么样的组合？历史从无如果，只有结果。所以作为东方三圣，人类历史重要思想家之一的六祖慧能大师，无论如何都是我们皈依和赞叹的，同时纪念这位伟大哲人的圆寂，也即给了我们更加殷重地审视当下，我们需要什么的反思机会？

随着物质文明的发达，精神需求也在日异固化。人们此时需要的不再是面对功利人生的坚持，而是功德人生的转变。只有功德的人生才能使人过上和谐的生活，才能延续生命赋予升华慧命的永恒。而六祖慧能大师的一生就是功德的人生，也是圆满慧命的一生。这个生命也许离我们有一千三百年之久，但他的生命可以复制，他的身影可以捕捉。历代传承禅宗精神，秉持心印的宗匠，无不在慧能大师那里得到激发生命真相的力量，获得印证无我解脱的自在。庆幸在这并不令人欢喜的时节，有着这样的一个人可以令我们振奋。并且有许许多多具有智慧的人，一同与我们咀嚼着圣人的法味，敷扬命自我立的觉悟。惠赐宏文，结集成册，校对整饬，付梓流通。我想唯有与六祖慧能大师一同思考人生命题，才能有豁然顿悟的清爽；唯有与六祖慧能大师一起深入世间，才能获得菩提智慧的清凉。如此，人生的觉醒不在过去，也不在未来，而是现在！

望菩提树，新叶赖旧枝；
绕瘗发塔，古影是初时。
祖德汪洋，叹莫能穷；
我心戚戚，力赞来者。

是以为序。

（原为“2013广东禅宗六祖文化节”学术研讨会论文集序，此题为编者所加）

搜集《坛经》研究成果，繁荣优秀传统文化

《六祖坛经》是中国僧人撰述中，唯一被称为“经”的佛教典籍，在中国佛教禅宗发展中的历史地位和深远影响是无可替代的。

《六祖坛经》之所以有这样的大功德，一方面源于本经是六祖慧能一生修行的心得结晶，饱含了大师皈依三宝、济世利物的智慧和慈悲。另一方面，正因为有这样一位人格、僧格完满的大师，为后世参禅修道的禅者竖立了信心和榜样，大师的言行，自然就被禅和子奉为圭臬。以至历代禅教学者对于《坛经》，无敢僭越，褒重无已。或发扬宗义，或指代借说，或旁通义贯，或直指因缘，不一而足，长盛不衰。正因为《坛经》是博大的、圆融的，所以不仅佛教徒从中获得法益，世间学者也从中汲取营养，开阔学术视界，提高思想境界，宋明理学，尤其是阳明心学，受到《坛经》的裨益可谓如同再造。

学界的重视，大大提高了社会各个领域对《坛经》的关注程度。千百年来的今天，我们能从文学、哲学、史学、美学、伦理学等各个方面看到《坛经》的影子，看到《坛经》带给各个学科领域的启发。如此视之，一部《坛经》确是我们中国文化的瑰宝，是国人乃至世界人民的精神财富。对于搜集、整理有关《坛经》的研究成果，为构建当代和谐社会，繁荣祖国优秀传统文化，加强国际学术交流，促进世界和平都是十分重要的。

今岁恰逢广东省佛协成立三十周年，也是省佛协主办第五届“禅宗六祖文化节”。我们协调各方面的关系，策划出版这套《六祖坛经研究集成》作为三十周年庆典的献礼。这本集成，汇集了中国内地（大陆）、香港、台湾地区，以及韩国、日本、西方国家学术界研究《坛经》的优秀成果，将为今后研究《坛经》的学术发展起到非常重要的推动作用。如果这点成绩可以用以自镜，那么在策划、推进和汇总各个环节都离不开众上善人的帮助和关爱：国家宗教局宗教文化出版社、省民宗委、佛协办公室同仁、光孝寺和美国耶鲁大学博士依法法师、日本青山学院陈

继东教授、台湾师范大学黄连忠博士、韩国首尔东国大学李重硕博、四川师范大学哈磊副教授、湖南师范大学丁小平老师等专家学者，阙功居上，感恩莫名。

随着我国文化强国建设的不断推进，佛教文化必将大放异彩，禅宗六祖精神、《六祖坛经》的学习和弘扬，也必将利济宏深。今功圆果满，专申回向：唯愿禅灯永辉，祖祢无疆；国泰民安，海晏河清。

是以为序。

（原为《六祖坛经研究集成》序，此题为编者所加）

六祖创禅宗，佛教之辉煌

佛教在与中国传统文化交融之进程中，形成一个影响巨大又具中国特色之宗派，即禅宗。植根于中华沃土，蕴含对自然之深刻理解，对生命之至诚关爱，对人类使命之清醒思考，对人间净土之美好憧憬。因此，太虚大师说“中国佛教特质在禅”。

禅宗以其对人类自我之深刻觉悟，于中国各阶层人士中赢得喜爱，广及政治、社会、哲学、文学、建筑、音乐、绘画和雕塑等领域，乃至日常生活中之衣食住行，都充满禅意盎然之无限风光，且在当代亦受不同地区和国家之青睐，从而走出亚洲，传向世界。《大英百科年鉴》统计，至1990年，欧洲已有22.2万佛教徒，大都以禅为契机而成为佛教徒。观此胜景，尤念集禅宗之大成并开拓创新、发展之六祖大师。

六祖大师亦如孔孟出身贫微，采樵自给。偶闻经句而赴黄梅求道。证悟本来面目后，携信物衣钵遁隐数载。观因缘时至，至法性道场，解“风幡之辩”，语“仁者心动”，释“涅槃妙义”，启“东山法门”；时为住持之印宗法师心开意会此为忍祖之真传，于丙子年初菩提树下，普会四众为薙发，集诸名德乃授具。以应光孝寺开山求那跋陀罗祖师之前谶：“后当有肉身于此受戒”；亦验智药三藏之预言：“后百七十年，有肉身菩萨于此树下开演上乘，度无量众，真传佛心印之法主也。”自此，六祖大师所创之禅宗，引佛教诸宗之辉煌，谱华夏思想之新曲。

诚如中国著名历史学家、现代儒家钱穆先生如此评价六祖大师：“中国学术思想史上有两大伟人，对中国文化有其极大之影响，一为唐代禅宗六祖慧能，一为南宋儒家朱熹。”他又说：“慧能实际上可说是唐代禅宗的开山祖师，朱子则是宋代理学之集大成者。一儒一释开出此下中国学术思想种种门路，亦可谓此下中国学术思想莫不由此两人导源。”

朱熹览群书而富五车，六祖大师砍薪柴而目不识丁，何以能成为唐代以后中国学术思想之伟人和导源者？实值参究。六祖大师虽不识字，却能参透心地，运用禅悟智慧将世尊“不立文字，直指人心，教外别传，以心传心”之妙法融入社会，成为人间佛教之开创者和先行者。并留下唯一一部以“经”命名之中国祖师著述——《六祖坛经》，不仅成为佛教徒之修行法宝而流传千古，而且早已跨出国界，传遍亚洲乃至欧美。六祖大师禅法之功德实在难思难议，无愧于“世界十大思想家”之嘉誉。

贾题韬先生，于学佛大道中，不以门户之见而广学遍参，但又卓然树立，不落依傍。他曾说：“世人皆以密法为密，不知禅宗乃无上密法也。”“人间佛教，唯禅宗为无上方便。欲弘扬佛法，首当弘扬禅宗。人间佛教应当折合古今中外之变，而不拘于常格；熔儒释道及西方科学文化于一炉，此乃无上佛法也。”此言真可谓道契真常！

老先生于1985年至1986年，在我的母校中国佛学院讲《论开悟》，凡十五讲。知识渊博，见解精辟，深入浅出，引人入胜。讲演完毕，轰动京华。

值此六祖慧能诞日之际，把贾老之《坛经讲座》和《论开悟》编辑成册，以期更多与禅宗有缘之士能从中心开意解，法喜无间。编辑过程纰漏难免，敬请方家不吝修正。

（原为《坛经讲座》序，此题为编者所加）

推动《坛经》研究，回报六祖功德

禅源自于印度，禅宗则形成于中国。中国禅宗有南宗和北宗之分，慧能大师所创立的禅宗即是南宗禅。南宗禅强调直指人心、见性成佛，自其创立之日起便受到广大人民的欢迎，盛传于韶州、新州及广州等地，其具有代表性的传法心要则是以记录慧能大师言行语录为主的《六祖坛经》。

慧能大师在世之时便已经闻名于朝野上下，在他圆寂后又有弟子将其禅要盛弘于北方京畿之地，乃至流传到全国及海外。中唐五代之间，南宗禅得到迅猛发展，先是形成荷泽神会系、南岳怀让系、青原行思系，后来逐渐形成临济、沩仰、曹洞、云门、法眼等宗。入宋以后，临济宗又分化出黄龙、杨岐二派。五家七宗遍布大江南北，真可谓是“凡言禅者，尽本曹溪”。

慧能南宗禅在传扬的过程中因地制宜，与时俱进，在禅法、禅学及禅教方面不断综合创新，最终淹没了包括北宗禅在内的其他禅派，甚至成为自宋以降之佛教的代名词。在这期间，作为慧能南宗禅之宗经宝典的《六祖坛经》也随之形成了具有不同时代特点、反映着禅宗不同发展阶段的不同版本。现在我们已经搜集到的海内外《六祖坛经》版本就多达二十余部，囊括了唐宋元明清各个时代。

二十世纪以来，学教两界以《六祖坛经》不同版本的发现为契机，展开了对《六祖坛经》及慧能乃至南宗禅的研究，涉猎内容甚广，从版本及传承历史到思想文化，海内外学者投入了巨大的热情和心力，收获了不少优秀的成果。

慧能大师出生在广东，弘法利生主要在广东，广东佛教界历来重视六祖精神文化的继承与弘扬。二十一世纪以来，广东省佛教协会在广东省民族宗教事务委员会员会的支持下，致力于六祖文化的研究与推广，先后在广州、韶关、云浮和肇庆等地举办了五届六祖文化节，不仅注重对六祖文化的传扬，而且有志于推动六祖及其《六祖坛经》的深入研究，邀请相关专家学者前来研讨，展示研究成果，共谋继承与发展。

今年适逢六祖慧能大师圆寂一千三百周年，我们希望以此殊胜机缘，开发建设六祖文化系统工程，筹备出版“六祖慧能文库”，不仅以此成就回报六祖的功德，也借此在推动六祖文化相关研究的道路中奉献广东佛教界的力量，为在新时代中兴六祖精神文化做出应有的贡献。

为了做好这一工作，我们邀请有关专家对百年来海内外关于六祖及其《六祖坛经》的研究成果目录进行了全面的搜集整理，编纂了本书。未来我们还将筹划出版《六祖坛经历代版本集成》《敦煌三本六祖坛经校释》《六祖坛经版本考证研究》《六祖慧能相关文献研究》《从达摩到慧能法脉研究》等系列书籍，不断充实和完善“六祖慧能文库”。

（原为《六祖慧能与〈坛经〉论著目录集成》序，此题为编者所加）

贝叶梵箧

光孝菩提，开敷芬芳

《水陆仪轨》中说：“经典所在，即如来舍利之身；法道能弘，必大德僧伽之士。”经典原在印度，流行异国，必假翻译。虽有翻译，无人讲解，也是不得法要。所以译经、讲经等活动是成就佛法功德的增上缘。有法，更要有场。正所谓有道有场，名为道场。今者，岭南第一古刹——广州光孝寺，自古就是弘传佛法的大道场，高僧布教的妙高台。

广州是“海上丝绸之路”的必经之地，历史上就是我国重要的对外港口。高僧们西行求法的水路航线，即是从广州远航到印度。光孝寺史远溯三国，享有“未有羊城，先有光孝”的史誉。由于地理位置的关系，无论南下弘法的法师，还是外籍来华传法的高僧，只要途经粤中，无不礼谒寺中。或译经、或事讲、或传禅、或行律……一千七百年的寺史中，历代过往存化的高僧璨若一天之星斗。东晋昙摩耶舍在寺创建佛殿，译出《舍利佛阿毗昙》。刘宋求那跋陀罗在寺建立戒坛，译出《杂阿含》《胜鬘》《楞伽》等经。萧梁大通元年（527）禅宗初祖菩提达摩西来中土，曾驻锡寺内。陈武帝时真谛三藏在本寺译出《金刚般若经》《无上依经》《僧伽多律》《佛性论》《大乘起信论》《摄大乘论》等典籍。六祖慧能大师在此落发、受戒，并登坛开演禅宗顿悟法门。中唐时般剌密帝在寺内译出《楞严经》。义净三藏和唐密大师金刚智、不空三藏，以及东渡日本的鉴真大师等都曾寓居寺内。宋代法眼宗光孝己庵禅师在此敷衍宗义。明成化年间憨山大师曾于寺内讲授《四十二章经》，并题联：“禅教遍寰中，兹为最初福地；祇园开岭表，此是第一名山。”始因光孝佛法大道场，而高僧云集；又因高僧云集，而慧日高悬。由此可谓震旦菩提之源，禅宗法流之始。

前人既已振辉于过隙，今人何不重光为时任。余中国佛学院毕业不久，即常住诃林已近二十年，对光孝寺历史熟知一二，更期有朝发扬光大。

幸甚至哉！2006年，蒙党政领导抬爱，四众信服，继主丈席。前愿萦绕心目，终不敢枉替于食顷。又值政通人和，教法昌明。好作如来家业，光前贤功德。由是延请教内大德、社会学者共同编辑《光孝菩提丛刊》。以菩提为名，一者，诸佛如来皆在树下成等正觉，圆满菩提，所以称彼树为菩提树。最初，佛教造像还不流行，是以菩提树来代表佛陀和佛法。因为，它代表觉悟的果，以及达到觉悟的方法。如唐代龙牙居遁禅师说："唯念门前树，能容鸟泊飞。来者无心唤，腾身不慕归。若人心似树，与道不相违。"二者，又据记载光孝寺是我国最早移植菩提树的，并且中国其他地方的菩提树都是从此树移植的树苗。虽然，现存寺内不是最初所植，然而它对光孝寺的影响和意义，却是历久弥深的。三者，岭南是南宗禅的发源地，今天的佛寺几乎都是以禅立名，僧众皆是六祖儿孙。恰是光孝寺与六祖因缘甚深，目为禅宗的根本祖庭之一，以此为纪念六祖大师的方式之一。总而言之，冠名"菩提"其中深意即是：回归大乘佛教自利利他的根本精神，发扬六祖大师"入世解脱"的佛学思想。故而，光孝寺内已有作饭食佛事的菩提甘露坊、忝居堂头的菩提丈室。相信今后在光孝寺四众弟子的不断精进下，菩提之名，总冠一寺所做之事业；菩提之实，必质于缁素所表之行持。

关于《丛刊》所选的佛教典籍，自是以上述诸位高僧所译、所著、所释的为遴选对象，以及一切与光孝寺有关的佛教典籍，也都是我们选择范围内的。对于这项工作，我们秉着谨慎恭敬的态度，科学有效的方法，尽力、尽量把这项工作做好。倘若所做的工作得到教内外人士认可，我们必会增强信心，精进日后的愿行。当然，我们的工作不可能做到毫无偏差，能力的成长本身就是需要不断的改进。我们真诚地希望广大读者，诸位方家，给予批评指正。余向疏文墨，不揣鄙陋，序于刊首。唯愿《丛刊》所行之处，皆成称意莲花，开敷芬芳，普熏有缘，庄严福慧。

（原为《光孝菩提丛刊》总序，此题为编者所加）

真谛三藏，智慧如海

伏以佛天高朗，慧日中悬。破云翳于三毒之天，烛六道于轮回之途。权实教典，闻而深敬。贝叶竺文，焕然瑰宝。然世宝虽珍，无识者示，值同瓦砾。大教宏纲，无谙者云，是同罔顾。故诸佛放光，开发请之教源。大士启问，誓流通之敕命。所谓流通者，书写、受持、读诵、讲说者等，功齐佛演，利有天宣。故知若书若写，尽是佛会上士。若受若持，皆为当机遗尘。虽夙因不寐，要假缘起为应。故诸佛共敕，流通大法，佛种不断。大事之责，全付传译之士，禅通法海源底，泽千倾心田。其译者，方言两谙，以善为衡，恪信雅达之准，遵五不翻之则。由是文法乖殊，罗什叹呕秽之难，思穷玄辩，玄奘有繁复之隐。然则圣教流于八荒，化仪召感十方。翻经大士，阙功无上。故高僧传首列翻经一科，于法紧要，自不待言，实诸佛使者，四依化身，谅不虚也！

东土之佛教，自东汉迦叶摩腾初于兰台翻经至清时藏汉互译，翻经法师者，璨若星辰。寥落银河，各放其彩。满天霞光，最耀眼者四。其最为千百年僧俗所汗首唏嘘者，唯真谛三藏也。三藏行状，古有道宣律师《续高僧传》载，近有李利安教授《正传》以传，并多考据，披寻可邈。伏为真谛三藏，“景行澄明，器宇清肃。风神爽拔，悠然自远。群藏广部，罔不厝怀。艺术异能，偏素谙练。”为法隐忍，可参什公；布道饮苦，是比奘师。一生多舛，颠沛流离，茕茕孑立，自黯自销。无常世火，恃凭法凉。道德昭然，感四方俊彦，怀杯浮盂，竟一时云集。所传唯识古学，无尘之说。开一宗之大纲，启来者之深境。故所翻者，《传》云凡六十四部，二百七十八卷。是所出者，十不敷一。诸经论中，唯《摄大乘》《俱舍论》为三藏视为重宝，并命门下弟子发誓弘扬，勿使断绝。缘何其深！三藏初登夏土，即蹈南海。风旋回帆，趣岸广州。前后二次，驻锡制止（今光孝寺），计有七年。于天嘉四年（563）在制旨译《大乘唯识论》《大乘唯识义疏》《大乘唯识注记》《摄论本》《摄论释》《摄论义疏》《广义法门经》。天嘉五年（564）年译《俱舍释论》《俱舍论偈》《俱舍论义疏》，陈朝时译《三无性论》《显识论》。广州光孝寺，诸佛名蓝，祖师道场。影堂光辉，赫赫巍巍。诚如明憨山大师所撰：“祇园开岭表此是最初福地，禅教遍寰中兹为第一名山。”稽诸史册，知光孝集禅教律密净各宗祖师于一寺，如是佛授记处，菩萨应谶，实甚难稀有也！

不慧福薄道浅，忝列诃林丈席。于常住唯无事为上，海晏河清。于列祖唯赞仰弥光，怀香裕后。故承历代祖师之荫，宣光住影，为文勒铭，永昭缁史，用鉴来人。由是延请教内学界，方家硕德，于藏经中出祖师所译所撰，点校索引。并及近现代研究真谛三藏专著文章者，一一搜集，刊印流通。自非三宝冥加，遏能与法此生结缘，匪赖三藏功德，讵能预闻唯识大乘。仰承三藏威光，唯识之量。菩提之树茂，风幡之堂严。点校回文者，智慧如海；出资助印者，福增无量；见闻随喜者，善根永固；护念流通者，恒获吉祥。

是为无上赞叹之序！

（原为《真谛全集》序，此题为编者所加）

禅宗临济，溢敷流芳

民国时期，太虚大师曾在《中国佛学》一书总结道“中国佛教特质在禅。”由此说明，了悟禅便可读通二千年的中国佛教，当然这是广义的禅。若就禅之大观而言，应为禅宗之禅。也正是禅宗之禅，成为唐末以来中国佛教内强外化之最高明者。形成一花五叶，溢敷流芳之盛势。五叶之中，绵延至今而有君天下之称的，阙属临济。

临济，是唐代义玄禅师（？ -867）驻锡的地方，名临济院（在今日之河北正定县城东），后世便以他居住的地方，来命名他所开创的禅法和宗派。关于义玄祖师的生平和思想，古史昭著，功德巍巍。从一千多年来一脉流传不衰，犹称大者，即可看出他老人家的禅法造诣、门庭感召、深得人心之一斑。今日拈出赞扬，只论义玄祖师禅法之精神。灯录记载，禅师在道明尊者指点下问法黄檗断际禅师。三度启问，未待开口，便遭毒打。而后得大愚老人点拨，契入师心。试问：玄祖何以到打了不走，劝了还进的地步？却是千百年来，激励和鼓舞每一个禅者的公案。我想这个答案一定在《临济录》中能找到。《临济录》是记录义玄祖师一生上堂说法、开示徒众的精彩写实。正如西村惠信博士所说的“临济录的历史背景，无论在时间上还是空间上均与今日阅读该书的我们有很大距离”，尽管有动人精魂，起死回生，万不得已，曲为人情的种种精彩，在今天看来也只能看“临济录的内容所具有的普遍性”，当时那种畅快淋漓、杀夺纵擒的禅机应对，乃至庆快平生、含冤难申的感悟，真是万分随喜，而愧难入啊！那么，此一问题究竟答案有无？

眼前这本《临济录》断章，即是怀着对祖师门下获得全体生命的无上恩惠，而不忍合门自得，全抛一片真心，在荆棘丛里觅灵草，给我们一次“盲龟值孔”的机会。书中再三强调人的自信，应是全盘否定之后的自信，超越信与不信，理性与感性，获得最终不受人惑的主体性。对于分段生死而言：人，生也只此一次。仅此一次宝贵的生，要全副精神讨个“不受人惑”的脚跟，这便是义玄祖师禅法之精神所在。得了这个脚跟，与诸佛把手同行，上天入地，红尘深山，遍法界都是一大道场，逢渠是源，洒脱自在。故而在这样的人看来“毒打喝斥，一把推倒，杀佛杀祖”是多么亲切的话语。

能够看到这本断章是与临济祖师有缘，与之结缘是要好多人的努力而成办的。日本禅文化研究所所长西村惠信博士断章释义，中国佛教协会国际部副主任李贺敏先生译为中文，方始圆成。贺敏在中佛协国际部工作有年，负责和联系与日本佛教友好交流活动。熟谙日文，对佛教有很深的感情。余曾任中国佛教协会国际部主任，与贺敏共事，友谊深厚。欣然见到他的第一部译作，并嘱为作序。在感动好友信任之时，对临济祖师的修德恩惠，实在是赞莫能穷。唯有深入断章，细嚼珠玑，不足以道出半句婆心用处。至望见此书者，珍重有缘。入此门者，得获家珍。不受人惑，放光动地。是以为随喜赞叹无尽之序耳！

（原为李贺敏译《临济录》序，此题为编者所加）

统众经之所诠，赅大教之渊府

夫《楞严经》者，功高意广，统众经之所诠。赅大教之渊府，唯远唯深。文成十卷，而义理幽邃。何以然者？其若辨识之体，显法相之精微；论真妄之对待，彰法性之本空；诠本心之相用，示真常之不变。如此三系佛法之关钥，总揽一经。故明智旭大师《阅藏知津》称：“此经为宗教之司南，性相总要。一代法门之精髓，成佛作祖之正印。”若及其文，字句凝练，无诸繁芜。若及其言，总括以“闻思修，入三摩地”为入道方便。若及其教，圆通大小，统归楞严。若及其意，则纯一法施，励赞精进。纵观大教之史，凡中土特具之宗派，无有逾越而罔顾此经者。以此，禅、净、台、贤莫不援引本经之诠，或文、或义，以定一家所说之真实。其地位、影响，人世即目，自不待言矣！

良以法流东土，若无翻经之士。我人虽对妙法，犹若盲瞑。遑论闻经解义，行持利益。据《续古今译经图记》载：爰在盛唐之时，有中印度般剌密帝译师，居广州制旨道场，翻译此经。何其幸哉！昔日制旨，正乃今时之光孝也！时空虽易，而正范犹标。阅智升之《图记》，手捧宝卷，遥想《楞严》历经重重关隘，因缘殊特，终获制旨传译。其中种种，宁不生希有难遭之想乎？尝忆经中所云：“将此身心奉尘刹，是则名为报佛恩。”虽云报恩，而如何名报？《思益经》云：“报佛恩者，不断佛种者是。”何谓佛种？谓持佛正见，护佛正见，传佛正见。持者，善习法要，自得心开；护者，为法王事，不吝身心；传者，广开化门，如瓶相泻。如是三事，终令不绝，是为不断佛种，名报佛恩。

欣逢盛世，佛日明辉。我会同仁，教界四众，为光大法门，弘传正教，历年来未辍布化之习，倡导智慧和谐，净化社会人心。古德云：“虽娱世间法，其心不动摇。”在服务社会大众之同时，又应具足智慧心，方能不动摇。今者众缘和合，诸善知识，皆共发心编辑一部《楞严丛刊》，裨益佛法行人，利乐诸方所需。又据二十世纪五十年代陈信行居士编《独龠佛教经籍目录·第八》载，本经相关疏、注、论多达百余种。故在这如烟卷帙之中，遴选、点校生涩隐辟的古书，实属不易。然，是报三宝、众生、国土恩者，岂有畏之生却之理耶？难能可贵的是，《楞严丛刊》终将付梓刊行。因缘备至，诸公问序于余。生也不慧，唯成其美随喜赞叹耳！聊为数语，以塞希冀之责。至若点校诸文，忖我等凡愚，奈何智力所限，必有谬误讹揣之处。尚祈教界诸方大德、学界善长，慧眼斧正，是为至盼！

（原为《楞严丛刊》序，此题为编者所加）

岭南佛寺有新志，传播祖宗弘化功

盖以实际理地，不受一尘；因缘建立，不舍一法。如《涅槃》云：是一味药，随流六种，而成六趣。我释迦如来，应迹西乾。近五十载，震雷音，演法鼓，雨法雨。雨泽千载之下，润及无方。声传久响之谷，韵籁弥长。正西汉末，伊存授经，肇震旦有法之始。值东汉季，牟子著书，铭岭南行佛之状。是以岭南，处海之滨，水路之钥。佛法东传，以水为筏。故南以地利之胜，感梵僧云集，佛刹遍立。自汉至隋，减五百年，若康僧会、强梁娄至、昙摩耶舍、求那跋陀罗、求那跋摩、杯渡、智药、菩提达摩、真谛诸大师等，皆是释史功臣，法王城堑。其或居禅刹，或止译园，或留官舍，或住深岚。当而之时，为缁素慕道之所向。处今所言，则尽皆古佛之道场。考岭南佛寺，以晋太康二年(281)竺僧迎摩罗所立三归、仁王为最早。至六朝时，岭南佛寺计有三十七所。此时期，岭南高僧不乏其人。如慧敬，南海人，“精于戒节而志操严明，故岭外僧尼咸附咨禀”。慧澄，高要人，人建康庄严寺师从僧旻，后省亲归岭南，番禺四众“向风钦德”。道禅，交州人，“永明初，游历京师，……僧尼信奉，都邑受其戒范数千人”。殆至唐初，六祖大鉴慧能禅师（638-713），降迹新兴，得法黄梅，受具法性，传心宝林，始现一花之敷，瓶泻直指之机。观史而言，中国佛教之大者，非能祖之宗，其复谁欤？二甘露门，流芳五叶，法传邻邦，光而赫之。而今华夏之寺，考其源流，率皆曹溪子孙，苛林枝叶。能祖当年，出生、隐遁、受具、传法之处，均立寺宇以记之。能祖弟子青原思、南岳让、荷泽会、南阳忠、永嘉觉为当世佛眼，法门宗匠。三传宝通大颠，于贞元五年（789）归潮阳，创建灵山寺，与反佛大儒韩愈，论辩法要，终服膺留衣，成千古美谈。唐末南汉王朝以兴王府（广州）为中心，建有应二十八星宿之佛寺。南汉中宗刘晟，慕云门偃禅师之道，大力扶持，偃祖晚年居乳源云门山光泰禅院，创立云门宗。时来禀问者“岁溢千人，拥锡者云来四表”。至宋代，岭南佛教逊于前朝，可谓盛极难继。明英宗时，慧显弘化于清远峡山寺。泉州真空驻锡罗浮永福寺。万历末，憨山大师，被贬雷州，曾至光孝寺讲《四十二章经》，后返曹溪，中兴祖庭。憨山弟子栖壑，历参净土宗匠莲池大师，传其衣钵，途返广州，“闻者争谒”。南海宗宝，传博山衣钵，天启、崇祯年间开法于罗浮山，其弟子天然函昰、剩人函可。天然先后于广州、番禺弘法，皈依者数千人。天然下有“雷峰十今”宣法各地，独步于世。明清交替，岭表兵祸近三十年，民力大耗，但广州海云、海幢、光孝、黄华，六榕，肇庆庆云，罗浮山华首台，琼州圆通院等，均于此时，重修建成。民国太虚法师、虚云和尚均来岭南讲法驻锡，宗风重振。又观岭南佛寺，有真谛译师，摄论俱舍之踪。求那跋罗，《伽毗利律》之记。鉴真往日受阻，寓居大云。达摩东来初地，说禅光孝。六祖始从降生，终至涅槃，一生大事所系，均在岭南。明代栖壑，袾宏弟子，禅净兼持，大弘净宗。不空来华，径登广州，与含光等，开坛灌顶。岭南地区，历朝均兴建佛寺，每一州县，各有大小不等之梵刹。年代湮远，数量沿革，难以考证，其著名者有广州光孝寺、华林寺、海幢寺、大佛寺、长寿寺、六榕寺，番禺海云寺，肇庆庆云寺，韶关南华寺，仁化别传寺，乳源云门寺，罗浮山华首台，潮州开元寺，潮阳灵山寺，海康天宁寺等。今重辑岭南佛寺之志，上标诸佛诸祖之功德，中颂历代历主之明仁，下启乃人乃我之宏志。回向有情，光扬大教，是为此番结集之大事因缘，目以为序。

（原为《岭南名寺志·今志系列丛书》总序，此题为编者所加）

海陆丝语

恭请佛陀舍利，缔结国际友谊

佛陀舍利，迎奉赞颂普陀。

盛世佛缘，缔结国际友谊。

公元2015年5月20日，珠海普陀寺、香港世界佛教和平发展协会、广东省潮商会、珠海禅文化研究会及诸方善信共八十余人组成——广东佛教友好交流团，赴斯里兰卡迎请佛陀舍利。这段佛法因缘的成就，实是不可思议！

余自2000年驻锡普陀寺以来，夙兴夜寐，为珠海四众弟子建设一座如理如法的佛教寺院而不懈努力。尝于期间思考，寺院是佛教徒的家，也是佛教徒心中的圣地。除了有庄严的佛教建筑和塑像，还应该有佛教真正的圣物来摄持这个道场，佑护此方民众。而佛教徒心中的无上圣物，自当以佛陀舍利为最尊贵。当今世界，佛陀舍利虽有流传供奉，但毕竟世所稀有，非是福德因缘具足而不能成其愿也。

近来，国家主席习近平首倡二十一世纪之“一路一带”，期重现历史因缘，沟通世界文化，缔结国际友谊。并寄希望于中国佛教，发挥友好交流传统，为新时期国家建设发挥作用。余闻之，心生欢喜，备受鼓舞，殷切盼望在这千载一时的历史时节，能为国家和佛教做一点什么。

去年，香港世界佛教和平发展协会秘书长朴洋先生来寺言及，兰卡科伦坡赞颂寺有与珠海普陀寺缔结友好寺院的美好意向。余闻之，喜出望外。由是于2015年4月由珠海市佛教协会向珠海民宗局申请，经广东省民宗委与国家宗教局批准，同意珠海普陀寺与斯里兰卡科伦坡赞颂寺结盟兄弟寺院。赞颂寺所属兰卡三大派之一——罗曼那派。彼派大导师NAPANA PREMASIRI为了增上两寺的佛法友谊，允送佛舍利二颗以为缔结之信。三宝加持，国家福祉，何幸如之！

于是，代表团于 5 月 22 日到达科伦坡，参礼赞颂寺，并谒见特里帕拉·西里塞纳总统。由总统见证赞颂寺赠送普陀寺供佛舍利龛一副。斯国佛教事务部部长卡鲁·贾亚苏里亚见证了广东珠海普陀寺与科伦坡赞颂寺缔结友好寺庙的签约。同时代表团还得到中国驻斯里兰卡易先联大使的接见。旋于 24 日，罗曼那派大导师共主要长老一行八人，护送佛舍利龛及佛舍利，随广东佛教友好交流团莅临广东珠海。

安奉法会选在 5 月 25 日，即乙未年四月初八佛陀圣诞。珠海普陀寺是日，海众云集，梵乐升空，香花满布，祥光四溢。安奉法会在一片祥和的氛围中圆满恭就。为了纪念这一国际佛教友好交流、三宝加持成就的盛事，随行导演用摄像机、相机记录了每一个令人回忆难忘的时刻。经过后期甄选，结集成面前这一本画册。

唯愿：中斯两国友谊万古长青，普陀赞颂世代法喜恒留。

（原为《恭请佛陀舍利暨珠海普陀寺与科伦坡赞颂寺缔结友好寺院纪念画册》序，此题为编者所加）

捕捉佛教光影，感受佛教文化

捕捉佛教光影的精致，感受佛教文化的内涵。让瞬间成为定格的永恒，是摄影艺术留给人们的深刻印象。

摄影与佛教的结缘是新时代的产物。佛法的弘扬要顺应时代的发展和社会的变迁，不断推陈出新，广拓弘法渠道。摄影这门视觉艺术，光和影的交错、艺术和现实的疏密有致、文化和诗性的交融汇合，可让一切无声的事物呈现出更加丰富多彩的面向，凸显出深邃的内涵和生动的意境。让人赏心悦目，直击灵魂深处。佛教摄影更是如此，通过寺庙建筑、僧侣修学、佛像形态等唯美图片，让世人可以直观地了解佛教，感受佛教文化艺术，进而让艺术的感染力穿透一切习以为常的事物，让心灵的浮华趋于平静和淡然，彻底观照和回归自己的清净本心。

广东是海上丝绸之路的发祥地，也是佛教从海道传入中国的初地。千百年来，见证着海上丝绸之路经济和文化交流的繁荣与兴盛。当前国家正在大力部署和建设“一带一路”的战略大计，作为海上丝绸之路的见证和参与者，国家的建设和服务者，广东佛教责无旁贷地全力投入其中，以期弘扬和彰显广东佛教的历史地位和现实作用。值此因缘际会的大时代，由广东省佛教协会、广东省摄影家协会主办，珠海市佛教协会、珠海普陀寺、珠海金台寺协办的“中国佛教与海上丝绸之路”摄影大赛，意在展示佛教与中外海路交通优美的自然风貌、人文风情、历史遗迹，彰显佛教与中外海路交通独具魅力的历史文化和海路民俗风情、民间艺术。此次佛教摄影大赛吸引了近三千幅作品参赛，评选出特等奖 1 幅、金奖一幅、银奖二幅、铜奖六幅，入选九十幅。这些获奖的作品既有表现法师参禅打坐、诵经念佛、出坡农作，也有表现普通信众虔诚礼佛，还有庄严的佛教道场和佛教历史遗迹。透过这些作品，可以感受到佛教海上丝路的波澜壮阔和历史变迁，可以体悟到佛教在人间中、修行在世间里的人间佛教的真谛，还可以从光与影中感悟到艺术的魅力与佛界的神圣。

艺术能够涤荡一切的尘埃。今天，让我们放空自己，尝试去感受镜头定格下的真、善、美；安静下来，让光影与自己展开一场私密而真切的对话……

（原为“中国佛教与海上丝绸之路”摄影展前言，此题为编者所加）

南海丝路高僧，演绎动人史诗

烟波浩渺的南海水域连接着通向印度和西亚的海上商贸航道，此即后世冠称的海上丝绸之路。自古以来，无数的蕃船胡舶沿着这条海上航道来到中国贩运求利；地处岭峤之间的古城广州，就是这条海上丝绸之路的东方始发港和货物集散地。广州城南的黄埔港帆樯林立、货积如山，来自海外的奇珍异宝、殊方异物汇集于此，等待出售，肤色各异、语言迥别的胡商蕃客来往穿梭，与中土商贾谈货论价、互通有无、贸易求利。这条商贸如织、贸易兴旺的交广道，必然为历史上佛教文化的传播与交流创造得天独厚的区位优势条件。

据《汉书·地理志》记载，中印之间的海上商贸航道至少在西汉武帝（前 140—前 87）就已开通，随着海舶而来的除了贩运求利的商客之外，还有附舶远行、传法布道的佛门弟子，及至汉末晋初，来自印度、中亚的高僧大德即附商舶、渡重溟，托身万里波涛，历经重重困难，九死一生，矢志不移，飞锡震旦，传法布道，将佛陀的遗教传遍神州大地。随着佛教三藏的传译，佛教寺院的建立，中国本土的皈心向道之士逐渐增多，三宝渐备，四众日增。本土研经问道之士，遂带着各种身处“边地”的疑惑奔向他们心中的西天佛国求法问道，西行求法之热潮遂逐渐兴起，在中印之间形成一条双向互动的佛教文化交流的细带，锡指东方的西天梵僧和负笈西行的中土华僧在海陆两条丝绸之路上形成一道光彩耀眼的西去东来、文化双向互动的亮丽文化景观。商舶如织的南海航道逐渐成为中西佛门大德往来的弘法布道之途，且时代愈后，选择海上丝路作为求法布道之途的佛门僧众越多，从西晋至唐末六百年间，无数的高僧大德沿着这条波诡云谲的南海航道，或东来传教，或西行求法，谱写了一曲曲中西文化交流的动人篇章，成为人类文化交流史上具有里程碑纪念意义的重要一面。何方耀教授的《晋唐南海丝路弘法高僧群体研究》就是对这一段重要历史的研究力作。

佛法者，解脱之道，庄严生命之指南，佛教三藏十二部经，虽然引喻取譬、卷帙浩繁，但其始终不移关心的中心问题是人的烦恼断除和生命境界的提升。佛教是人学而非神学，在佛法僧三宝中，僧是弘法传道的主体、是引领众生解脱生死轮回的人天导师。所以，南海丝路佛教传播史就是佛门高僧大德舍身求法的系列故事。何方耀教授选取晋唐之际往来于南海航道的佛门僧众作为自己的研究对象，纵向勾勒其形成发展与兴衰的变化情况，横向分析其国属构成和弘法取向；既有对晋唐六百年间南海丝路高僧弘法群体的整体考察，也有对其活动侧面的深入解读。诸如南海商人与佛教僧人的关系、中国佛门的“边地意识”与梵语学习热潮之间的内在联系、晋唐求法僧人梵语学习活动的特点和影响、赴印求法僧携带汉语佛典的深层原因、南海丝路弘法僧人的经典传译情况，以及广州光孝寺在经典翻译方面的地位作用等问题都进行了具体的研究分析；以可信的史料为依据，给读者展示了晋唐六百年间海路佛门僧众用生命演绎出一部部动人史诗，还原了一段在佛教传播史上经常被提及但少有深入研究的真实历史。书中提出的许多观点和见解，虽非定谳之论，但的确能给读者以启迪和深思，我作为佛门弟子，对海路佛教传播的历史虽非深有研究，但也颇加措意，十分关心。通读何教授的书稿，颇觉其中的许多观点和论述有英雄所见略同之意。因此，略缀数言，以表缘由。

是为序。

（原为《晋唐南海丝路弘法高僧群体研究》序，此题为编者所加）

研究海上丝路，振兴广东佛教

广东号称岭海，北倚五岭，南临南海，拥有漫长的海岸线，而省会广州状如大舶，表明广东与海洋及海洋文化有极其深厚的渊源，广东省实为中国大陆首屈一指的海洋大省。

自汉武帝以来，南海一道一直是海外诸国遣使贡献的要道，也是海上贸易与海上丝绸之路的主要航道。胡商越贾，张帆往来；闽船浙舶，满载而至。海上丝绸之路带来了繁荣的贸易，发达的商业成为广东经济的重要支柱，同时也促进了中国与世界各国的文化互通与友好往来。

海上丝绸之路还是佛教传播的重要路线。西竺梵僧，蹈海而至；东国行者，踏波远航。传法译经僧，求法访道僧，共同带来了海外先进的印度佛教与文化，促成了广东佛教的产生与发展；传禅弘律僧，求道习禅僧，一起带去了中国发达的佛教与禅律文化，将广东佛教与中国佛教的精华传播到三韩、日本与越南等地。

广东佛教特别是禅宗的创始、生存与发展繁荣和海上丝绸之路息息相关、密不可分，广东佛教的特质体现出浓厚的海派精神与南宗风范，广东佛教堪称中国海洋佛教的代表。不研究海洋文化与海上丝绸之路，就不能充分理解广东佛教的本质与特色。

发展“一带一路”是中国的国策，振兴“海上丝绸之路”更是广东的责任。天台智者大师主张佛教徒要爱教、爱国、爱众生，爱国更是广东佛教长期以来的优良传统，明清之际的遗民僧便是这一传统的优秀代表。为了配合国家战略，为了振兴广东佛教，理应参与到海上丝绸之路的研究与建设事业之中。

光孝寺作为岭南首刹，更是海上丝绸之路的见证与枢纽，其创始人昙摩耶舍便是泛海而来的印度高僧和大禅师，其后有菩提达摩、真谛、义净、不空、鉴真等无数高僧由此往来海上，传播佛法。因此，光孝寺更有责任响应国家号召，积极参与并推动海上丝绸之路与广东佛教的研究与建设。

山僧与本书作者徐文明教授相识有年，深知他对禅宗与岭南佛教素有研究，长期参与并支持广东佛教的理论建设和学术研讨，是写作本书的最佳人选。去年岁末一晤，面邀其写作本书，徐教授欣然应允。时间紧，任务重，徐教授不辞辛苦，夙兴夜寐，按期完成了此书。

本书是从海洋佛教及海上丝绸之路这一新的视角对于广东佛教进行全方位的解读与梳理，涉猎广泛，勾画细致，举重若轻，新意迭出，为这一方面的开创之作。期待进一步加强与徐教授的合作，使其在岭南佛教研究领域有更多的学术著作问世。

本书亮点之一，便是有关越南佛教部分。众所周知，交广古来一体，广东佛教与安南佛教相互交流、长期共存、唇齿相依、密不可分。通过二十一世纪海上丝绸之路的建设，可以进一步推动中国与越南及东南亚各国人民的友好往来，加强两地佛教的相互交流，化干戈为玉帛，使南海成为和平之海、友谊之海。

值此新书付梓之际，特应作者之邀，聊缀数语，言不尽意，姑为之序。

（原为《广东佛教与海上丝绸之路》序，此题为编者所加）

戒若冰霜

光孝戒坛，集四方纳子成就功德

佛出西乾，教流东土。法化绵长，百千万载。其祚永延，端赖住世三宝，其质常清，全在木叉尸罗。故戒德难思，冠超众象，为五乘之轨导，三宝之舟航。其兴也，防邪捡失，禁止四魔。其本也，诸恶莫作，众善奉行。其化也，五篇七聚，道楷缁素。大科有四，戒法无量，源导佛言。戒体无漏，授受熏成。戒行无紊，三业有徵。戒相无舛，本末备悉。又具四名，优婆罗叉，分别轻重，判释开遮，以诠量得名。毗尼善治罪过，使之不起，故称调伏。木叉防非，除身口七支罪过，故名解脱。尸罗量力，犹扑业火，得称清凉。故振钮提纲，修整烦惑，非戒不立，非戒不弘。

羊城光孝，虽美以禅，然亦有顿悟戒坛，而成千古公案。爰在刘宋，时许元嘉十二年，西竺高僧求那跋陀罗，渡海到此，建坛受戒。更为玄记，百七十年后，当有肉身菩萨于此出家受戒。果如所谶，我六祖慧能大师，即于彼时剃发圆具是处。遂后登坛说法，开演顿教法门，即彼戒坛得称顿悟。光孝寺史，高僧辈出，大德涌现。凡演教秉宗，持净宏律，不乏其人；懿德懋行，有载释册，今不赘叙。特拈而论者，退居本公焕老和尚、新公成老和尚，满二十年，居光孝祖庭，为翰为屏。于九七、零四年传三坛千佛大戒。集四方衲子，施羯磨甘露，成就功德，莫可言宣。而今二老，寿享期颐，南天北斗。吾辈继来，前承祖翁之希，后仰两序所望。无敢晓替晨昏，唯道是务。遂调和诸般，敦促因缘，圆成此次二部三坛千佛戒场。

受戒原为守戒，守戒是为修行。今外缘悉具，个人得法加持。即受以后，当尊重珍敬。五篇垂范、岂同训夏之科，七众分宗，宁比歌虞之制。故初贵明戒之识，继贵得戒之诚，终贵持戒之志。庶使僧格完备，三宝周隆，证妙理于缘生之境，起万行于深信之宅。是为最上究竟。

（原为《辛卯光孝禅寺传三坛千佛大戒同戒录》序，此题为编者所加）

普门戒坛，耀岭南之净域

夫戒之为大，五乘津梁由之而通。戒之为要，像季法运由之而系。戒之为善，授受成就由之而演。戒之为则，开遮持犯由之而定。诚菩提之根本，圣道之镃基。佛种从其得续，法门自此而严。爰以佛世机熟，善来便具，末法根钝，缘集方成。由是普陀寺香延十师，四七之日，三坛演秘，铸圣涤凡。良缘难再，婆心不息。容叨数语，谨志因缘。

开山普门戒坛，为南海观音道场，创于珠海首刹。宝普陀之摩尼，耀岭南之净域。自庚辰（2000）开山以来，斗换星移，风霜几尽，经全寺努力十五载，庄严落成于乙未之岁（2015）。昔佛世时，比丘日中一食，树下一宿。用功办道，少欲知足。迨教流东土，因缘迥异，各擅随方，越二千年矣！虽殊西乾之范，不僭东土之规。勤为经营，苦为守护。务使无尽之灯，烛于末暗。毗尼之诫，训于即堕。方不负双树泣悲之忧，南山宏宣之望。幸当代佛门领袖，中佛协会长，广化堂上学公大和尚，悯众情深，辅教志坚。允为普陀寺开山首传三坛大戒得戒和尚，非是一寺之荣，亦为百僧之福。教授阇黎金山澄公法师，余之同窗，道德文章，双美俱佳。第一尊证香港宝莲净公法师及诸尊证，并皆主化一方，教界椽檩。开堂正训锦州极公律师，严慈兼济，感慎发诚。合寺大众，精进护戒。檀那施主，慕福培缘。经云：不可以少善根福德，值遇佛法。此何异不可以少善根福德，得预斯会欤！

即今戒品沾身，善神随行。诸佛子，当勤勉剔励，勿殆颟顸。当恣情放荡之际，想此受戒盟誓之时，尔心何在？！又古时，世间科第，著《同年录》，仕宦同朝，集《同官录》，皆所以联情谊备遗忘也。在坛诸友，同一师学，情超昆季，道契伦常。同戒有录，用备份襟之寄。并望诸菩萨牢记：佛法在世间，不离世间觉。及身不苦则福禄不厚，心不苦则智慧不开之祖训。努力将来，莫使昏昏，则众生之良友，佛教之真希望也！

（原为《珠海普陀寺丙申［2016］开山普门戒坛同戒录》序，此题为编者所加）

采撷古范，戒灯续明

敬维如来言教，从不虚设，瘥病妙方，遇识乃贵。圣教之中，百千宝藏。总以括之，无出经律论三。世尊在世，信即解脱。及至像末，禅定方便，结缘为谛。发经从定，造论以慧。毋论何时何地，欲得佛法真实受用，戒之一字，绝无或缺之理。何以知之？戒之为师，《遗教经》云：汝等比丘，于我灭后，当尊重珍敬波罗提木叉，此则是汝等大师。戒之为因，《涅槃经》云：一切众生，虽有佛性，要因持戒，然后乃见。戒之为经，《四分戒本》云：一切众经中，戒经为最上。戒之为妙宝，《大智度论》云：大恶病中，戒为良药。大恐怖中，戒为守护。死暗冥中，戒为明灯。于恶道中，戒为桥梁。戒之为悉昙，《成实论》云：道品楼观，以戒为柱，禅定心城，以戒为郭。度生死河，以戒为桥梁。入善人众，以戒为印。如是戒德难思，体用无量。故五乘以之为基，三圣凭之以严。世出世间，无一妙善而离此，教理行果，必假之而能证成。

戒分四科，曰法、体、行、相。戒法无量，导源释迦。戒体清净，授受熏成。戒行藉缘，克清克如。戒相无紊，开遮权实。其四而一，一而四。若拈而论者，则是法为尊。众戒法中，以别解脱为尚为难，此为八万法门之殊特，方便解脱之方便。时行天下者，唯《四分律》乎！此律属昙无德部，凡六十卷。传译于姚秦，成文于佛陀耶舍与竺佛念。历代视如独宝，化行不悖。重要注疏者，有唐之法砺律师《四分律疏》十卷，道宣律师《四分律删繁补阙行事钞》十二卷、《四分律含注戒本疏》四卷，怀素律师《四分律开宗记》十卷，定宾律师《四分律戒本疏》二卷、《四分律疏饰宗义记》十卷等，宋明时亦有诸家注疏多种。其灵光独耀者，唯南山总律宗之大成也。

及至近现，有弘一律师，苦心孤诣，唱导南山，遂使律典抚毳，戒灯续明。又有诸大律师若广化、妙因、道海、弘川，均为讲说注疏。又中国佛学院传公印老和尚，著《四分戒本讲义》，早年求学北京者，皆沾木叉甘露，发隐尸罗种子。众同学中，有衍宁律师者，余之同窗同参。

自受具以来，潜心戒律，身体力行，严守毗尼，自作教他。几十年来过午不食，不执金钱。其道念冰霜，行持笃定。于今世谛流布，玷风偏扇之内外周遭，实属甚难稀有者矣！律师尝执教于佛学院，现常住于珠海普陀寺，屈居首座，领众熏修。其大作《四分比丘戒本注解》采撷古范，用对时难。文雅旨正，情理互陈。时适末运，人我烟腾，爱见云谲。能讲经者少，习律者更稀。虽不能以个人之缕力，而期挽共业之狂澜。但从来深信：佛教有希望与我有关，佛教没有希望亦与我有关。如不能以是念，扪自方寸，实不知何以发心，何以无畏，何以回向？！瞻律师之作，愿三千大千，受清凉而出火宅；天上天下，乘戒筏而越迷津。蹈真细氎，不闻折轴之忧；撿正微言，利见浮囊之固。余向不慧，文鄙词拙，戒科所以，不预堂奥，故律师法宝，难尽赞扬，但将一颗惭愧自检之心，用表随喜赞叹之意。以为序耳！

（原为衍宁法师《四分比丘戒本注解》序，此题为编者所加）

熟语律典，如法行持

夫宗本湛然，理不可易，是以至妙穷于无生之境，万行起于深信之宅。瀛溟冲廓，法性惟虚。是知无说显道，崇毗耶之息言。绝听雨花，宗摩竭之掩室。大哉菩萨戒者，运善之初章，却恶之前阵。直道而归，生源可尽。为万德之阶陛，作十身之泉源。僧肇大师尝云：夫《梵网经》者，盖是万法之玄宗，众经之要旨，大圣开物之真模，行者阶道之正路。是以如来权教，虽复无量，所言要趣，莫不以此为指南之说。

《梵网经》云：众生受佛戒，即入诸佛位，欲知佛戒者，但是众生心。以觉自心名为佛，以可轨持名为法，以心性和合不二，故名为僧。心性圆净，故名为戒。寂照同时，故名般若。心本寂灭，故名涅槃。延寿禅师直称其：此是如来最上之乘，祖师西来之意。时值末运，奈何闻者多生遮障，见者惑起狐疑，皆因垢深福薄故而。由是盲者不见，非日月咎。有志心受者，闻而法利无边，生诸导师，妙药之王，开甘露门，入菩提路。

详其肇起之缘，释迦世尊从第四禅，擎接大众至莲华台藏世界，见卢舍那佛，启问一切众生，以何因缘得成菩萨十地之道，及以果德之相，舍那为请宣说菩萨修道阶位，凡有四十法门。释迦受教已，至阎浮提，示现降生、出家、成道、十处说法，于摩醯首罗天王宫，观诸大梵天王网罗幢，因说无量世界犹如网孔，一一世界各各不同，佛教法门亦复如是。三聚净戒，清净无暇秽；梵网庄严，诸佛妙解脱。传译于姚秦罗什三藏，初受于慧融同学八百。派诸天下，雷讽实多。转译藏文，曰《法广母经》，录甘珠尔。金刚智译《大乘瑜伽金刚性海曼殊室利千臂千钵大教王经》，依此经而扩成。古德著疏，文广义丰。高而名者有，注全经唐新罗太贤《梵网经古迹记》四卷、《梵网经菩萨戒本宗要》一卷，明智旭《梵网经玄义》一卷、《梵网经合注》七卷，寂光《梵网经直解》四卷，清德玉《梵网经顺朱》二卷。注下卷有隋智者《梵网菩萨戒经义疏》二卷，唐法藏《梵网经菩萨戒本疏》六卷，明旷《梵网菩萨戒经疏删补》三卷，胜庄《梵网经戒本述记》四卷，宋慧因《梵网经菩萨戒注》三卷，明弘赞《梵网经菩萨戒略疏》八卷，清书玉《梵网经菩萨戒初津》八卷。又有日本国空海、善珠、法进，新罗元晓、义寂、智周、法铣等诸师注疏多种。

教界时贤衍宁律师，潜心毗尼，钻研大小。谙如来十句妙意，解尸罗顿渐因缘。躬蹈仪范，清净无染。复能自作教他，为文为翰。将《梵网经戒本》注解，直抒胸臆，非识其梗概，通难解结者，不能为之。当今之际，流弊甚于过往，方便几成招牌。能熟谙律典，又能如法行持，复能巧用方便，布施于众。其三能可贵，实世所稀有者！何幸如之，余与律师昔年为中国佛学院同窗，二十多年来，谊俱时增，赞与见同。为楷模四众，镇化一方。恭请律师常住于珠海普陀寺，踞首座席，秉律仪杖。余欣见《注解》修订完毕，将付梓流通。忝而为文，阙冠于首。虽戒德无量，岂待俗言而增减。然劝勉之情，必随喜助扬而流通。唯愿：未发菩提者，闻而当发；已进菩萨道者，见而无畏。是以为序！

（原为衍宁法师《梵网经菩萨戒本讲义》序，此题为编者所加）

明了所受，悉于所禁

菩萨者，因地大权，果地为佛。形通九界，不可以方数之。化满十方，不可以迹据之。为法王勇将，诸佛所叹。然清凉之月，要依净水而显。虽游毕竟空，亦不废起心动念之诫，此言圣边。若调凡情，必依清净木叉之则，方堪行无疮疣，寓世无染。故诸佛慈悲，前宣后演，诸部菩萨戒，用以护诸同伦，广洽有情。

此土所传菩萨戒本凡有三系六种，一谓《菩萨璎珞本业经戒本》《梵网经菩萨戒本》以出家为主，略兼在家心行；二、《瑜伽师地论菩萨戒本》兼容缁素，《菩萨善戒经戒本》《菩萨地持经戒本》以出家为主；三、《优婆塞戒经戒本》唯摄在家。教史著者，唯《梵网》道行千载，传演不绝。教内云：法久生弊。非谓法之有漏，而是善根不足。现行菩萨戒概有两种，一为《优婆塞戒本》、一为《梵网菩萨戒本》。《优婆塞戒本》出《优婆塞戒经·受戒品第十四》，北凉中印度法师昙无谶法师译。准其授受，观检六月，条文最繁。然阅其止作，唯六重二十八轻，于时最为允当。无《梵网》之琐细，具《瑜伽》之功德。论其利益，缘三聚而为发心，礼六方而为供养。总三世三际之量，至三藐三提之果。法门平等，超胜方便。举例而言：尽一切有情边受，不能于一切有情边犯尽。故每有畏犯而不敢发心者，此无异于因毳缕而失白氎。故不疑善根多少，福德有无之在也！

受戒原为守戒，守戒是为善护。戒制非如五欲之绳，愈挣愈紧。而是于所行所废，明了无疑。故欲戒行清净，当熟谙戒条。若轻若重，不可颟顸笼统。若开若遮，当合时节因缘。此次光孝祖庭传在家居士菩萨戒，重印《优婆塞菩萨戒本》，希冀大众明了所受，悉于所禁，真发菩提心，力效菩萨行。随缘赞叹三宝，尊重因果。将大乘佛教精神面貌播扬开去，于各自道场（身心所在即为道场），施言施教，成为真正的菩萨行者，而非仅仅珍视名字也。

（原为《优婆塞菩萨戒本》序，此题为编者所加）

灵鹫钟磬

佛山晄耀，阅后清凉

法明塔坡留古像，肇起佛山最胜因。

千年菩提圣道场，仁寿重光敷演扬。

佛山是南粤重镇，毗邻广府。自古以来民庶物丰，在我国不同历史时期有“四大镇”（景德、朱仙、汉口、佛山）“四大聚”（北京、苏州、汉口、佛山）之美誉。尤其是城市以佛为名，也是绝无仅有的，故而佛山确是三宝应化有缘之地。综观佛山历史，自古至今她的肇起因缘和发展变迁，都有佛教的身影与之伴随。佛山有佛，始自东晋隆安年中（398）。建寺留名，源自贞观二年（628）。鼎盛时期，爰在明清，时梵宇星罗，香云弥布。寺院庵堂达一百六十八所。后遭逢兵燹，法运式微。期间虽有大德发愿弘化，亦不过昙花一现，难持久势。及至1980年以后寺庙逐渐开始恢复，随着党的宗教信仰政策落实，原有的古庙道场逐渐开放。并于2004年成立佛山市佛教协会，会址设在佛山四大丛林之一的仁寿寺。现佛山佛协登记开放寺院八所，其余正在恢复、审批和申请过程中。

当前政通人和，文化昌明。我会早于数年前酝酿办佛山佛教协会会刊，一为佛山精神文明建设注入活力。二为弘扬佛山佛教，扩大佛教积极影响而巧作方便。因缘际会，今年我会会址所在地仁寿寺将原佛山民间艺术社所在地的清代老大殿收回。借此因缘，恭请中国佛教协会会长传印长老为书“仁寿重光”，并欣然为此佛教协会会刊题写刊名，名曰：佛山。希冀此刊能够成为广大佛教徒学习、交流的平台；为佛山佛教事业的发展起到推波助澜的作用；更仰仗诸位作者布施文字法雨，增色增辉。诸位读者认真回馈意见，自他两利。

末后祝：佛山晄耀 阅后清凉！

（原为《佛山》创刊词，此题为编者所加）

海幢潮音，润泽无声

盛世文章千载誉，贝叶香薰海幢音。

广州是海上丝绸之路的重要港口，不仅承载了文明交流的因缘，更为佛教从海路传入中国开创了万古功绩。千百年来的广州佛教名人胜迹难以具数，其中古刹林立，梵宇交辉，永载乡籍史册。五代时，广州佛教已发展至鼎盛时期，其中南汉时称为“千秋寺”的海幢寺为广州佛教史上五大丛林之一。文化底蕴深厚，教内地位显赫，为历代高僧驻锡弘法之圣地。尤以清初天然和尚为首的近百诗僧在海幢寺雅集赋诗，结社酬唱，并形成“海幢诗派”。海幢寺也因如是因缘而享誉海内外。

“岭南本是禅宗地，世世传灯有姓卢”。广州乃至广东佛教都是以禅宗作为修学的主体。随着禅宗文化的深入人心，涌现了许许多多岭南佛教作品，留下了众多的文学作品。今日广东佛教亦有习文善诗之人，佛教界以刊物、网站为平台，旨在通过文字般若，弘扬佛法与传统文化。

今逢政通人和，文化昌明，佛教隆盛的大好时节，海幢寺作文字佛事，唱般若功德，创办《海幢潮音》佛教刊物，与四众分享佛教文化，禅宗精髓，光大“海幢诗派”，渐仁摩义，陶大众以养正，开未识于向悖。裨《海幢潮音》家弦户诵，润泽无声。

仅以此数语，权作创刊赞叹之贺，颟顸之处，尚正方家。

（原为《海幢潮音》创刊词，此题为编者所加）

法音宣流，闻生欢喜

华林禅寺是广州清代五大丛林之一，历史上尤以东土禅宗初祖达摩大师西来登岸之因缘为最。嗣后“西来大意”便成为禅宗酬唱举扬的第一公案。达摩大师西来东土又所为何事呢？《灯录》上有答案，虽然千人千面，要在不出“识自本心，见自本性”之一辙。若言达摩未来之前，我人之心性既已有之，遏用直陈，何劳他百多岁老人漂洋过海，扯这一番葛藤？若言西来只为“直指人心，见性成佛”，性本无形像，无方处，又因何能指，质何所见呢？如此进退不得，还要容身自在，便是达摩西来大意之筌蹄。这虽是一千五百年前的老话题，今天看来，仍旧不失为截断众流，破迷启悟之妙药。

华林禅寺禅法因缘殊胜难思，佛教文化底蕴深邃厚重。堂头和尚发大宏愿，以文字演绎禅悦，以法布施为最上供养。谛观时代因缘，荷担弘法家务，是值得赞叹和学习。虽然禅宗不立文字，却也不离文字。即此不立不离，因何不立？复因何不离？诸位读者善知识，要在正眼不昧，有个不疑处，方不辜负华林两序大众的一片婆心！

即今《华林禅源》喜得面诸同好，唯愿：法音宣流，闻生欢喜。欢喜，华林同聚会，初地问禅源。

（原为《华林禅源》首刊发行贺词，此题为编者所加）

再振圆音于五粤，弘扬正教于八方

经云：法不孤起，仗境方生；道不虚设，遇缘乃行。是以《圆音佛教》复刊伊始，略述前因，以颂往贤功勋；用勉今吾，权为策进之鼓。

《圆音佛教》是二十世纪佛教丛刊的一朵奇葩，1947 年，由时贤汤瑛（1888–1959），字雪筠，（即侨居南洋的融熙法师）在广州所创办，虚云和尚任社长。当时创刊因缘，如云公《复演弁言》中说：时值法运末季，说道人多，见道人少，佛门道场多受兵燹之灾；又欲以文字般若弘扬佛法，挽救世道人心。秉此初衷，《圆音佛教》在各种艰难的条件下出版十期，即告停顿。1949 年，春汤瑛居士移居香港，1950 年十二月复刊，云公述复刊词，仅二期，无疾而终。虽初后相继无多，然影响非凡，云公赞其“也许是平地一声的法雷”！

时轮再转，因缘兹遇。余二十五年前求学于北京中国佛学院，一日在整理档案的旧书中，不意发现《圆音佛教》复刊的第一期，并云公《弁言》一则。欣喜之下，通篇阅竟。因余出生、出家、常住都在广东，初见后，即暗许一愿。愿将此《圆音佛教》带回广东，因缘会际时，一定再振圆音于五粤，弘正教于八方。故请示管理人员，允为己有。遂珍视无上，携怀至今。

璇玑电卷，世事迭迁。现余主持广东佛教工作，自是不忘是年夙愿。今有珠海市佛教协会并普陀寺两序敦请，愿于该处再现《圆音佛教》当日之貌。相议之下，确是可行。一者，创刊之时乃鉴于干戈未息，人心不平，教势颓危之况，而欲振《圆音佛教》，辅救时弊。当今之时，海晏河清，国势日隆，人心慕善，法道堪弘千载之际。历观教史，国土安，必佛法兴也。二者，广东是经济、文化大省，而又以珠三角为中心。珠海地理位置，人文环境优势即目，复办此事，是处可尔。三者，圆音，乃圆通之音也。圆通者，观音大士之行门。普陀寺是观音道场，菩萨伽蓝。余复忝任主持，忆及前因，多方具足。是故经请省、市宗教部门批准，珠海市佛教协会主办的《圆音佛教》珠海佛协会刊，再次面世。

《圆音佛教》过现大事因缘如是，至望诸位善知识，多提宝贵意见。惠赐鸿文大作，增色增辉。新年将至，并祝：思维得福慧，阅后获清凉！

（原为《圆音佛教》复刊缘起记，此题为编者所加）

高僧大德

笔墨参禅，意象显真

以笔墨作参禅之阶，以意象显真实世界。

禅修之道，从来不择时，不择地，也不拘形式。故永嘉禅师云："行亦禅，坐亦禅，语默动静体安然。"禅艺同源，笔墨亦可作蒲团。禅心和融，禅意四溢，入乎其内；纯任天机，出乎其外，笔力千钧。入乎其内，禅心传神而见其善；出乎其外，故有高致而现其美。坚持以心为本体的禅和禅意书画，既强调"外师造化"，更重视"中得心源"，由自证自悟而显现内在自性智慧，摆脱外在规矩的束缚，心清意明、创作出新。这种由清净心而表达出的新意，在禅学则为禅境，在书画则为意境。禅的特点在于即体即用，其本体论、认识论、方法论始终能成为书画艺术的指导思想。

珠海普陀寺为观音大士"常居南海愿"应化道场。今年，为庆祝普陀寺兴建落成、全堂圣像开光暨升座庆典，特延请知名诗书画家吟诗作赋、挥毫泼墨，创作妙品。此次展出的书画作品，既有书画前辈名家的丹青墨宝，也有中青年实力作者的佳作，还有艺术爱好者的精心妙品。赏读这些作品，可感知禅意悠悠，春秋水暖，仿佛远离尘世，体悟清净空门，行禅修学，消除污染与干扰。十方无影像，六道绝形踪，这将是一场神圣和空妙的心灵之旅！

热烈欢迎各界人士广结善缘，同沾法喜，共沐艺术春风，前来享受书画大师们的精湛佳作，愿一幅幅佛教禅意书画作品能带给您春雨般的心灵滋润……

（原为"珠海普陀寺书画展"序言，此题为编者所加）

后进榜样，僧人表率

揭阳双峰堂上光镇大和尚，生前任广东省佛教协会副会长，系中佛协常务理事，揭阳市人大代表，揭阳市、普宁市佛教协会会长，揭阳双峰寺、天山寺、普宁盘龙阁、小普陀、龙华寺等堂头大和尚。

师降迹粤之东南，陆丰吴氏子。三代笃善，信敬佛法。父名智达，母吴纪氏。兄弟七人，行序第四。是家可谓众善上人所聚，次第四人剃发染衣，寄迹缁门。师宿秉善根，缘遇德发。性慈而智明，与人方便。行蹈而无染，清净自持。出尘志坚，于 1987 年与华林寺光明法师等六人礼六榕寺新上人出家，法名昌永，字号光镇。是年依清海律师受具于五台山广宗寺。戒期圆满，求学于厦门闽南佛学院，学修五年。1986 年，奉师命往陆丰元山寺任职，兼揭阳双峰寺住持，揭阳市佛教协会会长，并当选汕尾市人大代表。1992 年，任普宁市佛教协会会长。师于公元 2010 年 2 月 8 日，示寂于双峰寺，世寿六十，僧纪三十，戒腊三十。

师之一世，辛苦为人。婆心一片，含齑吐甘。城堑三宝，为翰为屏。出家之行，盖于佛教复苏之时。“文革”才过，举国罕有出家者辈，是为改革开放第一批佛教僧人。其表率作用，足为后进榜样。其求学刻苦，历时五载。转而兴建寺庙，安僧度众。先后举建梵刹六处，精舍若干。诚为开创揭阳佛教之宿将元勋，广东佛教之长老。余与法师早年相熟，亦师亦友。对广东佛教之诸般见解，实有同一鼻孔出气之亲。师因法忘身，先生净土。门下高足，广东省佛教协会副会长兼秘书长耀智法师，缅其师恩，赞颂懿德。欲出文集，以为纪念，问序于余。余向疏文字，词不达意，恐负所望。怎奈镇公德膺四众，誉满诸方。复有龙象后昆，输诚歌仰。故不揣所弊，权为赞扬。端祷：常寂光中，不舍俯鉴之慈；莲台座上，增长无生之慧。兹赘述数语，于文集之前。见正方家，不吝赐教。

（原为《光镇法师纪念文集》序，此题为编者所加）

明月高悬，风范长存

为《天鼓雷音一沙门》一书写序，不是一件容易的事情，我之所以抛却畏难情绪，是因为有些话想借这本纪念集说出来，以表达我对大德的尊敬，对道友的永远思念。

弘澈法师生前为中国佛教协会理事，广东省佛教协会副会长，潮州市佛教协会会长，潮州开元寺方丈，岭东佛学院院长，一生弘法利生，影响遍布海内外。长期以来，法师以提高人的品质，建设人间净土为己任，身体力行，大力倡导以戒为师，培养僧才，兴寺办学，为广东佛教做出了很大的贡献。三年前，弘澈上人示色身无常，显寂灭为乐。我痛失这位良师和挚友，每每思念，扼腕悲痛，悲欣交集。

《天鼓雷音一沙门》是雷音寺为了纪念弘澈法师圆寂三周年出的一本书，内容丰富，图文并茂，选编精当，以翔实的资料，简练的文笔和大量珍贵的图片，从法师幼年受母熏陶，慧根早育，皈依佛门，茹素礼佛，石壁皈心，到五台受具，栖霞研读，精进勇猛，开元升座，住持伽蓝，领众办道，严净毗尼，为世间头陀菩萨。书中既有客观的纪实史料，亦有后来人的忆念情愫，精彩地展现了老和尚一生弘法办道的过程。

弘澈法师曾开示："学为人师，行为世范；住持正法，续佛慧命"。他一方面重视僧伽教育，身教言教，为四众之楷模；另一方面，积极拓建庙宇，兴建开元寺玉佛楼、大悲殿，雷音寺藏经楼、大雄宝殿，在古刹的再度重光中，做出了殊胜功德。从这些事情可看出法师为国为教的一颗拳拳之心，他耗费了心血，殚精竭虑。

斯人已逝，风范长存。法师品高行重，修持严谨，参研佛理，学识渊博，开坛讲经，平常话里饱含人生哲理，深藏玄机，启思益智，解惑除迷，令人回味，深受海内外信众景仰，皈依门下弟子以千计。法师在生活中体验正道，在弘法中大转法轮，荷担如来家业，住持正法，续佛慧命，热心公益，随缘度众的真实事迹都能通过此书的出版，得到弘传。

诚然，雷音禅寺倡议编纂的《天鼓雷音一沙门》是寻常。寻常便寻常，世间事本是寻常。恒久之寻常,不亦是不寻常么?能为《天鼓雷音一沙门》一书写序,是我的荣幸。

此序行笔至此,下个月该是清明了。正值十五,明月高悬,永怀思念!

(原为《天鼓雷音一沙门》序,此题为编者所加)

翰墨禅韵

期书画因缘，作笔墨佛事

禅予灵机呈纷彩，盛世鸿篇书和谐。为了挖掘和弘扬广东禅宗优秀传统文化，发挥禅宗文化在构建精神文明暨和谐社会历史进程中的积极作用，由广东省宗教文化交流协会、广东省佛教协会主办，广州光孝寺承办将于2010年9月9日至11日举办“2010广东禅宗六祖文化节”系列活动，活动期间将举行“佛教文物书画展”，以文化艺术的形式彰显禅宗文化的深邃内涵，从而适应当代社会发展趋势，服务于广东文化软实力的提升和文化强省的建设。

经云：一切世间微妙善法，皆是佛法。中国历史文化字典中，书和画是闪烁熠熠光辉的两个名词。自佛教东传，汉魏以来，书画便与佛教，特别是禅宗结下了不解之缘。一方面是佛教本身有一大批能书善画的僧人，藉书画为媒介来抒发以生命态度对佛法的体悟，从而转化作为接引众生的法门；另一方面也有很多信仰佛教的书画家，他们将信仰与艺术的统一，通过书画的形式表现得淋漓尽致、惟妙惟肖。更或因为佛教已成为民众日常生活的重要部分，借佛教题材来丰富书画内容，增添书画艺术之意趣与内涵。特别是禅宗兴起后，禅的洒脱个性和心物合一的空灵境界等禅机禅趣被大量融入书画创作当中，使中国书画艺术增添了新的创作元素，达到空前绝后的黄金时代。中国书画史上佛僧禅匠与尚佛尚禅的书画家何其多也，书圣王羲之，狂草怀素，欧柳颜赵，永字八法智永，“南派画宗”开山大师王摩诘，“华亭派”主要代表董其昌，清初画坛“四僧”石涛、八大山人、石溪、弘仁，中国油画、广告画和木刻先驱弘一法师等等，莫不以佛法为书画生命的精神食粮，发挥创作出书画史上的一幅又一幅绝笔神品。

此次展出的书画作品，既有光孝寺、南华寺、开元寺、六榕寺、大佛寺、仁寿寺等寺院往年之所藏，也有此次特邀的名家大作，其中亦不乏精诚笃信的护法居士作品。观其神韵，咸为下笔矜慎、立论幽微的上品佳作。察其旨趣，书法则浓淡相济，风骨情神飞扬纸外；画作则典雅传神，百态千姿跃然纸上。无论书法，还是画作均蕴涵着极其深厚的艺术底蕴和丰富的佛教内涵，对于弘扬佛教禅宗优秀传统文化，提高人的精神境界大有裨益。徜徉在书画艺术的氛围里，在笔墨线条跌宕抑扬的节奏中，品味轻风拂面、幽香沁醉的美感；领悟忘乎筌蹄、游于天倪的佛境禅意。

为纪念这一殊胜因缘，我会特将此次参展的作品编辑成册，流芳后世。以期书画因缘，作笔墨佛事。有喜此者，同沾智水，共得清凉。

（原为“2010广东禅宗六祖文化节”书画展前言，此题为编者所加）

赏读佛教书画，沐浴艺术春风

《华严经》云:“一花一世界，一木一浮生，一草一天堂，一叶一如来，一砂一极乐，一方一净土。”

佛教艺术是佛教文化的奇葩，它不仅是表征佛法的独特方式，也是表现佛法的载体，特别佛教书画更是蕴含着深邃的佛法哲理和内心清净智慧的意境。佛教历来重视运用各种艺术形式来宣传教化，尤其是书画。佛教书画，流派纷呈。它不仅促进了中国书画向多元化方向的发展，也给中国书画带来了全新的技法和理论。尤其是禅宗兴起后，禅的当下顿悟与心物合一的空灵境界等禅理禅趣被大量融入书画创造当中，为中国书画的发展注入了无限的生机和活力。正如北宋著名画家郭熙所言：把佛门祖师语录和画坛宗师画做对照，不难发现，禅机和画理如一脉相承，因之溯本寻源，则必及乎禅。

为庆祝“2012广东禅宗六祖文化节暨广东省佛教协会成立三十年”，我会特隆重举办此次“广东省佛教协会三十年书画展”，以服务于广东文化软实力的提升和文化强省的建设。此次展出的书画作品，既有特地邀请书法家创作的九十九句《坛经》偈语和三十三幅禅宗祖师画像，也有此次特邀的大作，咸为下笔矜慎、立论幽微的书画大家和护法居士所创。纵观此展，或一毫五彩，或屈玉垂金，或雅致清标，或天机意匠。赏读这些作品，回溯至久远，沉醉于翰墨，如同清风徐来。无论书法，还是画作均蕴涵着极其深厚的艺术底蕴和丰富的佛教内涵，对于弘扬佛教禅宗优秀传统文化，提高人的文明素养非常有益。

热烈欢迎各界人士来这里沐浴艺术春风，欢迎前来享受书画大师们的精美作品，愿一幅幅佛教书画作品能带给您春雨般的心灵滋润……

（原为“2012广东禅宗六祖文化节”画册序，此题为编者所加）

书画禅宗巨匠，共沾文墨功德

禅源祖本，灵光独耀，书画歌咏，无尽渴仰。

唐开元元年，公元713年旧历八月三日，禅宗六祖慧能大师功德圆满，庄严示寂于国恩寺。这位人类思想史上伟大哲人，珠江文化领袖，禅宗巨匠，其智慧甘露，润泽了千百年来人世间饱受困惑的芸芸众生之烦恼心田，开创了中国佛教史上最伟大的历史篇章。曹源一滴水，五叶呈芳，四海分派；每仰望星空，静听光孝菩提树下，月影婆娑，祖灯辉辉，无尽感恩、赞叹、皈依六祖大师的功德智慧！

今逢2013年，六祖大师圆寂一千三百周年的特殊日子，作为大师一生成就的策源福地，广东省佛教协会隆重举行大型系列纪念活动，以彰显大师不世智慧，辉煌成就。给当今之世的有情，带去信心和力量。在系列活动中，得到中国书画艺术创作研究院、广州盛视广告有限公司的鼎力护持，敬邀有关领导、法师，及百位中国书协、美协的艺术家，以六祖大师和《六祖坛经》为创作元素，临瀚挥毫，精思鸿构，共收到书画作品百幅结集成册，永昭文史，更为六祖大师圆寂一千三百年后，留给我们纪念他一生奉献的因缘福报。

向有文以载道，书以传志之说。希望本次书画专集能够带给读者一场视觉与心灵、文化与艺术、智慧与境界，融合统一的盛宴。也感恩成就本画册如期问世的各个因缘，愿见闻随喜、参与同行者，咸获六祖寂光庇佑，共沾文墨功德法喜。是以为序！

（原为“2013广东禅宗六祖文化节”名家书画展序，此题为编者所加）

六祖禅画，觉悟人生

在中国佛教二千余年的历史长河中，涌现出许许多多令人敬仰的佛教大德。他们坚忍、智慧、慈悲、圆融，为佛法的传播和传统文化的传承，做出了卓越的贡献。作为世界十大思想家之一，东方珠江文化领袖，中国禅宗集大成者——六祖慧能大师，无疑是中国佛教史和中国文化思想史上最为重要的代表人物。

六祖慧能大师出生在唐朝初年的广东新兴，一生除了在湖北求法的八个月，其余时间皆在广东度过。因而岭南大地也成为中国禅宗的发祥地。禅宗对于中国佛教和中国传统文化的意义，是非同寻常的，其主要思想又是集中在《六祖坛经》中，我更认为：禅宗的立宗主旨就是六祖慧能大师在《坛经》中提出的“无念、无相、无住”。故《坛经》开篇明义就说：“菩提自性，本来清净，但用此心，直了成佛。”可见，只要我们保任“禅心三无”，则触目皆菩提，黄花有禅意，翠竹尽般若，心佛众生三无差别，一切现成。正是有着这样的宗经主旨——禅心三无，唐末后禅宗才有“一花开五叶，凡寺必有禅”的鼎盛局面，禅宗也因此成为保有中国佛教生命力和创造力，与传统儒道思想融合互鉴的佛教不二宗派。与此同时，禅宗也成为中古时期中国佛教输出的主体，绵延一千余年。所以，六祖慧能大师，是当之无愧的佛教导师，世界禅圣，高山仰止。

千百年来，无数在佛门里追讨生命真相的人，都不同程度地受到过六祖慧能大师及其禅法的恩惠，都在《六祖坛经》乃至禅宗的文字公案中找到属于自己的那一份答案：探索、琢磨、忘我、觉醒、明心……最后，不约而同地赞叹六祖大师的深悟彻见，折服他的方便善巧，同时对于《六祖坛经》也褒重不已。或注释、或诠解、或讲说、或翻译流通，不一而足。

今有画家赵晓苏先生，长期以来从事禅画的研究和创作，在海内外举办了多次禅画专题展览。此次以《六祖坛经》原著为依据，以百幅精美画作展示、解析《坛经》要旨，并辅以现代语言贯彻全篇，以生动活泼、图文并茂的形式宣扬佛法，传播六祖大师的禅法思想。

无相是佛法的究竟义，有相是佛法的方便道。空而不空，无相无不相，才是般若智慧的真实妙用。近些年，佛教书画蔚为大观，成为佛教文化一道绚丽的风景，对宣传佛教正能量，弘法利生，以及丰富信众宗教文化生活都起到了其他形式无法替代的作用。从这个意义上，绘画本《六祖禅圣》无疑做了一次普及佛教经典的可喜尝试，希望读者能从中受益，让禅心智慧滋润生活，觉悟人生，升华生命，成就菩提，庄严佛土。

（原为《六祖禅圣》序，此题为编者所加）

加强佛教寺庙建设，发展佛教文化事业

辞旧迎新，春暖花开。时值猴年春节来临之际，我谨代表珠海市佛教协会和普陀寺，祝福大家：福慧双增，吉祥如意！

普陀寺的2015年，忙碌而充实地行进在爱国爱教、自利利他的弘法利生大道上，积极承担了佛弟子的使命与责任，提升自我学修道德，传播正面价值。而这些成就，都得益于省市区委统战部和民宗各部门的指导、支持和帮助，得益于海内外诸山大德法师、社会各界与四众同仁鼎力护持。

从社会服务上来讲，我寺积极融入珠江流域与二十一世纪海上丝绸之路沿线国家合作发展的战略节点，服务于“一带一路”的命运共同体、责任共同体、利益共同体的建设，与东南亚寺院缔结友好，深入开展对外友好交流。此外，我寺成立慈善义工部，积极参与社会各项慈善福利公益活动，扶贫赈灾，救助白血病患，定期向养老院、孤儿院、残疾人送温暖，为和谐社会建设添砖加瓦。我寺还以绿色环保为抓手，戒杀放生，植树造林，不断美化寺院环境，截流治污，再生利用水资源，免费派香与素食，不收门票，还寺院功能与清洁环境于社会大众，为珠海宜居文明城市与“五位一体”建设贡献力量。

从佛教自身建设上来讲，我寺继承和发扬人间佛教优良传统，坚持长年以大悲法门统摄全寺僧众修学，严肃戒规威仪，端正道风学风，内强素质，外塑形象。在寺院管理方面，认真贯彻执行《宗教事务条例》，建立健全各项管理制度，细化管理流程，落实管理责任，大力推进“网络+”建设，不断促进寺院制度化、规范化、系统化与信息化的管理，使寺院沿着“平安、有序、整洁、文明”的方向阔步前进。

从佛教文化建设来讲：我寺积极响应珠海市政府文化兴市的号召，在不同方向与层次深入彰显佛教文化的深厚底蕴，我寺承办广东省佛学院居士培训班与本科班教学工作，承办全国汉传佛教讲经交流会巡讲活动、中国佛教与海上丝绸之路研讨会以及海上丝绸之路佛教摄影书画展等，设立对外图书馆与电脑图书馆，建立网站与微信平台弘扬佛教文化与素食文化，定期举办讲经弘法活动。2015年5月，佛祖圣诞日从斯里兰卡迎取了佛陀舍利，并在11月举办了普陀寺开放十五周年庆典暨开光升座活动；每年定期举办短期出家以及对接大学生禅修夏令营。这些活动与文化设施，使得社会大众更好更亲近地认识佛教文化、了解佛教知识、体验佛教学修生活，从而反观自身，提高素养，升华伦理道德，教育广大信众树立正知正见的信仰，爱岗敬业，诚实守信。通过这些活动，普陀寺完善了不同层次的弘法，接引了不同文化阶层的信众，使他们在爱国中爱教，在学修中锻炼，庄严身心，充实人生，力争做一个充满佛教智慧的好信众，一个遵纪守法、有国家意识的好公民。

回首过去，我们更加珍惜，心存感恩。展望未来，百尺竿头，更须进步。2016年，我寺将始终不渝地高举爱国爱教旗帜，继续弘扬优秀传统文化和佛教文化，以求为珠海乃至于广东的经济社会发展做出应有的贡献。新的一年，我寺将主要开展以下工作：一是加强宗教政策与法规的学习，不断提高依法办教的水平；二是加强佛教自身建设，不断提高寺院管理水平；三是加强发展佛教文化事业，多方位开展讲经弘法活动；四是加强公益慈善平台建设，促进佛教慈善的深入开展；五是加强对外友好交流，服务“一带一路”建设。

最后，祈盼大家一如既往地关心和关注珠海普陀寺的成长和发展，在弘法利生，庄严国土，利乐有情的学修进程中，同心同德，携手并进。并祈愿三宝威德加被，大众六时吉祥。

祝大家新年快乐！

（原为《普陀微影》序，此题为编者所加）

空山新雨

但愿人长久，法流五大洲

三十年前，你我还只是初出家的青年僧人；三十年后，你我已然是年逾半百的中年老和尚。紧致的面庞，也已因深刻着坚持的故事而松弛；茁茂的头发，也已因负责的坚守而花白稀疏。是老了吗？当然是！真的老了吗？也并不全然！每当遇到你，或者是他的时候，记忆的青春，便不自觉地迸发出并未过期的能量——想起某件捧腹大笑的瞬间，浮现只有属于你我之间的绰号，勾起令人至今赞叹不已的佩服，述说当年考试，学习、参学、问道的紧张、戏谑、尴尬的往事……今天再想起，早已没了当年的意气用事，没了隔夜较劲的脾气。这实在不能不感恩过去因缘的给予，让我们在最好的时节相遇，在最素朴实在的环境相识。然而，岁月就是这样在指尖偷偷地，偷偷地流走，流到那越来越远，越远越甜的地方！

每当因感慨力不从心的时候，就会追问一句：人是不是年龄越大，就会越发记起从前的事？我想：应该是这样的！至少证明，还有可供回忆的过往，以自证佛说人生变幻的真相。对于无常，我们没有办法改变，但可以努力适应。有句话说："适应是改变的前提。"这三十年里，相信每个人都发生了巨大变化，有的身居高位，有的默默耕耘，有的潜心学术，有的自娱自得，面对得意和难过，面对无奈和彷徨，大家相互见证，相互支持，相互鼓励，这便是有你的安心和知足！

也许，我们无法预见下一刻的缘起，但相信：在没有究竟成佛的路上，大家总是有缘才能相遇，相欠才能相续。尽管在无尽轮回的时空，每个人都在赶自己的路，形单影只。正是因为对佛法有了共同的信念，我们成为中国佛学院的一分子。正是因为同一师学，我们成为水乳交融的同窗法侣。千载一时，一时千载！班主任圣辉法师每为人送座时，宣示道："一佛出世，千佛护持。"相信在自利利他的庄严解脱大道上，凭借着今生的愿心法喜，互为缘起，互为师资，成就和庄严三十五位天人师的上善法眷，非同学莫属！

然而，曾经承教沐恩的师长们，先往后化，硕果几存。为报先教恩惠，我等当剔起精神，光前裕后，奖掖后进。为中国佛教命脉，注入八十年代出家人应有的气血。这气血，虽是苦涩练就，但是欢喜运行，周通上下，运用自如，有么奇特？无他——知恩报恩！

庆幸在知恩的路上有大家的陪伴，在报恩的行动中有各位同学的感染。如果有人问我：作为中国佛学院三十年前的学生，你最希望看到的是什么？我会告诉他——但愿人长久，法流五大洲，请佛住娑婆。

（原为《中国佛学院八六级入学三十周年纪念集》代序，此题为编者所加）

学习佛教声律，传承传统文化

佛教东传二千余年，已与我国传统文化相互交融，并别开天地，另有世界，即中国佛教。所谓中国佛教必要有中国文化的特殊印记和内涵，在众多保有中国特色的佛教文化中，佛教声律便是最为显著的一种文化成就。所谓声律，即是声韵和格律。声韵有西周初至汉末的上古韵、南北朝至隋唐间的中古韵，以及南宋以后的近代韵。格律则是指一系列中国古代诗歌独有的，在创作时的格式、音律等方面所应遵守的准则。其中，中国古代近体诗、词在格律上要求严格，其他如古体诗、现代诗歌、欧化诗歌等没有确定的、严格的格律要求。

佛教的声律即是遵循这样的习惯和法式，自唐以来有许多杰出的高僧大德，他们将自己领悟到的佛法，用诗歌的形式表达出来。如王梵志、寒山、拾得、灵一、灵澈、皎然、道标、贯休、齐己等等，在有唐一代的诗坛中占有一席之地，按《全唐诗》及《全唐诗补编》及王重民的《补全唐诗》《补全唐诗拾遗》，孙望的《全唐诗补逸》，童养年的《全唐诗续补遗》，陈尚君的《全唐诗续拾》诸书所计，唐代诗人 3653 人的诗作 15446 首中，有佛教僧人（诗人）共 365 人，诗 4598 首，占唐代诗人总数的约十分之一、唐诗总数的约百分之二十八。所以，唐代文豪刘禹锡总结说“自近世而降，释子以诗名闻于世者相踵焉”，是有其依据的。而黄宗羲说：“唐人之诗，大略多为僧咏。……故可与言诗者，多在僧也。”也看出佛教诗僧及诗歌成就的大略。这种文化上的共鸣和交融的典范，是有其原因的。佛典十二种体裁中，“祇夜”与“伽陀”本身就重韵，特别是“伽陀”体即为独立的韵文，体制严格，格律固定，极类中国律诗，后在汉译中称之为“偈颂”。它与中国的诗学传统结合起来，在魏晋时代即见端倪。汤用彤先生说：“自魏晋中华教化与佛学结合以来，重要之事约有二端，一为玄理之契合，一为文字之表现。玄理之契合，即以玄学解释佛学，这是佛学引入中国时的一个特点；文字之表现，就是用文学语言宣喻佛学义理，其主要形式之一，即是以诗阐佛。”到了宋代，由于禅宗的宏大和普及，带有声韵格律的禅偈被广泛使用到上堂、升座、小参、付法、荼毗、祝圣、禅堂起七、解七、悬钟、挂板、贴单等佛事中。经过门人弟子记录的这些禅诗偈语，构成某位禅师语录的重要组成部分，而禅诗和语录的数量也蔚为大观，著名的有：汾阳善昭《颂古百则》，以及圆悟克勤评雪窦重显《颂古》的《碧岩录》，林泉从伦评丹霞子淳《颂古》之《虚堂集》等等，均是最上乘的禅悟，第一流的禅诗。乃至后世凡作诗者，必兼参禅。如韩驹《陵阳先生诗》卷一之《赠赵伯鱼》诗云："学诗当如初学禅，未悟且遍参诸方。一朝悟罢正法眼，信手拈出皆成章。"吴可《诗人玉屑》卷一之《学诗诗》："学诗浑似学参禅，竹榻蒲团不计年。直待自家都了得，等闲拈出便超然。"还有龚相、戴复古等类似诗作。近代著名文学研究家钱鍾书先生在《谈艺录》中更是精辟地论述了这层关系。可见，凡传习禅门法脉者皆宜善诗，不为以文弘教，也为传持家风。

除此，对联的使用更是将声韵格律运用到极致，如佛教殿堂的抱对联语、贺人升座、悼念挽联等蕴含佛教法义，又紧扣时机的对联在日常法务活动中，必不可少。然而，自白话文运动以来，文学界提倡创作现代诗歌，对格律逐渐不再注意。相较散文、小说等文学体裁，诗歌，尤其是旧体诗歌，越来越遭到冷落，这与全盘西化思潮提倡的西化生活方式有密切关系。当代僧众对于声韵格律，自然多不谙熟，极少能找出做诗偈、对联既符合佛教义理，又符合声韵规律的僧人。这是一件十分令人遗憾和焦急的事情，而这样的担心早在1940年念西法师即已觉察。只能感慨现在的情况并不比七十年前乐观，甚至更困难。幸有念西法师著《佛教声律启蒙》一书在世。由于喜欢声律的佛教僧人不是很普遍，致使这本入门宝典乏人问津，虽然有再版流通，但多数人对这本书还是一无所闻。

于《佛教声律启蒙》一书所收纳的韵部和所属韵字，该书由南洋槟城弘如长老于1941年所做的《序》中一一枚举，并对该书及作者给予了极大的肯定和赞叹。余于闲暇，对佛教诗偈对联，音韵也多有留心。凡是用到佛教偈语的法事活动，都是经过一番推敲之后才呈来见众，在这其间深感佛教义理的博大精深和声韵格律的强大魅力。如果我们今天的出家众再不去学习这门学问，真的很难想象，许多年后的一些特定的法事活动要如何进行和完成？！这不仅是对传统文化的一份热爱，更是传持佛法的一种责任。相信这本书的重新排版、流通会得到更多佛教徒和声韵爱好者的关注和喜爱，成为学习佛教声律的不替之作。在获益的同时，我们应怀着无尽的感恩和赞颂之情，缅怀念西法师所付出的辛苦和努力，是以为再版流通，劝持普赞之序。

（原为念西法师《佛教声律启蒙》刊行流通序，此题为编者所加）

慈善济世

做好佛教慈善工作，发挥佛教界正能量

2013年是中国佛教协会成立六十周年。为纪念中国佛教协会成立六十周年这一殊胜因缘，彰显中国佛教慈悲济世的慈善精神，真实记录和回顾改革开放以来，在党和政府领导下中国佛教慈善事业的发展历程，使社会各界对中国佛教慈善有更加深刻的认识和了解，更好地展示各省、直辖市、自治区在佛教慈善方面取得的成就，并总结经验，弥补不足，更好地引导各地佛教慈善机构进一步健全化、规范化、专业化，促进各佛教慈善机构之间的交流与协调，更好地做好今后的工作，中国佛教协会慈善公益委员会决定组织编纂《中国佛教慈善》一书。

此书的编排以历史与逻辑的统一为基本思维架构，从佛教慈善思想入手，对中国历史中的佛教慈善事业做了宏观性的概括和梳理，以改革开放以来中国佛教慈善组织的繁荣发展为契机，对中国佛教慈善工作的表现形式做了概括和总结，以全国各省（市）区为单位对近年来各地区开展的佛教慈善活动做了细致的编排展示。最后，本书还收录了部分佛教慈善方面的法律法规，以及有关论述和开示，以备读者查阅。

佛教从慈悲利生的理念出发，自古就有救急救难、关怀贫病、架桥修路、热心公益的传统。南北朝时，佛教寺院设立“无尽藏”，用以救济贫穷百姓，是世界上最古老的慈善基金会。到隋唐时，三阶教所创的“无尽藏”规模空前，社会影响力巨大。在唐宋时期，佛寺为救济贫病，就设立了悲田院、养病房、施药房等带慈善性质的设施。自此以后的一千余年中，佛教中从事造桥修路、兴修水利、行医施药、赈灾救难、救死扶伤等社会慈善事业者，代不乏人。

到了近代清末民国时期，战乱不断，国难当头，民不聊生，天灾连连，致使成千上万百姓无家可归，沦为难民，难以计数。佛教当时也面临重大冲击，损失巨大，但在国家困难时期，往往显出其慈悲济世的功能。在这一时期，同时也出现了佛教界的复兴运动，佛教的复兴也促进了近

代我国佛教慈善事业的兴起。在佛教复兴运动中，太虚大师首次提出“人生佛教”的口号，呼唤佛法之弘化应以人类为基点，以发达人生为根本。后来，他还提倡以佛法改善人间社会为宗旨的“人间佛教”，并建构起了人间佛教的理论体系。在太虚大师人间佛教思想的影响下，一批有影响的佛教慈善机构蔚然兴起，如北京香山慈幼院、上海佛教慈幼院，等等。这些佛教慈善机构的出现及其活动，体现了人间佛教关怀人间社会的本怀与宗旨，受到了社会各界的肯定与赞扬，也彰显了人间佛教的时代活力与社会价值。同时，这些佛教慈善机构的建立，也是佛教慈善组织由传统向现代的转变。

民国时期，社会动荡，民不聊生。佛教界出现了虚云和尚、谛闲法师、弘一大师、印光大师等一大批高僧，振臂高呼，自行劝他，积极关注社会民生，救济人间疾苦，为国家排忧解难，为佛教慈善事业树立历史丰碑。其中，虚云和尚多次主持祈福消灾法会，募集善款，并要求全体僧众减食节粮，以赈济灾民。虚云大师在当时应政府邀请，主持“护国息灾大悲法会”时，对当时政府提出，若要修法祈福消灾，需五大条件具备：1. 大赦天下；2. 赈济难民；3. 禁屠放生；4. 减轻赋税；5. 保护寺院及免僧役。从这五大要求中可以看出，虚老对众生的慈悲之心。

新中国成立后，佛教界为了实现和加强各民族、各宗派广大佛教徒的团结，为协助党和政府贯彻宗教信仰自由政策，团结各民族佛教徒共同建设祖国大家庭。1953 年，经中共中央批准成立了中国佛教协会。至今历五任会长，带领全国佛教界践行自利利他、入世解脱的大乘佛教精神，在各个时期做出并展现了应有的时代风貌和贡献。第一任会长圆瑛大师的佛教思想中，有一重大特色，那就是强调大乘佛教的入世、救世精神。他认为：“佛教不独是出世间法，也是世间法。”“盖此事(指慈善事业)是我佛教徒修行的好机会。念佛参禅固是修行，而救灾布施，亦是修行。”“既为佛子，当作佛事，何者是佛事？救灾救民即是大佛事。望全国佛教徒，一致兴起，大作一番佛事，幸甚幸甚。”大师在抗战期间，组建僧侣救护队，深入前线，救死扶伤，护送难民，不完全统计，救出近八千受难人民，被当时各界誉为“英勇僧侣”。大师先后兴办“宁波白衣寺佛教孤儿院”“上海佛教医院”等，组织并主持了“华北五省旱灾筹赈会”“上海灾区佛教救护团”以及“上海难民收容所”等慈善机构，这些都凸显了圆瑛大师慈悲无我、利益众生的精神。

中国佛教协会第二任会长喜饶嘉措大师坚持“佛法在世间，不离世间觉”的基本思想，要求佛教徒为创造现实的人间极乐世界而奋斗。大师经常深入基层，联系群众，调查研究，体察民情，还亲自主持过创办学校、维修寺院、绿化荒山等社会公益活动。

中国佛教协会第三任会长赵朴老穷尽已力，弘法护生不辍，并以大乘入世精神救国济民，倡导菩萨行实践人间佛教。改革开放后，积极推动宗教信仰自由政策的落实，在佛教命运的关键转折点，登高一呼，提出发扬佛教文化，与社会的进程和发展相适应。1983 年，赵朴老在中国佛教协会第四届理事会第二次会议上明确指出，当今时代要提倡人间佛教，发扬佛教三个优良传统。会议一致认为在当代应以提倡人间佛教、发扬中国佛教三大优良传统为佛教发展之基本导向。这次会议的召开，将“人间佛教”思想确定为了中国佛教协会的指导思想，并将“人间佛教”放在整个中国佛教的指导地位，使“人间佛教”成为中国大陆佛教现代化的基本方向，极大地推动了人间佛教在大陆的发展与实践。

中国佛教协会第四任会长一诚长老，在 2002 年 9 月中国佛教协会第七次佛教代表大会上号召佛教界积极实践“人间佛教”思想，将教育培养人才、勤修三学、奉献造福于社会作为实践“人间佛教”理念的重要内容。《中国佛教协会章程》也明确地将倡导“人间佛教”思想写入总则。中国佛教协会在一诚长老的带领下，贯彻《宗教事务条例》，坚持人间佛教的发展方向，佛教事业得到了快速发展。同时，中国佛教协会弘扬爱国爱教、团结进步、服务社会的优良传统，积极为汶川特大地震灾害、南方雨雪冰冻灾害、印度洋海啸灾害等捐款捐物，广泛开展扶危济困、支持希望工程等活动，主动为国分忧、为民解难，为我国慈善事业做出了重要贡献。

传印长老当选会长以来，积极推进人间佛教的发展，促使佛教慈善事业的进步。传印长老认为：“人间佛教实即大乘佛法的同义异名。其内涵可以用‘智慧’和‘慈悲’四个字来概括。”并指出“‘四弘誓愿’，是即实践大乘佛法——人间佛教的行为纲领。”“佛教行世的目的，便是在人间度众生；使人间和美，使众生安乐。”传印会长亲自主持了为玉树灾区祈福暨捐款法会，并带领中国佛教协会于2011年举办了首届书画慈善义展，2012年又在全国佛教界发起了以“敬老爱老，知恩报恩”为主题的宗教慈善周活动，在社会上引起了强烈的反响，为关爱老人、帮助老人，为净化人心、祥和社会贡献了智慧和力量。

近年来，在人间佛教思想的指导下，全国各地佛协与规模较大的寺院也纷纷成立慈善功德基金会等类似的佛教慈善组织，积极开展养老、扶贫、助学、济困等慈善活动。除了专业性的佛教慈善组织外，各地的寺院和居士团体也以自身为单位积极地参与到慈善事业之中，积极践行佛教“庄严国土，利乐有情，自觉觉他，自利利人”的伟大愿行，为佛教慈善事业的发展做出自己的贡献。佛教界在慈善事业上的所做所行，有目共睹，得到了社会大众的广泛认可和支持。这些都反映了改革开放以来随着社会的发展，佛教慈善组织已迅速发展成为我国民间组织中一支不可忽视的力量，已然成为社会慈善事业的重要组成部分。目前，由于我国的佛教慈善事业就总体而言仍处在起步探索的初始阶段，我国佛教慈善组织随意性较强，缺乏专业和规范化的管理，很多慈善机构建设并不完善，因此其各自从事的慈善事业比较分散，缺乏相互协调性。

为了能更好地推动佛教慈善事业和佛教慈善组织的健康有序发展，在传印会长的关怀与大力支持下，2010年9月，中国佛教协会慈善公益委员会成立。慈善公益委员会是中佛协第八届理事会设立的专门工作委员会，作为中佛协的九个专门委员会之一，是中国佛教协会履行基本职能的重要机构。慈善公益委员会除了开展本委员会的实际工作外，还肩负着为促进中国佛教慈善公益事业的发展建言献策，号召各级佛教组织和寺院引领广大佛教徒继承和发扬佛教爱国爱教、“庄严国土，利乐有情”的优良传统，致力于佛教的慈善公益事业的历史使命。同时，也肩负着引导与协调国内佛教慈善公益活动，整合佛教慈善公益资源，推动和指导各级佛教组织、寺院、居士组织，致力于扶困济贫、施医舍药、赈灾环保、道德教育等慈善活动积极稳妥的开展。

2012年2月7日，为鼓励和规范宗教界从事公益慈善活动，国家宗教局联合中央统战部、国家发改委、财政部、民政部和税务总局等六部门印发的《关于鼓励和规范宗教界从事公益慈善活动的意见》（国宗发〔2012〕6号）中指出“要根据宗教界自身的特点，引导宗教界扬长避短，在最能发挥自身优势、体现自身价值的公益慈善领域开展活动。重点支持宗教界在以下领域开展非营利活动：灾害救助；扶助残疾人；养老、托幼；扶贫助困；捐资助学；医疗卫生服务；环境保护；社会公共设施建设；法律和政策允许的、适合宗教界人士和信教群众发挥积极作用的其他公益慈善活动。”这是为佛教界在未来开展公益慈善活动提供的政策指导。对于全面贯彻党的宗教工作基本方针，落实《宗教事务条例》，发挥佛教界的积极作用，引导佛教与社会主义社会相适应，都具有重要意义。

党的十八大报告明确提出“要发挥宗教界人士和信教群众在促进经济社会发展中的积极作用”。现阶段，佛教团体参与慈善公益事业的整体环境是非常好的，有很大发展空间。此时，佛教团体一方面要发扬人间佛教思想，积极入世助人，促进地方慈善公益事业的发展；一方面要秉承超越性品格，净化人心，改善社会风气，弘扬传统文化，促进“人间净土”建设。可以预见，未来佛教慈善组织大有可为！

本书既是回顾，也是开始。中国佛教协会慈善公益委员会将以此为契机，吸取经验教训，凝聚慈善力量，进一步做好佛教慈善工作。我们要坚定不移地高举爱国爱教的旗帜，秉持佛陀“无缘大慈，同体大悲”的精神，以庄严国土，利乐有情为己任；积极发挥自身优势，参与慈善活动，起好带头模范作用，为各地佛教慈善组织做出表率；践行人间佛教的积极思想，坚持大众认同、大众参与、大众成就、大众分享的理念，坚持公开、公正、透明的原则，积极履行工作职责，充分发挥功能作用，继续推动佛教慈善事业的发展，促成各类慈善项目的完成；积极引导广大佛教徒依照国家的有关法律、法规参与各项慈善事业，把菩萨道的四摄六度，通过助残、助学、养老、救灾、扶贫帮困等具体的慈善公益活动落到实处，实践佛教“庄严国土，利乐有情，自觉觉他，自利利人”的伟大愿行；更好地发挥佛教界的正能量，使佛教与社会主义社会相适应，确保国家的长治久安，为全面建成小康社会，为中华民族的伟大复兴，为早日实现中国梦努力奋斗，勇猛精进。

（原为《中国佛教慈善》序言，此题为编者所加）

智慧辨症，慈悲施术

佛教的创始人释迦牟尼佛，被奉行佛陀教法的人称为“医王”。这个称呼不仅反映了佛陀教授的法门权为应病与药，本无实法与人的本来面目。另一方面，则透露出佛陀教法的核心内容，即是智慧和慈悲。

佛教的慈悲和智慧，是践行自利利他的基石。智慧用以掌握世出世间诸法的总相别相，借此能够提高个人对人生、世界的认识而臻于圆满。慈悲，则是自他不二、独善兼济的初衷。所以此二者能够出生一切善法，成就无量功德。而观此世间诸般作业，若成就个人修身齐家、团队内和外强、社会和谐幸福，乃至国家安定富强、世界和平共荣，深思无一事可离“智慧慈悲”四字。缘在智慧可以看清问题，慈悲则多了一种解决问题的心态。可见，医疗过程也离不开智慧辨症，慈悲施术，善巧处理医患关系。

广州钟氏牙医世家，有深厚的医学传承。钟医师兼具海外留学资历，可谓仁心有承，术艺多方。医师常至寺亲近三宝，谈及如何提高自身与团队的协作效力，更好地服务社会。余窃谓世间诸法，虽相有千差，而理气相通。故将佛教智慧、慈悲拈出，与医师研讨，砥砺激发，欢喜快然。然而，医师有其对二者的理解，又有其条件所克的实行。如其以信任、理解为目标的沟通，提出逻辑与情感沟通，乃至三种沟通对象。心是领受、分别和储藏人对万物感受的集成体，能够正确面对核心问题，首先即是智慧的体现。再者，智慧运用到医疗过程中，至少应包含三个内容，即：好的医疗理念决定好的医疗态度，好的医疗态度决定合理的医疗手段。如果理念和态度无法量化，那么从事相上即可对照手段的巧用。医师提出“高质量的治疗与舒适治疗”，认为“实际上，病人来找你是有很多原因的，有时候甚至与治疗质量无关。”在医师看来，治疗的过程不仅仅是依靠仪器、技术，还要用心来沟通、体会，这就将慈悲贯入其中。其用心处，若跟踪治疗、情感交流、故事介绍等等，无不向着他们团队自身价值“被病人信赖、为同行认同、让家人依靠”对智慧、慈悲的理解和奉行。

古德云："世间一切微妙善法，无不是佛法。"以其微妙，智慧方能使其微妙。成其善法，只有慈悲才是善的本源。释迦佛从身言教，力赞此二。佛教行者，也以此二为奉行圭臬，在世间自利利他。钟医师即牙医世家，虽非佛教人士。然而所做是智者所赞，是善者所行。在今天这个缺乏契约的人心世界里，能够以自家发心，总结经验，盛满智慧，结集成册，无论置于医术界，还是社会各个服务行业，都有其借鉴意义。察人生真谛，于取舍之间而论，每个人都是服务于这个世界而存在的。反之，世界就是成就每个人迁善陡变的舞台。如何能更好地服务和成就，智慧与慈悲总是不可或缺的。以此来看，此书是真实殊胜的！

（原为《智慧医疗》序，此题为编者所加）

净一颗浮躁凡心，品一桌美味斋菜

三斋多慧净，佛天有香缘。

广州民谚云：“未有羊城，先有光孝。”坐落在广州的光孝寺是羊城年代最古、规模最大的佛教名刹，也是十方信众礼拜的圣地。寺内东北角开设一处浓缩了佛教禅宗文化和素食文化精华的素菜馆——菩提甘露坊。它以食美、器美、环境美展现素食文化，以信众就餐布施的全部收入用于发展慈善事业的新平台。

素食能平衡身体，宁静心态，保持生态平衡。两千五百年前释迦牟尼佛根据慈悲和平的教义，由戒杀生、提倡放生到主张吃素。后世，佛教弟子践履着佛教众生平等、共生共荣、自他不二的生态伦理思想，在日常生活与修行实践中身体力行，精心维护着自然界的生态平衡，营造人与自然的和谐。佛教禅宗更是主张“明心见性，顿悟成佛”，修行要落实到人的行住坐卧、身口意业等方面。其中，调理人的饮食也是行验的一个方面。所以，祖师提倡喝茶食素，清凉身心，通过对身心的调理达到禅定的境界，从而能明心见性。

当今社会，生态环境受到极大破坏，现代人为了贪口福，过度地杀虐动物，致使生态失去平衡，环境受到破坏，自然界也给我们人类严厉的惩罚，“非典”“禽流感”与莫名的疾病肆虐人民的生命。在这样的环境下，我们佛教人士有责任将素食文化普及到社会中去，使大家能认识到素食可以祛病延年，善生保健，低碳减压，消除邪念，断绝杀机，消弭战祸，挽救世道人心；更可以服务国家生态文明建设与和谐社会建设，乃至维护世界和平。为此，无论从佛教修行，还是从社会的普世价值等方面，提倡与落实素食文化都是功在当代，利及千秋。

羊城晚报出版社出版《菩提甘露坊斋菜》一书，是素食文化的一种传承，也是弘扬佛教多元文化的善举。本书所介绍的光孝禅寺菩提甘露坊的一些经典斋菜，形名雅合，寓有所据。祝愿各位读者慧心有会，有所受益，有所怡乐！

（原为《菩提甘露坊斋菜》序，此题为编者所加）

第四篇 风幡堂别音

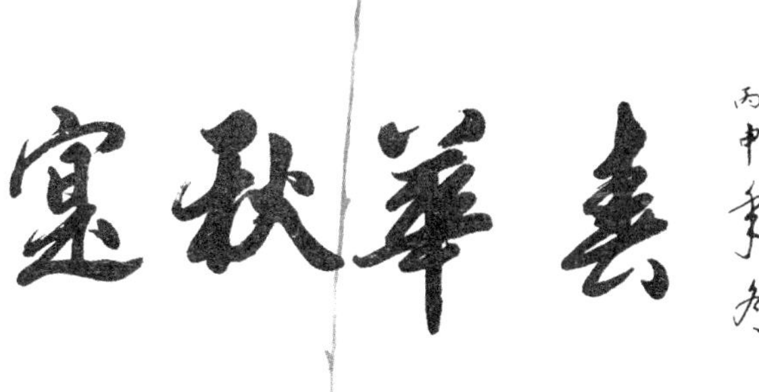

坛经研究

六祖慧能与佛教中国化

——以中国禅宗的创立和传承为中心

绪　言

佛教自西汉末年(约公元前2年)传入中国,迄今已经历了两千多年。在这漫长的历史长河中，佛教在中国从一个输入国，经过与中国传统文化的不断碰撞和融合，变为输出国。这在人类文化历史上是一个不可复制的奇迹，被学者称为是“中国文化与印欧文明完美结合的展现”。回顾中国佛教史，一定意义上即是佛教中国化不断完善的过程。在这个伟大进程中，中国佛教宗派的相继出现和成立，一定意义上，即是佛教中国化最集中的表现，涉及教义理解和诠释方式的改变，传承世系的追认和确立，戒律清规的抉择和整饬等等。然而在众多学派或宗派中，中国化最为显著，对当代和后世，乃至汉字文化圈影响最为深远的，要数中国禅宗。本文以禅宗的创立和传承为中心，围绕这一主题探讨六祖慧能在佛教中国化进程的贡献。

一、诠释方式的嬗变

宗派佛教的产生，是中国佛教确立的重要标志之一。所谓宗派佛教，即对印度佛教思想的精准把握，运用适合本土的理解和传播方式，构建一套符合那个地域、时代的理论和修行方法。见诸史实，往往不是一代人努力的结果，而是几代人，越数百年共同缔造的结果。延续数百年的理论构建，既是对自身的不断打磨，也是佛教适应中国文化的有力见证。

1.基于本土哲学范式的创新诠释

印度佛教理论中，以对“体用”的应用和解释为主。较为代表的是：真谛和俗谛的关系。如《中观论》：“不依于俗谛，不得第一义。”这里的世俗与第一义，互为体用表里。然而，中国哲学的诠释特点，则是三分法，即：体相用。古代中国佛教学者，一改印度佛学的习惯。在论证时，将“体相用”运用其中。如三论宗吉藏大师之《大乘玄论》，隋净影寺慧远大师之《大乘义章》，华严宗法藏大师之《探玄记》等，纷纷采用“体相用”的范式。慧能（较上述三位的时代，二前一后。）在《坛经》中亦采用“体相用”来阐发所持观点。如经文：

> 善知识！我此法门，从上以来，先立无念为宗，无相为体，无住为本。无相者，于相而离相。无念者，于念而无念。无住者，人之本性。

禅宗运用“体相用”的诠释方式，有效地勾勒出禅宗基础理论构架。在具体解释中，更加看出其源于生活的朴素观。进一步解释说：

> 于世间善恶好丑，乃至冤之与亲，言语触刺欺争之时，并将为空，不思酬害，念念之中不思前境。若前念今念后念，念念相续不断，名为系缚。于诸法上念念不住，即无缚也。此是以无住为本。善知识！外离一切相，名为无相。能离于相，即法体清净。此是以无相为体。善知识！于诸境上，心不染，曰无念。……自迷不见，又谤佛经，所以立无念为宗。善知识！云何立无念为宗？只缘口说见性，迷人于境上有念，念上便起邪见，一切尘劳妄想从此而生。自性本无一法可得，若有所得，妄说祸福，即是尘劳邪见，故此法门立无念为宗。

慧能此处用“体相用”解释“三无”之间的交络关系，更加指出这“三无”即是于日用之中即能体会。他提出的“三无”为后世禅宗理论的圭臬之谈。如永明延寿《宗镜录》卷九十九，明教契嵩《镡津文集》卷三等，对“三无”的运用更是褒重无已。考察“三无”的建立，实际即是对中国哲学“体相用”的应用。

在理论诠释创新中，慧能提出坐禅需要有前方便。而前方便的内容虽然很常见，但所做的解释却很独到，即传“五分法身香”“无相忏悔”“发四弘誓愿”“皈依自性三宝”一套不同于以往佛教义学观点，极具禅宗所推崇“自心自悟，自修自证”之特色。在具体解释时侧重强调“自性”（或“自心”）作为前提，将忏悔罪业、发愿所缘、皈依对象等等，一一消归自身，不向外求。如：

> 即自心中无非无恶、无嫉妒、无贪瞋、无劫害，名戒香。自心不乱，名定香。自心无碍，常以智慧观照自性，不造诸恶；虽修众善，心不执著，敬上念下，矜恤孤贫，名慧香……
>
> 从前念今念及后念，念念不被愚迷染。从前所有恶业愚迷等罪，悉皆忏悔，愿一时销灭，永不复起。……从前念今念及后念，念念不被骄诳染。从前所有恶业骄诳等罪，悉皆忏悔，愿一时销灭，永不复起。……从前念今念及后念，念念不被嫉妒染。从前所有恶业嫉妒等罪，悉皆忏悔，愿一时销灭，永不复起。……已上是为无相忏悔。
>
> 自心众生无边誓愿度，自心烦恼无边誓愿断，自性法门无尽誓愿学，自性无上佛道誓愿成……心中众生，所谓邪迷心、诳妄心、不善心、嫉妒心、恶毒心，如是等心，尽是众生。各须自性自度，是名真度。
>
> 从今日去，称觉为师，更不归依邪魔外道，以自性三宝常自证明，劝善知识归依自性三宝。……自心归依觉，邪迷不生，少欲知足，能离财色，名两足尊。自心归依正，念念无邪见，以无邪见故，即无人我贡高，贪爱执著，名离欲尊。自心归依净，一切尘劳爱欲境界，自性皆不染着，名众中尊。若修此行，是自归依。

从引文中可以清晰看出，慧能在解释传统佛教名词时，并没有完全因循一般义学的观点，有其独特的创新，将罪业的消除，没有施设严格的忏悔程序，将菩萨所发四弘誓愿，拉近了与凡夫的距离，并没有将外境实有“佛法僧”作为皈依的对象，这些解释坚固地站在禅宗“顿悟”的立场，一改以往的方法。

2. 直指人心的教授方式

在慧能实际创立禅宗之前，虽然也有达摩到弘忍不绝如缕的坚持，但毕竟对原有北方盛行的如来禅和南方的教理禅，还未构成革命式的影响。慧能针对以往对禅修认识的固定见解，提出“菩提自性，本自清净，但用此心，直了成佛”的观点。并进一步指出“不论禅定解脱，只言见性成佛”的目标。这种禅修观点和目标，无疑对南北方禅学的冲击是巨大且深远的。直至后世晚慧能一百余年的德山宣鉴，自著《青龙疏钞》，从蜀地来中原，誓言剿灭“见性成佛”说，即可看出，慧能“直指人心”禅学理论的弘扬，并不是一呼百应，令人心悦诚服。但从慧能后世弟子的弘传情况来看，“直指人心”的宗旨已在江西、湖南、广东、福建、河北等地慢慢传播开来，也足见慧能一反过去禅学窠臼的正确之处。源自印度的禅学自此方完成中国面目之确立。这是同时期其他流行之佛教禅学所无可比拟的。

二、人本的伦理修行

禅宗的修行实践，着眼于个人当下角色的解读。本着“无相”的思想，敦伦尽分，无偏无倚。其中《无相颂》所开示的具体操作，饱含中国传统伦理观，一改以往在文字中专研禅法的风尚。

1. 世出世间的统一

禅宗之所以出现于中国，这与当时的文化生态，政治生态有着密切联系。古代中国以儒家思想作为主流意识形态，儒家所奉行的“君臣父子”伦理关系，其作用即是维护社会秩序，维护名教地位。禅宗作为古代中国人思想智慧杰作，对世间伦理观点，虽然不能照搬儒家的成说，但可以通过佛教“自性不离世间”思想的诠释，指引人们树立正确的人生观，世界观。其具体结合传统伦理观的集中表现，以及作为检验禅修在实践的具体方法，主要体现在《坛经》的《无相颂》：

心平何劳持戒，行直何用修禅？恩则孝养父母，义则上下相怜。
让则尊卑和睦，忍则众恶无諠。若能钻木出火，淤泥定生红莲。

苦口的是良药，逆耳必是忠言。改过必生智慧，护短心内非贤。

日用常行饶益，成道非由施钱。菩提只向心觅，何劳向外求玄。

听说依此修行，西方只在目前。

《无相颂》的核心方法，即是安住本位，以禅平等的视角，去审视和践行环境赋予的角色，从而体会佛法在生活中觉悟的真谛。这种强调人本的主观性，有利于人在社会生活中履行责任，确立人生价值。这与中国传统文化中强调“修身齐家”“敬天爱人”“反求诸己”形成有机的回应。

2.祖师禅与清规的确立

禅宗在中国的确立，除了优化印度佛学的表达方式，将视角关注到日常生活中的现实回归，再有就是开创了属于中国佛教的禅法——即祖师禅的出现。所谓祖师禅，如禅宗术语说的“向上一著，千圣不传”“若论佛法一切现成”“妙高峰顶，不容拟议；第二峰头，略容会话”等等，这些术语将佛教遮诠方式，发挥到了语言文字的极致。另一方面，由此产生了各种灯录、祖师语录、颂古禅诗等文字，蔚为大观。祖师最突出的特点，一反印度禅法的中规中矩，强调“当机不让于师”“见过于师，方堪传受；见齐于师，减师半德”的峻烈禅风，出现了喝佛骂祖、德山棒、临济喝、云门糊饼、赵州茶的接引方式，形成了具有中国文化特色的禅派，如天隐圆修总结五家禅法时说“临济如怒雷掩耳”“沩仰则光含秋月”“曹洞是万派朝宗”“云门则乾坤坐断”“法眼如千山独露”。这些总结，无不是以中国传统文化为背景而做出饶有特色的归纳。

禅宗作为汉传佛教最大的宗派，在一定历史时期保全了佛教再生潜力，为佛教历尽磨难而重生做出了不可估量的贡献。内在原因除了理论的革新诠释，实践的平实落地；外在因素，即是建立一套符合中国传统文化的规章制度，历代增修，与时俱进。如《百丈清规》《禅门规式》《禅苑清规》《至大清规》《咸淳清规》《丛林两序须知》《丛林祝白清规科仪》等编撰，极大程度上反映了禅宗吸收封建社会的管理模式，融入本土，许多仪轨的设置，与政权维护、社会风俗都有密切联系。这些都是禅宗创立过程中，做出适应本土文化，勇于创新的经验所在。史实证明，正是因为禅宗有了这些从理论到实践，从视角到制度的调整和创新，成就了禅宗中国佛教史上第一大宗派，佛教输出主力的地位。

三、宗族制度影响下的法脉传承

佛教在中国历史和社会取得的辉煌成就，几乎与中国封建社会的发展同步而行。而沟通和维系封建社会的强大纽带即是宗族观念。禅宗在创立和传承过程中，极大限度地吸取宗族社会的观念和制度，奠定和巩固了禅宗在中国佛教一千三百余年中的崇高地位。

1. 六祖法系与五家灯谱

自初祖达摩于南朝梁普通年间（520–526）来到中国，到六祖慧能（713 年圆寂）约经历了六代祖师，近二百年的时间。达摩有《二入四行论》《破相论》等存世。二祖慧可，无禅学作品存世。三祖僧璨所作《信心铭》，一定程度上开创了顿悟思想的中国式诠释。四祖道信开始，有了较为固定的传法地点，提倡“农禅并重”的修行方式。有《入道安心要方便法门》传世。理论上，融合《楞伽》与《般若》思想，主张“解行相扶”“守一不移”。注重戒行与禅修结合，渐修与顿悟相连。五祖弘忍，一生传持和弘扬道信所主张的修学观点和禅修方法，在湖北一带活动，被尊为“东山法门”的创始人。他的主要功绩，即是为慧能对《般若》经典的重视，起到决定性的作用，可以看作是四祖与六祖在禅法思想的深化者。六祖慧能的代表作《坛经》，被视为中国僧人唯一冠以佛经的撰述。慧能门下弟子较为著名的有青原行思、南岳怀让、荷泽神会、永嘉玄觉、韶州法海、南阳慧忠等四十余人。其中青原行思和南岳怀让从法脉传承上，恢宏了禅宗气象，被称为“二甘露门”。荷泽神会，则确立了慧能南宗禅的正统地位，著名的“滑台大会”取得了南宗禅在上层社会和佛教内部的认可，也可以看出是禅宗与政治的良好促进。

随着禅宗在中华大地的不断壮大，其影响由岭南一带，慢慢浸入其他地域，如长江下游、黄河两岸。由青原行思和南岳怀让门下，数传之后，在唐朝末年禅宗形成了具有鲜明特色的五个派系，即沩山灵祐与仰山慧寂开创的“沩仰宗”，盛行于湖南，江西一带；洞山良价和曹山本寂开创的“曹洞宗”弘传于江西等地。云门文偃开创的“云门宗”盛于岭南广东一带；临济义玄开创的“临济宗”弘化于黄河一带；清凉文益开创的“法眼宗”盛行于长江下游一带。直至北宋初年，由临济宗又衍生出“黄龙派”与“杨岐派”，自此禅宗“五家七宗”宣告完成。除了形成宗派的诸大禅师之外，还有弘化各地的诸方著名禅僧，如在河北传法的赵州从谂，与唐朝末年的镇州藩镇关系极为熟络。再有南泉普愿、鸟巢道钦、大梅法常、大珠慧海、五泄灵默、疏山匡仁、圆智道吾等，都是名重一时、影响千古的禅门宗匠。在五家逐渐确立形成期间，由于法脉传承的考辨，出现了许多记载传承的禅宗谱系，如北宋年仁宗时明教契嵩一人，关于梳理禅宗传法谱系即著有《传法正宗记》九卷、《禅宗定祖图》一卷、《传法正宗论》二卷。今天成为定论的“西天二十八祖”之说，即是契嵩根据《宝林传》等相关典籍做出的论证。由此可见，禅宗重视和确立传承谱系与中国传统宗族观念有直接的关系，这正是佛教中国化，成其为汉传佛教的典型特征。

2. 禅宗的成功输出

禅宗最为辉煌的时代是唐宋时期，而唐宋时期的中国也正是政治、文化、经济最为发达的阶段。周边如新罗、百济、高句丽、日本等汉文化圈的政权，遣使来华，学习先进的文化和宗教。其中，日本明庵荣西在宋代两次来华，受献和受传临济心印，归国后大兴临济禅法。从而，临济宗作为日本禅宗的最早宗派诞生于日本。荣西的再传弟子希玄道元随师明全入宋求法，历访名刹，遍参大德，最后得天童如净的启发而豁然开悟，并蒙印可，传授秘蕴和衣具顶相。归国后，大力弘扬曹洞宗风，从而开创了日本禅宗的另一大派——曹洞宗。从此，临济、曹洞两宗作为日本禅宗的两大宗派，一直并行发展，源远流长，在日本禅宗史、日本佛教史上具有重要历史地位。日本江户时代，中国黄檗山住持隐元隆琦在宇治开创黄檗山万福寺，创立日本黄檗宗，成为日本佛教史上一大事件。这一从中国传来的独特的禅法不仅在日本站住了脚，而且大大刺激本已处于停滞状态的临济、曹洞两宗，终于使日本禅宗三派鼎立，长盛不衰。

较之日本禅宗的创立，韩国禅宗的起源则在唐代即与中国开始了交涉。韩国素有“九山禅门”之称，其开宗立派者大多于唐代时来华习禅，归国后大演教化，久之门庭繁茂，蔚成宗派。如：新罗善德王时（我国唐太宗时），法朗来唐，师事四祖道信，遂传其法于海东。惠恭王之时，神行来唐，参谒志空，得证心印，返国后于丹城断俗寺弘传北宗禅，数传之后开创曦阳山派。宣德王五年（784）鸡林道义来唐，受传于西堂智藏及百丈怀海，在唐三十七年，归国后传法弘化，创立迦智山派。与道义同时游学于唐之洪陟，嗣法西堂，归国后栖止南岳，创立实相山派。再有真鉴慧沼，受教于沧州神鉴，归国后创建双溪寺；无染得麻谷宝彻之印，归国后创立圣住山派。通晓梵日从盐官齐安习禅，返国后开阇崛山派。朗空参学于石霜庆诸座下，归国后住于南山实际寺阐扬禅旨，是为青原法统最早传至韩国者，等等。

结　语

综上所述，慧能作为中国禅宗的实际创始人，在他理解和诠释佛教教理教义的同时，注重对本土文化的借鉴，做出适应时代的理论革新和实践创举。提出关于“迷悟”的一系列问题解决的终极源头在于“自心”。基于此，强调禅修过程中，树立正确的人生观和世界观，是“顿悟”的前提。以“无相颂”为代表的禅修实践，实际是紧密结合和积极回应中国古代社会人文伦理的基础和要求，为禅宗在不同时代，地域的流行取得了文化认同与政治需求的双重保障，这也是为什么能够以极大的吸引力，令中古时期的邻邦，纷纷来华求法的核心所在。外在制度上，借鉴宗族观念的强大凝聚力，在法脉传承问题，注意梳理和确立法统关系，为禅宗取得政治、文化和社会地位，开创绵延千余年有序流传打下了坚实基础。

论《坛经》心性伦理的建设

前 言

改革开放以来，我国经济飞速发展，人民的物质生活水平得到了极大的提高，物质文明的进步使人们的衣食之忧得到解决，市场化为人们带来了丰厚的利润与物质的享受，但市场经济的实用性与功利性特征，又导致了人文精神的弱化和消解。鉴于此，人文精神，人文关怀显得尤为紧要。因此在人文领域里面尽可能地扶植与挖掘人文精神的过程中，对人的关怀不仅体现在人的价值、尊严、独立人格、个性、生存和生活及其意义、人的理想和人的命运等相关内容，而且还要对人文精神的意义，亦即人文关怀的本质寻找根本的回归点。作为拥有众多角色之一的哲学佛教，亦不乏对人文关怀的丰富内容。同样讨论人文关怀时，是离不开人文价值的体现。在人文价值里，因为宗教的原因，人的伦理生活已不再局限于家庭伦理、社会伦理乃至简单的宗教伦理。在佛教的伦理生活里有一项重要的伦理价值，即是“心性伦理”。其理论的特点，是以禅宗的“心性说”作为根本依据，由于它的广泛流传与影响已成为应用伦理的重要部分。对于当前人文价值的构建将起到不可忽视的作用，而《六祖坛经》即是诠释“心性伦理”的代表作。

一、《坛经》简介

《坛经》因版本的不同，名称也不尽相同。现今学界以收录《大正藏》第 48 册，敦煌本，名《南宗顿教最上乘摩诃般若波罗蜜经六祖慧能大师于韶州大梵寺施法坛经》，简称为《六祖坛经》或《坛经》而使用。其作者是中国佛教史，也是中国思想史上具有深远影响的禅宗祖师、思想家——六祖慧能大师。《坛经》也是中国佛教史上唯一一部由中国人自己讲说、编撰、被奉为《经》的著作，成书时间在中唐时期约 780 年以前。全经据其他版本则分为十个品目，按照其内容可分为：慧能大师自述平生；开法授戒说般若禅；与弟子的问答三个部分。其佛学背景是以达摩所传不立文字、禅宗顿悟法门为其思想渊源。但在《坛经》中，更多的则是看到大师（以下六祖慧能大师简称大师）对《般若》的发挥和应用。这一方面在禅宗史上与达摩的授记相符，一方面是大师因《金刚般若》而得悟，而《般若》也正是中国大乘佛学的核心。《般若》类的经典以“扫相观空”为特色，这与从上祖师一脉相承“直指人心，见性成佛”的宗风翕然相符。大师重视《般若》绝非偶然，中国宗派佛教的建立，也大都是依据或援引《般若》而成立其理论体系的基本构架。以此看来，《坛经》对《般若》的重视是因为《般若》的精神较为容易在中国佛教中发挥，这与《般若》提倡“不二”“中道”“无自性”“无相”“无念”是密切相关的。在《坛经》中，随处可见大师对这些命题的阐述和发挥。然而，大师的引用和发挥是为禅宗“心性说”而服务的。

禅宗的心性说，可看作是佛性说的另一种表达方式。佛性者，不离本心。所以经中说：“若识自本心，见自本性，即名丈夫、天人师、佛世尊。”心与佛等，心性即佛性，在禅宗看来这是指向同一答案的两个命题。若论于心性，则有心者，莫不有性。因此这种提法不受特定的语境所局限，应用起来其随缘性、普世性的色彩显得很自然，也很浓烈。站在禅宗施设心性或佛性命题的角度来看，其手段大都是以对个体生命的本源存在彻底的疑惑为问题的主体意识。这可看作是伦理的初步，也是终极醒觉。以心性说构成的“心性伦理”是以人先验的“心性”为主体，从而在启发、运用和体认的过程中，不断接近心性的本然状态，最终达到心灵自在、智慧解脱的不二境界。

二、独立人格的确立

作为一个有感情的，能够辨别是非道德的人来讲，人格无疑是体现生命价值最为重要的参考系数。因此，可以拿人格来对比的话，自然就会有相对统一与相对分裂的结果。站在人的角度，来看待作为历史人物的佛陀，那么他可算作是极为少有高度统一人格的代表之一。考察佛陀人格的内涵，是因为他具有圆满的智慧与彻底的悲心，而这两点就是从本心自性出生，且以智慧为正因的平等统一。禅宗所强调的人人本具的心性是与佛齐，在这一点上无疑地必须具有建立健全的独立人格，才能达到真正的心佛众生的平等。而这种体现人格智慧的确立，不需要循序渐进的培养过程，无需论证，当下就是直白！《坛经》中也一再说明这一点，如大师从岭南到黄梅初谒弘忍时的一段对话即可看出：

> 弘忍和尚问慧能曰："汝何方人？来此山礼拜吾，汝今向吾边复求何物？"慧能答曰："弟子是岭南人，新州百姓。今故远来礼拜和尚，不求余物，唯求作佛法。"大师遂责慧能曰："汝是岭南人，又是獦獠。若为堪作佛？"慧能答曰："人即有南北，佛性即无南北。獦獠身与和尚不同，佛性有何差别？"

在大师看来"本心自性"不会因为身份的不同而有什么欠缺，这种坚定的认识是建立在绝对平等的人格意识上的结果。既然平等，佛具有的人格，我亦可具；我所有的，佛也不曾缺少。能否领悟，只是在于"不悟佛是众生，一念悟时，众生是佛。"那么如何能成就跟佛一样的独立人格呢？《坛经》中说："思量即不中用"，如果真正体认的则是"见性之人，言下须见"不假思索的直观承当，这里就是杜绝所有意识的虚妄分别。因为"一切诸法唯依妄念而有差别，若离心念，则无一切境界之相。"按照唯识来讲，思索活动所依的是染污了的意识体，是相对的，相待的属性。这就无法透视个体生命的本源，也就无法认知人本具的佛性以及具有与佛一样独立完满的人格。

比照佛陀独立人格的特点，其实就是通过自我的完全肯定。当然，这不是狂然自大的变相结果，而是一种理智上的超然共鸣。在这过程中，任何人都无法预知、代替当事人的感受，只能是自识本心，自见本性，不靠师度，而靠自度。没有任何的密语密意，所谓"与汝说者，即非密也。汝若返照，密在汝边。"那么个体生命本具与佛一样的独立人格，是依照什么来建立健全的呢？《坛经·自序品》云：

> 菩提自性，本来清净，但用此心，直了成佛。

菩提，即是觉悟的意思，从所获得的智慧受名。佛陀是彻底圆满了达一切诸法如实之相的觉者，所以说佛陀具备究竟无碍的智慧，故称佛菩提。菩提如果有自性（本性）的话，那么它的自性是本来清净无染，如如不动的，纵使“劫石可移动，个中（也）难改变”。那么，站在生命现象不断迁流变异的立场，如何能回归菩提本自清净的本然，达到菩提如实了知的觉智？大师直截了当地说：“但用此心，直了成佛。”人人都有一颗日用灵明的心，只要善用、体察这颗心就可以成佛。“百千法门不出心源，恒沙妙德总归方寸。”只需要对这颗心准确、自信地认识，完美的独立人格便由此而建立健全。在个体的生命里程中，独立人格的有无，关乎生命质量的差降。按照《坛经》的旨趣，这种独立人格乃是对自心本性的深刻认知，是与佛同，无须后天的培养，只需“直至如今更不疑”的确认。心性伦理的主体价值得到奠定和认可，有关这种伦理的生活实践，自然也就体现在实质的生活当中。

三、解脱生活的现证

世间伦理生活往往并不是按照预设的模式进行，可变性很大。如果是以心性价值为意识导向建立的伦理生活，它所展现的面貌将体现在两个方面。一种是对心性不变的根本性把握，一种是对心性韧性的最大化运用。这也就是禅宗说的保任，保其本心，任其自性。看上去这是一对悖论，然而它确是经过禅师们无数次证明的事实。如何保其本心？

> 无上菩提，须得言下自识本心，见自本性，不生不灭。于一切时中，念念自见，万法无滞，一真一切真，万境自如如。如如之心，即是真实。若如是见，即是无上菩提之自性也。

即使是知道本心与佛无差，这仍需在念念中回光返照。“于一切时中”要“念念自见”本心，使其“无滞”于万法。这就是不断强调心性价值的延续性和纯洁性。虽然“一悟至佛地”，只是见与佛同。它的坚固性有待于不断地涵养，所谓功夫尚未纯属，观心的力量还不足以应对所有正常、非正常的事件。通过这种不断的强调与确认，最终达到“一真一切真”，纵使身处“万境”也能够“自如如”。这样的“如如之心”，就是因建立独立人格而实行心性伦理生活的基础，也就是《坛经》中，此“即是真实”，“即是无上菩提之自性”的根本把握。从另外一个角度来看待这种“本心”观念的不断强化，其实就是针对“本心”与万法在一个立体关系上的重申。如《坛经》中说：

> 若悟自性，亦不立菩提涅槃，亦不立解脱知见，无一法可得，方能建立万法。若解此意，亦名佛身，亦名菩提涅槃，亦名解脱知见。见性之人，立亦得，不立亦得，去来自由，无滞无碍。

倘要领悟自性的本来面目，不仅“不立菩提涅槃”“亦不立解脱知见”，乃至到“无一法可得”。这层意思，可以比喻的话，就像一位禅师说的“两个泥牛斗入海，直到如今无消息”那样，无丝毫牵缠。提出这一点的目的，并不是要抹杀存在的万法，正是因为厘清本有与现有的关系，“方能建立万法”。所谓任，就是任其自性因缘所生。如六祖大悟时所说：“何其自性本来清净，何其自性本不生灭，何其自性本自具足，何其自性本不动摇，何其自性能生万法。”自性之中本就能生万法，常予万法为因缘。据此意，合理的伦理观念，必定是生机的、活泼的。依照这种“不立不离”的本心自性而建立的伦理观念和生活，表现在处理、应对人本的世间生活，也必然是合理的、有机的。

> 于世间善恶好丑，乃至冤之与亲，言语触刺欺争之时，并将为空，不思酬害。念念之中，不思前境。若前念、今念、后念，念念相续不断，名为系缚。于诸法上，念念不住，即无缚也。

面对世间生存、生活的具体问题时，人往往处于一种理想与现实不能和谐的胶着状态。不知既能把好自己的心态，还能处理好所应对的事物。经中说，依照符合本心自性的规则而实行，他的生活将是不被世间“善恶好丑”“冤之与亲”带来的“言语触刺”所牵绊。所谓规则就是“并将为空”，从而“不思酬害”“念念不住，即无缚也”。若以净灭净，净则永无宁息。若以符合本心自性的“空”去灭净，则净不曾生，今亦无灭。这样才是符合现实生活的道理，符合本心自性的原意。如果将此看作是甘心处于弱势，不事争取，这恰恰没有理解心性伦理的实质。心性伦理的一大特点就是自知自足，不向外求取。外面所有的事相，在心性看来，没有所谓固定的实有。它与心性的关系既是异体也是一体，说他异体，心性不受外相好恶所染；说他一体，除心性之外，谁来成就、了知外相的好恶呢？这也正是佛教传入中国后，对中国固有伦理观念补充的贡献所在。

四、道德观念的提升

以往人对自然的态度，是取决于利用与占有的基点。人与人的态度也随着道德观念的不断变异，而呈现多样的对立、分裂与依存。有了合理、自足的心性伦理观念为生活指导的向标，同时也具备符合人本问题的解决方案，那么对个人的道德观念无疑是一种质的提升。如此不但能使人清楚地认识到人与自然，人与人除了物理的依存关系以外，还因心性观照缘起的作用，折射出人与整体的道德意识的普遍联系性。

《坛经》中说："色类自有道，各不相妨恼。离道别觅道，终身不见道。"所谓色类，即是色所代表的蕴、处、界等。这就是说人本具的心性与自然的关系，他们不是此强彼弱的利害关系，而是"各不相妨恼"。在心性伦理来看，代表自然的山河大地同是本心自性中物，不存在相妨害的定性模式。这样以心性普遍整体的道德观念，世界任何一处都是本心自性的显现。所以哪里有灾难、哪里有痛苦、哪里有需求都跟自己有关系，那里的灾难、痛苦、需求就是自己的需求。所以"世人若修道，一切尽不妨。常自见己过，与道即相当""他非我不非，我非自有过"。进而，落实到具体生活当中，对于恩、义、怜、让这些传统道德观念也有其独到的见解。如经中说：

> 心平何劳持戒，行直何用修禅。恩则孝养父母，义则上下相怜。让则尊卑和睦，忍则众恶无喧。苦口的是良药，逆耳必是忠言。改过必生智慧，护短心内非贤。日用常行饶益，成道非由施钱。

此中所说"恩、义、怜、让"等的解释，完全符合传统观念的内容。然而，不同的是，这种解释是站在心性伦理的角度来说的。此段经文出处是在《坛经·疑问品》中，《疑问品》之前即是《般若品》。在《般若品》中，大师一再强调：道在于行，心口相应，本性是佛。佛性平等，迷悟有别。般若智慧如大圆镜，万相含藏，不生不灭，不垢不净，不增不减。一切法从自性生，莫向外求，回光返照，当下即见，这些都是体认、描述心性的重要语句。当请法者（韦刺史）闻说这些道理，对于心性的适用性，如何能把握？大师便说了上面的颂文，以断其疑。

那么，站在心性伦理的角度，来阐述日常生活所体现的“恩、义、怜、让”等道德内涵，与传统的行为所折射的观念有什么不同？心性伦理首先是自发的、主动的。传统道德观念是通过名教教育的手段，来启发、规范人的道德意识。并且通过在社会上逐渐的推行、实行，形成一种观念外压式的束缚。复制或者外压式的观念，必定要受到人性固有色彩的挑战。所以，今天社会公德、道德的风气看起来不是那么令人满意。而心性伦理，不需要通过外来观念的模式化，才能达到预期的道德水平。而是站在肯定自我、完善自我的立场，完全出自心性本具智慧的观照，并符合缘起规则来规范自己的行为。所以按照心性伦理的理念来生活所展现的个体行为，乃至道德风尚必然是自然的、智慧的、顺应缘起的。

五、根本应用的统一

心性伦理的重要价值，就是体现出世与入世的和谐统一。佛法的主旨教育是让人认识到生命的本源，从而获得究竟解脱的智慧，这一点可以说是佛法处于世间的最大利益。对于生命本源的追讨，即是要穷尽人的“本来面目”。体认“本来面目”并且不再怀疑的人，仍要过着人的生活。通常人的生活，就是无穷无尽的选择。面对选择无非是“入世”与“出世”，“生死”与“涅槃”两两相对为基本单位的范畴。然而，心性伦理所展现的人的生活上面已讲到是活泼的、有机的，并非单一、机械的选择。同时也并不是说他不选择，只是他的选择是以“不二”的理念作为指导思想。

在《坛经》中“不二”的思想涉及“佛性不二”“生佛不二”“定慧不二”“垢净不二”等多个核心命题。在指导弟子具体运用“不二”的方法上，大师提出三科三十六对法，来说明“不二”的适用性。同样在心性伦理的实用方面，不二的内涵，也具备客观的实用性。如在对于怎样处理佛法与世间的关系上，经云：

佛法在世间，不离世间觉。离世觅菩提，恰如求兔角。

这四句是《坛经》中被传颂和引用最为广泛的偈语之一。正如佛陀那样，他是因为观察世间缘起而觉悟到诸法实相。祖师们所证悟的佛法，也同样不离开对世间现象的透视。所以舍世间，而无出世间；离烦恼，而无菩提可得。所谓“若欲修行，在家亦得，不由在寺”，“不离本心，便是道场”，“不离自性，即是福田”，将佛法融入既定的客观生活当中，才是佛法的运用之道。此中没有所谓善、恶的对立，也没有好、坏的选择，因为“一者善，二者不善，佛性非善非不善，是名不二；蕴之与界，凡夫见二，智者了达，其性无二。无二之性，即是佛性”。在这过程中，只是将本心自性无依、无执的本然状态保持不变。如何能保持不变，就离不开在事相当中的不断体认和磨炼。当不再怀疑本心自性的时候，要做的只是历事练心，历法观行。所以“世人向修道，一切尽不妨”，在这样积极思想的指导下，不会推卸责任、逃避义务，只有承担和付出，最终结果一定是“不为自己求安乐，但愿众生得离苦”道德观念的最高境界，而这一切都是以心性伦理为导向的结果。

对于如何能使心性伦理适用于出世与入世的矛盾概念当中，一些禅宗祖师通过他们的偈语就表达了个中的心得：

沧溟几度变桑田，唯有虚空独湛然。
已到岸人休恋筏，未曾到者要需船。
心如大海无边际，口吐红莲养病身。
自有一双无事手，不曾低揖等闲人。

体认佛法的关键在于智慧的有无，启用佛法的关键则是在于悲心的有无。已乘智慧船的人，虽然得以获登彼岸，然而，未曾到得的人还需上岸人的接引。佛法在于运用，如果只是枯潭里的死水，是不能称其为全部的佛法。佛法是不二的，只有足够的悲心才能启发智慧的广大，只有广大的智慧才能发起彻底的悲心。所以心性伦理不仅是智慧的伦理，更是以慈悲为增上缘的伦理。比如，菩萨观“生死际，即是涅槃际”，才能“随顺世缘无挂碍”。将入世、出世，自己、他人，社会、国家等量齐观，他人的需要就是自己的需要，社会的责任就是自己的责任，国家的利益就是自己的利益。这种由心性伦理启发的道德观念，对于追求、实现人类社会的和平、和谐、和睦都是切实的、理想的。

结 语

如果将佛教看作是哲学，那么它便是注重内省型的哲学。内省是东方文化的特质，本文旨在挖掘《坛经》中更多的人文价值，体现禅宗“直指人心，见性成佛”的宗风在当今社会人文关怀的课题中，发挥它应有的、独具的作用。

通过上述五个小点的论述，文章得出的结论是：《坛经》是我国思想史上的重要文献，它蕴含的思想能源，取之不尽，用之不竭。对我们今天的人文关怀，伦理生活的建立和指导同样裨益良多。作为心性伦理，它的特点是自信、自足，这就为独立人格的建立健全提供了最为坚固、合理的基础。对于个体生命而言，独立人格的具备就是生命价值、人文关怀的保障。心性伦理所指导的生活，是一种无缚的解脱生活，对固有道德观念的解读，提升了更高的层次。心性伦理的适用性，是符合现实生活的客观事实，可以作为一种多元文化来推广。考察心性伦理的最终指向，其实就是对社会、对大众的一种回归和责任。

宗派前沿

罗什译经与天台宗之成立

一、罗什之生平

鸠摩罗什 (Kumarajiva，350–409)，又作鸠摩罗什婆或鸠摩罗耆婆等，略称罗什，意译为童寿。据《高僧传》卷二、《出三藏记集》卷十四等记载：罗什原籍天竺，生于西域龟兹（今新疆库车）。① 父名鸠摩罗炎 (Kumarayana)，母名耆婆 (Jivaka)，兼取父母之名为罗什。② 七岁随母出家，"从师受经，日诵千偈，偈有三十二字，凡三万二千言。诵毗昙既过，师授其义，即自通达，无幽不畅。"③ 九岁随母渡印度河至罽宾，师事当地名德、罽宾王堂弟槃头达多 (Bandhudatta) 法师，从受《杂藏》《中阿含经》及《长阿含经》等，共可背诵四百万言。"达多每称什神俊，遂声彻于王，王即请入宫，集外道论师，共相攻难。……什乘隙而挫之，外道折伏，愧惋无言。"④

十二岁时，其母携还龟兹，途经月支北山，进到沙勒（今新疆西北喀什一带）。罗什在疏勒停留一年，其间习诵《阿毗昙》，通晓《六足论》，并诵持《增一阿含》，兼通有部教学。在疏勒国有位喜见三藏，同疏勒王进言道：

此沙弥不可轻，王宜请令初开法门，凡有二益：一、国内

① 参见（梁）慧皎《高僧传》卷二《鸠摩罗什传》，《大正藏》卷 50，第 330 页上；（梁）僧祐《出三藏记集》卷十四，《大正藏》卷 50，第 100 页上。

② （梁）慧皎《高僧传》卷二有载："沙门鸠摩罗什，秦言童寿，什一名鸠摩罗耆婆，外国制名，多以父母为本，什父鸠摩罗炎，母字耆婆，故兼取为名。"《大正藏》卷 50，第 333 页上。（此记载另见［唐］智升《开元释教录》卷第四，《大正藏》卷 55，第 513 页下）；（隋）吉藏：《百论疏》卷上有载："鸠摩罗什者，父名鸠摩罗炎，母曰耆婆，耆婆云寿，鸠摩罗炎云童，即童寿也。合取父母两秤为儿一名者，风俗异也。正言父母两秤，并是美名，欲令儿好故合字之。"《大正藏》卷 42，第 235 页下。

③ （梁）慧皎：《高僧传》卷二《鸠摩罗什传》，《大正藏》卷 50，第 330 页中。

④ （梁）慧皎：《高僧传》卷二《鸠摩罗什传》，《大正藏》卷 50，第 330 页中。

沙门，耻其不逮，必见勉强。二、龟兹王必谓什出我国，而彼尊之，是尊我也，必来交好。[①]

于是，疏勒王采纳此谏，即设大会，请罗什升座宣讲《转法轮经》。龟兹王果遣重使，酬其亲好。

在疏勒，罗什所学的是，以原始佛教经典和研究小乘有部教学为主，进一步学习四吠陀（《梨俱吠陀》《萨摩吠陀》《夜柔吠陀》《阿闼婆吠陀》）、五明（声明、因明、医方明、工巧明、内明）等学，习学印度诸学，兼通阴阳、天文学，同时亦可占卜吉凶，所谓："阴阳星算，莫不必尽；妙达吉凶，言若符契。"[②]

罗什在疏勒又师事莎车（Yarkand）王子——须利耶苏摩（Suryasoma）研习大乘佛教，苏摩才技绝伦，专以大乘为化。为罗什讲说《阿耨达经》（此经乃说佛陀应耨达龙王之问，宣讲般若空义）。此前，罗什学有小乘《阿毗昙》，而信受小乘说一切有部"三世实有，法体恒存"之理论，当听到此经所说的"阴（五阴）界（十八界）诸入（十二入），皆空无相"时，即怪而问道："此经更有何义，而皆破坏诸法？"苏摩即回答道："眼等诸法，非真实有。"于是，罗什研核大小，往复移时，方知理有所归，遂专务方等，乃感叹道："吾昔学小乘，如人不识金，以鍮石为妙。"[③]自此，广求义要，复从受《中论》《百论》及《十二门论》等大乘中观学派之著作。

之后，罗什随母进到龟兹之北界——温宿国，与一名冠诸国的道士辩论，大获全胜，令其"迷闷自失，稽首归依"，"于是声满葱左，誉宣河外。龟兹王躬往温宿，迎什还国。广说诸经，四远宗仰，莫之能抗。"[④]二十岁时，受戒于龟兹王宫，从罽宾律师卑摩罗叉（Vimaraksa）习《十诵律》。不久，什母欲启程往印度，临行时对罗什道："方等深教，应大阐真丹。传之东土，唯尔之力。但于自身无利，其可如何？"罗什毅然回答道："大士之道，利彼忘躯。若必使大化流传，能洗悟蒙俗。虽

① （梁）慧皎：《高僧传》卷二《鸠摩罗什传》，《大正藏》卷50，第330页下。

② （梁）慧皎：《高僧传》卷二《鸠摩罗什传》，《大正藏》卷50，第330页下。

③ （梁）慧皎：《高僧传》卷二《鸠摩罗什传》，《大正藏》卷50，第330页下。

④ （梁）慧皎：《高僧传》卷二《鸠摩罗什传》，《大正藏》卷50，第330页下。

复身当炉镬，苦而无恨。”① 于是留住龟兹，初止于新寺，披读《放光般若经》，后住雀梨大寺，广诵大乘经论，洞其秘奥。龟兹王为造金师子座，以大秦褥锦铺，令什升而说法。“西域诸国，咸伏什神俊。每年讲说，诸王皆长跪座侧，令什践而登焉。其见重如此。”②

罗什既道流西域，名被东川。前秦主苻坚意欲迎什入华，于建元十八年（382），派遣骁骑将军吕光率兵七万，西伐龟兹及乌耆诸国，临行前嘱吕光在攻下龟兹时，从速送罗什入关。二十年，龟兹攻陷，吕光莫测罗什智量，又见年龄尚小，便以常人对待。次年，苻坚被杀，吕光割据凉州，自立为凉王；罗什相随至凉州，遂被留在那里凡十七年，隐晦深解，无法弘传。后秦弘始三年（401）五月，姚兴派属将姚硕德攻打凉州，当年九月吕隆兵败投降，于是罗什在弘始三年（401）十二月廿日被迎至长安，姚兴待以国师之礼，请入西明阁及逍遥园。

自弘始四年（402）正月开始，罗什在长安一直致力于佛教经论的翻译事业。弘始十一年（409）八月二十日，罗什卒于长安，“即于逍遥园，依外国法，以火焚尸，薪灭形碎，唯舌不灭。”③

二、罗什之译经

有关罗什翻译的经论，在《高僧传》的《罗什传》中列举了《小品》《金刚般若》《十住》《法华》《维摩》等三十一部，“凡三百余卷，并畅显神源，挥发幽致。”④《出三藏记集》卷十四《鸠摩罗什传》中亦有类似记载，具体名目大同小异，计“三十二部，三百余卷”。⑤而在同书的卷二，则有不同的说法，其记载曰：“……右三十五部，凡二百九十四卷，晋安帝时，天竺沙门鸠摩罗什，以后秦姚兴弘始三年（401年）至长安，于大寺及逍遥园译出。”⑥ 兹就其经名与译出年代列录如下：

《新大品经》二十四卷，后秦姚兴弘始五年（403）四月

---

① （梁）慧皎：《高僧传》卷二《鸠摩罗什传》，《大正藏》卷50，第331页上。
② （梁）慧皎：《高僧传》卷二《鸠摩罗什传》，《大正藏》卷50，第331页中。
③ （梁）慧皎：《高僧传》卷二《鸠摩罗什传》，《大正藏》卷50，第333页上。
④ （梁）慧皎：《高僧传》卷二《鸠摩罗什传》，《大正藏》卷50，第332页中。
⑤ 详见（梁）僧祐：《出三藏记集》卷十四《鸠摩罗什传》，《大正藏》卷50，第101页中。
⑥ （梁）僧祐：《出三裁记集》卷二，《大正藏》卷50，第10页下–11页上。

二十二日，于逍遥园译出，至六年四月二十三日讫（译竟）。

《新小品经》七卷，弘始十年（408）二月六日译出，至四月二十日讫。

《新法华经》七卷，弘始八年（406）夏，于长安大寺译出。

《新贤劫经》七卷，今阙。

《华首经》十卷，一名《摄诸善根经》。

《新维摩诘经》三卷，弘始八年（406）于长安大寺出。

《新首楞严经》二卷。

《十住经》五卷，或四卷定五卷，（罗）什与佛驮耶舍共译出。

《思益义经》四卷，或云《思益梵天问经》。

《持世经》四卷，或三卷。

《自在王经》二卷，弘始九年（407）年出。

《佛藏经》三卷，一名《选择诸法》，或为二卷。

《菩萨藏经》三卷，一名《富楼那问》，亦名《大悲心》，或为二卷。

《称扬诸佛功德经》三卷，一名《集华》。

《无量寿经》一卷，或云《阿弥陀经》。

《弥勒下生经》一卷。

《弥勒成佛经》一卷。

《金刚般若经》一卷，或云《金刚般若波罗蜜经》。

《诸法无行经》一卷。

《菩提经》一卷，或云《文殊师利问菩提经》。

《遗教经》一卷，或云《佛垂般泥洹略说教戒经》。

《十二因缘观经》一卷，（今）阙。

《菩萨呵色欲（经）》一卷。

《禅法要解》二卷，或云《禅要经》

《禅经》三卷，一名《菩萨禅法经》，与《坐禅三昧经》问（疑为“同”字）。

《杂譬喻经》一卷，比丘道略所集。

《大智论》百卷，于逍遥园译出，或分为七十卷。

《成实论》十六卷。

《十住论》十卷。

《中论》四卷。

《十二门论》一卷。

《百论》二卷，弘始六年（404）译出。

《十诵律》六十一卷，已入律录。

《十诵比丘戒本》一卷。

《禅法要》三卷，弘始九年（407）闰月五日重校正。

以上所举罗什所译的各经论，是经过僧祐精严查证的结果，应该是非常可信的。但在《历代三宝纪》中，却将其大幅度地增加，罗什所译计“九十七部，合有四百二十五卷”。[①]很显然，此中的记载可信度有所折扣，早在《开元释教录》中就已曾指出，并修正其谬误：

> （罗）什出经部卷，众说多少不同，《长房录》中其数弥广，今细参验多别生，或有一本数名，或是录家错上，具件如左，今悉删之：《十诵律》六十一卷……《比丘应供法行经》，祐注入疑经，今亦在疑录。已上都有三十五部，一百三十六卷。[②]

较之《僧祐录》《开元录》与《长房录》中的记载都嫌过多，那是因为误把一部经，用几个经名列出，以致部数增加，我们应以僧祐所载为准。

罗什于弘始三年（401）至长安，入住逍遥园后方从事翻译，及至弘始十一年（409）圆寂，亦不过七八年时间，却有如此宏富之翻译成果，诚属可贵、不可思议！罗什之所以能在如此短的时间内完成这么多经论的翻译，后秦王姚兴的大力护持之功，及门下英哲们的献身援助之力，自不待言。就罗什本身而言，是由于其卓越能力所促成的。罗什能暗诵经律论三藏，是自幼留学罽宾以来即奠下的基础。在疏勒学大乘经论；在龟兹已经背诵小乘及大乘经论，而且凉州时代努力学习汉语，因此对梵文经典的翻译显示其非凡的能力。[③]非凡的能力加之不懈之努力，故

① （隋）费长房：《历代三宝纪》卷八，《大正藏》卷49，第79页上。另在（唐）道宣：《大唐内典录》卷三，又增一部，则成“九十八部，四百二十五卷”，《大正藏》卷55，第252页上。

② （唐）智升：《开元释教录》卷四，《大正藏》卷55，第515页下–516页上

③ 参见镰田茂雄著，关世谦译：《中国佛教通史》第二卷，佛光文化事业有限公司，1998年，第269页。

取得了如此显著的成果。

三、罗什思想之特色及其影响

罗什在翻译之时，一改朴拙之文风，而特别注重达意之述，以便信受奉行，其译文以“曲从方言而趣不乖本”[①]为原则，或增或减，务求达意。在翻译《法华经》时，为表言外之意，而有增文。译《大智度论》时，又“以秦人好简，故裁而略之”[②]。译《中论》则于“其中乖阙烦重者，（罗什）法师皆裁而裨之”[③]。译《百论》则“陶练覆疏，务存论旨”[④]。译《维摩经》时，常“一言三覆，陶冶精求，务存圣意”[⑤]。译《大品般若经》则“手执胡本，口宣秦言，两释异音，交辩文旨”，且其“事败之名，与旧不同者，皆是法师以义正之者也。……诸如比比，改之甚众”[⑥]。可见罗什之严谨慎重。故其所译经论，特为中土佛教人士所乐诵，且于后世佛教文学影响甚大，亦使大乘佛学教义得以移植与弘传中土。同时，开创了佛典翻译的崭新时代。

关于罗什的教学思想，主要有大乘思想、空观思想、禅观思想、实相思想、涅槃思想、法身思想等方面。罗什未至长安之前，中土学人对大小乘之差异不甚了解，于大乘佛学尤欠认识。罗什所译多为大乘佛典，复引介印度当时流行之中观思想，所译般若诸经，非仅修订旧本，亦为答复道安以降，佛教人士对《般若经》及其同系经典之悬疑，且其传译之中观论典，亦已成为理解般若学说之最佳指南。自此，中国佛教乃一扫格义之弊而如实显发佛法之光，此其思想特色之一也。

罗什少时曾习有部经论，当其师须耶利苏摩为讲《阿褥达经》阴界诸入（蕴界处）皆空无相之时，因执有眼根，未及信受，后知理有所归，遂专务大乘。什雅好大乘，心契方等，乃对有部毗昙之学有所破斥，常叹曰：“吾若着笔作大乘《阿毗昙》非迦旃延子比也。”[⑦]且谓：“言

① 慧观：《法华宗要序》，《出三藏记集》卷八，《大正藏》卷55，第57页中。

② 僧睿：《大智度论序》，《出三藏记集》卷十，《大正藏》卷55，第75页上。

③ 僧睿：《中论序》，《出三藏记集》卷十一，《大正藏》卷55，第77页上，

④ 僧睿：《百论序》，《出三藏记集》卷十一，《大正藏》卷55，第77页下。

⑤ 僧肇：《维摩诘经序》，《出三藏记集》卷八，《大正藏》卷55，第58页中。

⑥ 僧睿：《大品经序》，《出三藏记集》卷八，《大正藏》卷55，第53页中。

⑦ （梁）慧皎：《高僧传》卷二《鸠摩罗什传》，《大正藏》卷50，第332页下。

有为法四相者，是迦旃延弟子意，非佛所说。”[①] 罗什意指佛法并无微尘之名，为破外道与非佛弟子之邪论，故有此说，其实，法无定相，但有假名。且以三十四心、九无碍道、九解脱道皆非佛说[②]，已见其对毗昙之批判，此其思想特色之二也。

“法身”之说，佛教各派持论互异，罗什以“法性生身者，真为法身也”。“法相”离诸戏论，寂灭无染，“得是法者，其身名为法身”，故“法身”即“法相”。且“法身无来无去”“同于涅槃，无为无作”，“法身”亦即“涅槃”。法身“无有生死，存亡自在”“应感之形，与物同迁”“随所变现，无所挂碍”，此其思想特色之三也。

由后秦姚兴灭后凉，西迎罗什至长安译出众《经》与各《论》，得知当时已由王朝提供资金，组织人力，而致佛教译经正式成为宗教文化事业，此其影响之一也。罗什所译经论，既重词义，复重音韵，玄章婉旨，朗然可见，致佛教经论二藏得以东传，广为流布，而为大乘宗派所依，其中所译《中论》《百论》《十二门论》为三论宗所依之主要论典；《成实论》流行于江南，为成实学派之主要依据；《妙法莲华经》为天台宗所依之要典；《阿弥陀经》为净土宗所依“三经”之一，此其影响之二也。罗对什空观、禅观、实相、涅槃、法身等思想亦有深切之体认，并极力弘扬，为中国大乘佛教理论奠定开展之基础，且于三论、天台、华严、禅宗均有所启导，此其影响之三也。宋僧赞宁云：“如童寿（罗什）译《法华》，可谓折中，有天然西域之语趣矣。”[③] 僧肇则赞曰：“若烛龙之曜神光，恢廓大宗；若曦和之出榑桑，融冶常道。”“斯乃法鼓重震于阎浮，梵轮再转于天北矣。”[④] 诚非虚言。故罗什对中国大乘佛学思想有重大影响，尤其在中国佛教译经史上、文化史上与发展史上有崇高之地位。

四、罗什与天台宗

罗什通过对《大智度论》《十住毗婆沙论》《十二门论》《中观论》

---

① 《鸠摩罗什法师大义》卷中，《大正藏》卷 45，第 135 页中。

② 《摩罗什法师大义》卷中，《大正藏》卷 45，第 131 页上 – 中。

③ 《宋高僧传》卷三，《大正藏》卷 50，第 724 页中。

④ 《鸠摩罗什法师诔并序》，《广弘明集》卷 23，《大正藏》卷 52，第 264 页下。

等龙树著作的翻译，将龙树教学思想移植来我国，树立中国大乘佛教及天台教学之基础。龙大士两大思想之一的《大智度论》《中论》是阐明般若空思想，经另一途径《法华经》之翻译，即显示一乘中道，冠在一切思想之上为焦点。智者大师，即依据《大智度论》和《中论》的思想，强调三谛三观之融会贯通理论，以建立空、假、中圆融性具的不二法门。更由罗什对于《维摩经》等的特殊翻译而获得了悟，遂建立空、无相、无愿三解脱门，直心、深心、大悲心三种菩提心，法身、般若、解脱三德涅槃等，皆不离众生，如若一离众生，即本一并面目无处寻的说法，这正显明融会万流摄入于法华一乘的论调。《摩诃止观》申有曰：

> 行于非道，通达佛道，一切众生，即菩提相，不可复得；即涅槃相，不可复灭，……一切尘劳是如来种。①

由此可知，智者大师，深获罗什所译之特殊理论，得以继承龙树教学的"般若性空"为其主体论，而且辅正历来所传之谬误，更能将"性空学"导入于《法华》，所谓：声闻授记作佛的一佛乘之重要性，更为发展天台教学之基本思想。

另外，天台所建立圆教的无作宏誓，以显发大心处"非行非坐三昧"，或"生死即涅槃；一色一相，无非中道"等句之叙述，都是继承罗什思想而来。这在其他法师的译本中是无法寻到的。此有助于智者大师容易解决学界当时的疑问，并能别开生面而融摄"三论""四论""成实"等派系，以创立天台宗。②

众所周知，天台宗以《法华经》立宗，而所依的本子，就是罗什所译的《妙法莲华经》。三大部之《妙法莲华经玄义》《妙法莲华经文句》，即是智者大师对什译《法华经》的判释。《法华经》乃是天台宗之立宗之本，离此便无从谈起。足见罗什与天台渊源之深、关系之切。所以，慧岳法师曾说："在天台教学思想上，应尊崇鸠摩罗什三藏为天台宗的第二代祖师才对！"③

（原载《广东佛教》2004 年第 4 期第 4-8 页）

---

① 《摩诃止观》卷二下，《大正藏》卷 46，第 18 页中。

② 以上参见慧岳法师《天台教学史》，台湾中华佛教文献编撰社 1995 年版，第 27–28 页。

③ 《天台教学史》，台湾中华佛教文献编撰社 1995 年版，第 28 页。

天台宗与佛教中国化[①]

非常荣幸此次能够应邀来天台山参访学习。早在1983年我刚出家，在五台山受完戒后，随同几名道友一起走路来到高明讲寺。今天再次来到天台山，我心情非常激动，天台乃至整个台州不仅面貌焕然一新，经济建设取得丰硕成果，佛道教也取得了很大的进步和发展。这是党和政府领导人民改革开放、全面落实宗教信仰自由政策、推动文化事业蓬勃发展的结果，所以，我们特别感恩当地各级党政领导和社会各界的支持与帮助。

在近期召开的十九大会议中，习总书记非常重视文化传承，尤其是要求我们坚持宗教中国化方向。总书记站在世界文化发展新形势的大局上，高瞻远瞩地为我们做好各项宗教工作指明了方向。今天能在天台圣地与各位共同学习，可谓因缘殊胜，衷心感谢大家成就此次机缘。

今天我要讲的题目是“天台宗与佛教中国化”。

天台宗是中国佛教八大宗派之首，今天我受老同学允观法师的盛情邀请，来到天台圣地跟大家讨论天台宗，在座各位同修都是饱参饱学，我只好班门弄斧了，讲得不妥之处还请大家多提宝贵意见。

一、天台宗佛教中国化的因缘际会

佛教讲缘起法，任何事物的产生必须要具足因缘，即是在特定的历史和时空条件中才能产生。那么，天台宗的创立又是因为哪些因缘条件呢？

第一，创立的时代背景。在我们国家的历史上，自秦朝到两汉、南北朝直至隋朝，在这期间战乱频繁，动荡的时代迫切需要和合统一，需要一个高度统一的政权出现。

第二，优越的地理环境。在历史的战火纷飞中，天台山却能偏安一隅，养育一方情怀，孕育出和合文化，这是一个必然的过程，并非偶然

① 原载《广东佛教》2018年第1期，第31-36页。

现象。

第三，相应的人文价值。这里讲的人文，是指有圣人出现。智者大师在金陵为皇帝讲授经典，最后却选择了天台这个地方来弘扬他所提炼和总结的和合理论，在天台山开宗立派，这说明圣人有无上的洞察智慧，智者大师是当之无愧的圣人。可以说，天台宗佛教中国化的核心，就是“和合”。从这两个字里面，产生了一系列宗教系统理论。

大家知道，世界上有四大古文明，如今只有中华文明经久不衰、生生不息。一种文明的传承，需要满足三个特点：

第一，不可改变性。中国的文字不可改变，虽然近代我们的汉字进行了简化，但要是用拼音代替汉字，文明就会断掉。中华文明的不可改变性，是我们的文字。

第二，包容性。这种包容性是对其他文明没有强烈的排斥，而是会吸收外来文化的优秀部分，融合自身的价值，这样就使一个文明长久保持生机，不断进步发展，这也是和合文化本身的价值。

第三，表达形式的特殊性。中华传统文化有自身独特的表达形式，与其他文明明显不同，包括宗教、文学、音乐、绘画、建筑等等。现在国家更加重视传统文化的传承弘扬，这也是我们佛教的一个发展契机。一个国家的进步发展，不能仅看 GDP 的速度，更要看 GDP 的质量，要看国家的人民是否还保持其家国情怀，是否从传统文化中找到认同感、归属感，这能看出一个文明的根基深浅和发展潜力。这也就是习主席指示的——坚持文化自信！

从文明传承发展的角度来看，智者大师所要实现的天台宗教理念的构建，也要考虑到这三个特点。近代的太虚法师说，中国汉传佛教的特质在禅。这个禅不仅指如来禅、祖师禅，其实也包括天台禅，中国佛教是从“禅”里面引发出来的。这个“禅”通于“禅定”的定或者说“定慧”的定，智者大师可以说是定慧等持，他所创立的天台宗，是止观双运、教观总持，就禅定特质的表达。

佛教自东汉传入中国，到隋朝这两三百年间，翻译了不少佛经。这些翻译的经典是不是符合中国文化传统，能否传承下去，跟当时的社会人文、时代要求是否相符？这些都是智者大师的考虑。佛教思想和中华文化都有很强的包容性，所以天台宗的创立从而开启佛教中国化的过程就比较顺利。

中国是一个宗族社会，每个宗族都有它的谱系，都有它的传承，所以要让特定根器的人学习相应的法门，让他找到社会的认可性、归属感，让其他人也能区分开来——你是学哪个宗派的，是第几代的？这就要求必须成立宗派。祖师大德洞察到这种社会背景，了解人们的家国情怀，因此能用佛法智慧来开宗立派、接引众生，佛教中国化就是这么开始的。

中国传统文化里讲佛道一家，其实在宋朝就已经开始出现融合的趋势了。明朝的憨山大师精通儒道两家的著作，这说明三教合一的潮流在明朝已经十分明显，儒释道三家在历史长河中彼此吸收养分、互相融合并发展出更加完善的思想体系，这就奠定了我们中华优秀传统文化的根。

我认为，天台和合圣地的出现不是偶然的，而是中华文明的思想文化融合发展的必然结果。从佛教的教理教义来说，智者大师对古印度的佛教发展历史进行了中国化的表达，对释迦佛的说法时期进行了判教，即五时八教。为什么要强调这个时间？古印度时间观念淡薄，缺乏明确的纪年，不知道佛陀什么时候说什么法，而在中国则需要明确的时间划分，来增加教法说服力，提起学佛人的信心。

智者大师的判教化解了大小乘之间的矛盾，达到了“会三归一”的效果。有些文人认为“会三归一”是指三教合一，其实不对，而是指佛教中的声闻乘、缘觉乘、菩萨乘，三乘归于一佛乘，这是智者大师独创的。智者大师总结释迦佛说法的整个过程，充分考虑了佛陀讲法分散性和随机性的特点。佛陀带领僧团修行，弟子们修学的法门不同，当他们在修学中产生疑问的时候，就会来问佛陀，佛陀就为那一部分弟子说法。所以佛陀说法不是把所有人都集中在一起来讲，谁有问题就来问佛陀，这是分散性；佛陀能够洞察众生的因缘，说法的时候，随顺弟子的根器来讲，他们能接受什么法就讲什么法，这是随机说法。戒律也是针对某位修行人出现的问题而制定的。一开始佛陀的弟子们善根深厚、信仰坚定，不需要讲戒律，大家在修学过程中也没有出现戒律所禁止的行为。所以每一种法都有它出现的因缘，佛陀涅槃以后对经典的集结，乃至智者大师对佛陀教法进行梳理，也是因缘使然。

为什么要判教？是为了把理论统一，让大家知道释迦佛说法的过程，从而逐步去体会，落实修行，这是开宗立派的需要。开宗立派并不是简单地就能做到，需要符合中国的国情，还要符合我们修行的次第，更不能背离释迦佛说法的根本。所以智者大师能被称为“东土小释迦”，不是随便给他贴的标签，而是他确实有这种精神智慧和修行的结果。可以说，智者大师是用中国圆融和谐的文化来总结归纳释迦佛的教理教义，同时能让中国人能听得懂，否则中国人就不承认并传承天台宗了。

智者大师曾经在山上礼拜十八年，祈求《楞严经》来唐，因为他听到梵僧说他所修的止观禅定和印度的《楞严经》一样。《楞严经》是唐朝中叶般剌密谛法师在广州光孝寺翻译的，距离智者大师圆寂后一百多年才传到中国。智者大师能有这种因缘，确实是不可思议。《楞严经》里关于降服魔境说得清清楚楚，常住真心等内容和摩诃止观讲的是一样的。太虚法师评价中国汉传佛教的特色在禅，其实就在定慧等持，那就是天台宗的和合，这也是天台宗能够中国化的原因。智者大师用定慧等持来让身心和合，成为一代圣人。他九旬谈妙，一个经题谈九个月，无须看稿，直接是心中智慧的流露。智者大师用这种横跨时空的思维和高超的智慧，建立起一个宗派，整个过程是令人叹为观止的。

二、天台宗佛教中国化的价值传承

在天台宗的创立过程中，我觉得以下三个方面是不可以或缺的：一、智者大师用“一心三谛”竖立教义上实相、圆融、和谐的思想。二、用“一念三千”作为和合的认识方法。三、用“一心三观”作为禅修的印证和落实。

《金刚经》里面有这样一句话：“如来说一合相，即非一合相，是名一合相。”一合相是什么？世界是因缘和合的总体，你从外面看好像是一个相貌，其实不是。一合相即非一合相，是名一合相。明生非明生，是名明生。明生这个名字能够代表我吗？不行，这只是一个概念。“百界千如，一念三千”都是在讲这个世界的相状。一心十法界，那就是一合相是世界，世界是一合相，一合相非一合相，是名一合相。

一念三千是我们认识世界的方法论，也是我们的世界观。智者大师让我们把三千归于一念，可是我们没有这样做。我们一念是六千，看到红的、白的都有分别心，心跟三千世界分离了，所以烦恼天天有、时时有、刻刻有。我们把世界看成是万花筒，分别心不断在产生，这样怎么可能没有烦恼？你能否把三千世界化为一心一念，这就是修行的价值。智者大师为什么提出一心三观、一心三谛？这都是从本体到作用，给我们的修行提供了一系列的方法。如果没有他的这些论点，哪能开宗立派？所以智者法师了不起，确实智慧如海！一代圣人不是一般的哲学家、科学家所能比拟的，他有自己的精神家园、道德情操、人生价值的升华，也就是生命的解脱。

幸福在哪里？就在一心三观。可是我们找不到，我们看到所有东西都有分别心。有些人说和尚真会编故事，说："释迦佛在万人法会上拈一枝花，下面一个人一笑，就能传一个法给他，可那么多法，我拿了那么多花怎么没有开悟啊？"因为他们没有内心世界的安详，所以他们看不到真花，看到的全都是塑料花。有的人眼睛患白内障，什么都看不到，其实这是因为污染的尘埃遮住了眼睛里的凹凸镜。只要将尘埃去除，又能恢复视力了。我们帮助过家庭困难的老人做白内障手术，现在的手术很快，几分钟就搞定了。老人家眼睛一恢复，就问孙子在哪里，她马上要找孙子了。人的心里污染，蒙尘无光明，看不到事情的真实本体，因而就有错误的认识与偏见。

其实这反映了唯识宗里的一个问题——我们现在看到的这一瓶水，其实你没有看到它的真实，都是一个假象。什么假象呢？你这个眼睛的凹凸镜把它摄受成一个影子，放进你的内心，你的第六意识总在攀缘它，就是以假为真，其实是颠倒。我们用分别心去看花，你能看到花的本质吗？看不到。只能相似地看到花，跟塑料花一模一样。释迦佛一针见血地指出了，我们的六根对六尘，六识的分别就产生了，假心假意假念也就出现了，因此就达不到真谛和中观。我们对于种种概念和外在形象，常常被我们的眼睛给蒙骗了，错将六根六尘相对的境界当成是真理。释迦牟尼佛对这个是批判的，释迦佛和迦叶尊者是以心印心的，佛陀知道他开悟的程度在哪里，拿这朵花作为代表，只是看看他是不是真的懂而已。

我们再看看禅宗，有人向赵州禅师要佛法，他会说“吃茶去”，答非所问。禅不会给你答案，只会给你问题。为什么不给你答案？怕你懒惰，怕给了答案之后，你就不去修行了。不给答案，你才会去修，自己去找答案，这是最好的教育方法。可现在社会不是这样了，现在的小孩子学习全靠电脑，往电脑里输入一个名词，一大串的资料就会弹出来，根本不用思考。古人教导我们，好记性不如烂笔头，你越写大脑越精明。现在我们是越打电脑，大脑越萎缩，连话都讲不清楚了。这就跟我们看花一样，因为我们用的是妄心，是懒惰的心，而不是真心，所以花就不能与心相应。

智者大师教我们归于一心一念，一心三观，一心三谛，教导我们用统一的理论去看待世间的所有人和事，从而提炼自己的觉悟之心、智慧之心，这样才能运用自如，在解决人事的时候才有最优的办法，这就是智慧。用最优的办法去解决人事，你才没有烦恼，这就叫作随心所欲，随心所欲就是智慧的结晶。

我认为天台宗对整个中国文化都有所启迪，对于整个佛教界都有启迪。这里总结其三个特点：

第一，创新起引领

智者大师提出的五时八教、一念三观、一心三谛、一念三千等观点，都是他总结释迦佛碎片化说法而形成的统一理论，并且用中国话表达出来，这就是和合。一心三谛是圆融和谐的中道思想，一念三千是圆和的认识论、方法论，一心三观是圆妙的禅修措施和方法。智者大师通过圆融的本体、圆和的方法、圆妙的修行，把佛教用三个圆和合起来。中国人讲和而不同，为什么要和？因为不同，所以才和。为什么要和合？共享共建，如此才能和合。我们修行叫志同道合，寒山、拾得两个人合在一起称为二圣，志同道合。和合，就是存同求异，共建共成，这在我们当今世界也一样。智者大师用他的高超智慧总结释迦佛的一代教法，最后提出了“三圆”的根本理论，让天台宗起到开宗立派的引领作用，这叫创新起引领。

第二，和合促发展

在隋代，佛教界南北存在着偏差，一个偏于静修，一个偏于理论研究；

所以当佛教发展到这个时候，要求必须出现一个能和合统一的宗派，否则没办法向前推进。融合南北修行差异，形成了天台宗的特色，这叫和合促发展。随后通过不断实践，开宗立派，教化弟子，经过九大祖师的共同努力，天台宗绵延至今。天台宗有三圆和合的文化价值——和合圣地、和合圣人、和合圣教，因此天台文化被称为和合文化，是顺理成章的。和合圣地，儒释道三家在这里和睦共处，中国从宋代到明朝一直希望三教合一，这在天台山也体现出来。和合圣人，智者乐山，一代圣人智者大师在天台山开宗演教，传承不息。和合圣教，天台宗是一个榜样，引领着中国佛教八大宗派的开创与发展，而道家的南宗在天台山也引领着其在教内的发展。

第三，践行出成果

创新起引领、和合促发展，站在命运的共同体上就是佛教所说的缘起法，就如智者大师所说的“一念三千”。我们起心动念都与三千世界是相联系的，世间无论好事还是坏事都与每个人息息相关，只因你认识不够，看不懂，所以才觉得无所谓。“一念三千”是大慈大悲的体现，既要归于“一念”，又要洞察“三千”。归于“一念”，才有定力，心里没有妄想，即智慧；洞察“三千”，就是大慈大悲。慈悲与智慧是大乘佛教的根本出发点，越慈悲才越有智慧，心胸越开阔，越有智慧才能更慈悲，行菩萨道必须要有慈悲和智慧。

天台和合文化为中国文化带来了优化，给我们的人文增添了无上价值。各位法师能够在天台山这块宝地学习修行，能够亲近智者大师，确实是多生累世修来的福报。大家能有这样一个清净的地方学修，绝不能辜负允观大和尚的悲心愿行和地方党政领导的鼎力支持，所以更需要用和合文化来成就自己的道业。

三、如何传承天台宗和合文化及其价值

第一，天台宗的传承和发扬是佛教内在发展的责任担当。因此，我们谈文化自信，要有天台宗的自信、天台宗文化的自信，还要有天台文化的自觉。文化自觉不是被动等别人发现，而是自己先有觉悟。当今社会，我们落实修行要用新的、现代的、当今人们需求的时代进步语言和方法

来解说和传承天台宗的文化。

第二，天台宗的传承和发展是佛教与时俱进的必然要求。历史上，因为时代背景、地理环境以及智者大师等大德的因缘开创了天台宗，今天我们传承和发扬天台宗是所有出家人的责任担当。圣人的真理价值有利于人类生命价值的升华，能把功利的人生升华为功德的人生，因此，天台宗不只是天台的，更是全国的、世界的。

习总书记说要“坚持宗教中国化的方向”，大家应该用社会的道德语言与时代进步的科学工具整合资源贡献给社会，释迦佛、智者大师所总结的本怀情操、本体论、方法论不能改变，天台宗的方向也不能改变。坚持中国化方向，就天台宗而言，简单来说就是要传承好天台文化、讲好天台文化的故事、做好天台文化的使者。中国佛教协会要求我们要传承好中国佛教文化、要讲好中国佛教故事、要当好中国佛教徒，学诚会长在中佛协理事会上也曾讲到要做守法的公民、要做持戒的修行人。所以，我们要学好天台宗的根本理论，加强多方面的训练，将高科技工具应用于弘法上，做一名弘扬天台文化的优秀使者。

第三，天台宗也是服务“一带一路”的支点之一。“一带一路”不只是经济的输出，更重要的是文化的输出，在弘扬天台的过程中，法师们还要加强双语训练。天台宗和合共生的文化是当今高科技发展、人们快节奏的生活方式和世界共享共建所需要的，只有在和而不同里面包容大家，在共建共融上成就命运共同体，才能推动社会发展，担当和平的使者，为我们国家的大国外交做出贡献。法师们在此成就，需“住山不忘开山力”，把天台的修行理念、天台文化发扬光大，弘扬于全国全世界。

第四，现代人类的心灵更需要和合文化，更需要天台宗“一心三观”的修行落实。一千多年前，智者大师用他的智慧总结出来的理论架构和修行方法在今天完全没有过时。反观当今社会，物质高速发展，科技不断进步，但人类的心灵愈加烦躁不安，更需要和合文化，更需要天台宗“一心三观”的修行落实。太虚法师曾在《中国佛学》中讲到藏传佛教和上座部佛教广泛适应民众的原因，现今藏传佛教和上座部佛教在国外比汉传佛教弘扬还要广泛。虽然汉传佛教流布于世界有许多不足，但智者大师所创立的天台宗条理清晰，讲经说法的规矩和方法次第分明，这非常有助于汉传佛教的弘扬。汉传佛教要振兴，天台宗必定要担当最大的力量。现今是程序社会，不论做什么都需要走程序，程序化已经成为人们思考的习惯。例如禅宗的参话头，很多人都找不到下手处，但如果量化诵多少遍经，大家则很容易接受。人们的思维习惯要求修行方法的程序化、系统化。其实，《六祖坛经》里也是有次第的，先皈依三宝、坐禅、五分法身香，随后用禅心三无的优化措施，最后落实一行三昧，这与天台宗是相通的。

如今许多人虽然物质丰富，但家庭破碎，高离婚率和忧郁症成为社会存在的严重问题。关键原因在于人们沉沦于物质，精神家园荒废，人生没有方向，活不在当下。智者大师的理论对疏解当今社会人们的心灵阻碍，提高行业道德情操，建立家庭伦理具有不可替代的作用。人在“三千”上迷了，就糊涂而茫然；在“一心”上觉了，就清醒自在。“一念三千”是幸福指数的一个标杆。只有在“一念三千”上驻足当下，才有幸福可言。当下是过去的总结，是未来的发生，不仅是这一念，它是饱满的，所以叫作法喜充满。“一念三千”不饱满，没有归于“一念”，力量就不够，立场、信仰、生活理念随之也会不坚定，也就没有法喜充满的正念定力。没有正念定力就没有办法判别，没有办法判别就容易知见不明，变成一个没有思想主见，对生命没有把握的人。当下一念法喜具足饱满，心中就没有空间产生妄想、滋生烦恼。大多数人当烦恼来临时，很容易被境所扰。正如前面所讲，你与花不相应，无论拈多少次花都是不能开悟的。相似是模糊的，相应才是以心印心。我们当下是相似的，所以烦恼重重；如果与当下生活相应，则每一念都是快乐的。所以修行是不能代替的，要靠自己去相应，在相应里面督促自己。相应也是一种印证，印证真理才能起信，信仰的坚定也是随着修行的增上不断叠加。只有相应的力量才能叠加心里厚重的道德，所以改变命运就在于你心里是否有法喜充满的力量。禅宗的起疑情与智者大师的止观双运都是让内心法喜充满，烦恼不能滋生。止与观不能分离，不只消极地持戒，要积极地行菩萨道。真心实意与戒律相应，修行才有办法；真心实意与智者大师的摩诃止观相应，才能得到天台宗的根本利益。

佛教传入中国，经过几千年与中国传统文化相融合，完全成为我们自己的思维模式和宗派。习总书记也曾在联合国教科文组织上说，佛教对中国人民的生活理念、哲学观点、文学艺术等方面产生了深刻的影响。赵朴初会长也曾说，离开了佛教文化，连说话都成问题。因为许多的文字、语言都是从佛教中演化出来的，佛教文化与人们的生活息息相关。习总书记曾提出，要用社会主义核心价值观引领宗教文化，即以正确的人生观、世界观、价值观塑造良好的人格。佛教引导大家修行也是为了提高人格，所以社会主义核心价值观与佛法是同体的。用“一心三观”“一念三千”的理论来端正自己的人生观、世界观和价值观，我们的人生才能与大众合为一体，与全国人民心连心、共命运、同幸福，共建小康社会，同圆中国梦。

天台山是和合文化的发源地，作为常住法师要展现和合，就要以常住为重，学习寒山、拾得二圣的志同道合。天台宗如果不在世间展现和合的价值，就不会有护法外援，从而被人们慢慢淡忘。争取护法，首先僧团就必须志同道合，维护常住，用和合文化引领自身的管理建设和修行；其二，要一心一意，深信天台宗。这对于我们修行的进步，人生境界的提高，具有无上的价值。

期盼大家共同努力，在智者大师慈悲智慧的照耀下，天台、台州、浙江经济社会发展不断和合向前，也祝愿大家能够身心和合，未来成为贤人和圣人。

略论昙鸾大师在净土宗史上的重要地位及评价

东晋慧远在佛教史上的显赫地位及巨大影响，被后世净土宗人奉为净土宗的初祖。但实际上慧远非专修而只是兼修净土，其净土思想是与般若学、禅法结合在一起的，其念佛是观想念佛、智慧念佛，与后世流行的持名念佛迥异其趣。考诸历史，真正专修净土，把持名念佛作为净土根本修行方式的是北魏的昙鸾大师（476–542）。汤用彤先生认为，东晋慧远之后“北方大弘净土念佛之业者，实为北魏之昙鸾，其影响颇大，故常推为净土教之初祖。”①

一、昙鸾大师的重要地位

印度佛教的净土思想在中国的传播中发生了两大显著的变化：一为由净土三系（指弥陀西方净土、弥勒兜率净土以及东方妙喜净土）并存发展成弥陀净土信仰独盛；二为由早期偏重禅行的行门发展成大倡信仰的教宗。在这两大变化中，县鸾的净土理论起了关键性的作用。

弥陀净土的传播以东汉末年支娄迦谶、竺佛朔共译《般舟三昧经》为嚆矢。该经宣扬依专念之法即可往生西方阿弥陀佛国。支谶还译出《道行般若经》，其中卷五就记载有弥勒信仰的内容，此后西晋竺法护译《弥勒下生经》，后魏天竺三藏菩提流支译出《弥勒菩萨所问经》等等。支谶又译出东方妙喜净土的经典，该经说明妙喜佛在因地修菩萨道作比丘时，于大日如来座下，立下三十九大愿，积功累德，终满此愿而成佛，建立东方妙喜净土，此佛刹功德无量，严净光丽，往生妙喜国的条件是修菩萨六度之行与般若空观，以及称念诸佛的名号。

印度净土三系思想传入中土后，东方妙喜净土信仰一经传入即归于寂灭；弥勒净土信仰经道安大师的提倡，曾一度兴盛，虽历代都不乏信仰者，但也很快衰落；唯独弥陀净土，经东晋慧远、北魏昙鸾和隋唐道绰、善导的弘传而大行天下，出现了一枝独秀的局面。

① 汤用彤：《汉魏两晋南北朝佛教史》，北京大学出版社，1997年，第578–579页。

昙鸾对净土理论的创新与发展是这种局面出现的重要原因。昙鸾的"二道二力说"，确立了净土宗的判教理谕，为净土宗派的形成打下了坚实的基础；"他力本愿说"更为净土宗成为信仰的宗教而找到了有力的依托；"称名念佛说"为净土宗的往生西方发现了"下手易而成功高，用力少而得效速"的便捷之路；其所受般若与道教的影响则为其完成净土信仰的中国化而提供了条件。道绰、善导正是在对昙鸾净土理论改造的基础上完成了净土宗的创立。

净土信仰倡导念佛法门，而念佛本是禅之附庸，中土早期修持念佛法门的人，都注重禅定而念佛。庐山慧远的念佛，即属偏重禅行的一种观想念佛。至北魏昙鸾，则大力弘扬阿弥陀佛的愿力接引，突出了信仰的作用。

太虚法师在论及中国净土宗演变的历史时，认为中土净土演进可分为四个阶段：依教律修禅之净、尊教律别禅之净、透禅融教律之净和夺禅超教律之净。即认为道安、慧远所修之净土实是禅行；昙鸾、道绰所修之净土则是别禅之净，不但以其所修之念佛法门力斥禅宗之禅，并于其余依教律所修诸禅定观照，也简别为是仗自力的难行道，而独以净土法门是仗他力的易行道；透禅融教律之净是指五代以后，透过宗门禅而融教律的净土行，即五代后禅宗、天台、华严诸教所修的净土；夺禅超教律之净即指后世只剩孤零零一句"阿弥陀佛"的净土末流。太虚法师把净土信仰放入佛教禅、教、律整体发展过程加以把握，是有一定道理的。中土净土信仰的演进和形成的关键，在于修禅之净向别禅之净的转变。即昙鸾、道绰的别禅之净土信仰对道安、慧远的净土禅行的超越。中土净土信仰正是在这个过程中才真正建立起来，并实现了中国化。至于透禅之净和夺禅之净不过是此信仰及其实践在后世的不同表现而已。

由上可见，在印度净土信仰中国化的历程中，昙鸾的净土理论和实践起着关键性的作用。正是昙鸾对传统净土思想和实践方法的改造，使净土信仰在与中国传统文化的融合中得以生存发展。

昙鸾的重要地位也受到了日本佛教界的高度重视。昙鸾的《往生论注》在日本产生了广泛而深远的影响。十二世纪末，相当于南宋末年，日本僧人源空（1133-1212），号法然，创立日本净土宗。他在《选择本愿念佛集》中据昙鸾的《往生论注》和道绰的《安乐集》等对佛法进行判释分类（判教），把真言（密教）、佛心（禅）、天台、华严、三论、法相等宗归为“圣道门”，认为是“难行道”，而把弥陀净土之教称为“净土门”，认为是“易行道”。他还在《选择本愿念佛集》中为净土宗确立传承世系，以菩提流支、昙鸾、道绰、善导、怀感、少康为净土宗的六祖。而在他的《类聚净土五祖传》中则去掉了菩提流支，将昙鸾作为了净土宗初祖。

十二世纪，源空的弟子亲鸾（1173-1262）创立净土真宗。他在所著《显净土真实教行证文类》（简称《教行信证》）六卷中论证了净土真宗的基本教义，书中除引用“三经一论”外，还引用昙鸾、道绰、善导的净土著作，并以印度的龙树、天亲（世亲），中国的昙鸾、道绰、善导，日本的源信、源空为净土真宗的七祖。他还将昙鸾称为“本师”。在其《高僧和赞》中为上述真宗七祖所做的赞、颂、偈共一百一十七首，其中赞昙鸾的最多，达三十四首；其次是善导，二十六首；第三才是日本的源空，二十首。他曾被流放，在流放期间将原名“善信”改为“亲鸾”，这是取了世亲的“亲”字和昙鸾的“鸾”字，可见他对昙鸾的敬重达到了无以复加的程度。

1920 年，日本名僧、净土真宗的常磐大定来中国考察佛教遗迹，发现了玄中寺祖庭，公之于世。1942 年 7 月，常磐大定与菅原惠庆两位高僧率代表团前来朝拜玄中寺，纪念昙鸾大师圆寂一千四百周年。足见，昙鸾在日本佛教界有很高的声望。

二、对昙鸾大师评价的分歧

昙鸾在日本佛教界受到高度推崇，但在中国通行的净土宗史上，昙鸾的地位却没有引起足够的重视。

中国通行净土十三祖之说。南宋的宗晓（1151-1214）开了净土立祖的先河。他在《乐邦文类》卷三《莲宗继祖五大法师传》中说：

> 莲社之立，即以远公为始祖，自师归寂，抵今大宋庆元五年己未，凡八万九年矣。中间继此道者，乃有五师：一曰善导师，

二曰法照师，三曰少康师，四曰省常师，五曰宗赜师。是五师者，莫不仰体佛慈，大启度门，异世同辙，皆众良导。传记所载，诚不可掩，以故录之，为继祖焉。①

在此，宗晓将慧远作为了净土宗的始祖。自慧远至宋庆元五年（1199），约809年。在此期间继承净土事业的有五位大师：一是善导，二是法照，三是少康，四是省常，五是宗赜。这就是最早的净土“六祖”说。其中未列昙鸾，说明昙鸾在中国净土宗史上的地位并没有引起宗晓重视。

随后，南宋志磐在其《佛祖统纪》卷二十六之《净土立教志》中，改为净土七祖：慧远—善导—承远—法照—少康—延寿—省常。即：

始祖庐山辩觉正觉圆悟法师(慧远)，二祖长安光明法师(善导)，三祖南岳般舟法师（承远），四祖长安五会法师（法照），五祖新定台岩法师（少康），六祖永明智觉法师（延寿），七祖昭庆圆净法师（省常）。②

志磐还声明：“四明石芝晓法师，取异代同修净业，功德高盛者，立为七祖。今故遵之，以为净土教门之师法焉。”③其实，宗晓只定六祖，志磐在这六祖中删去宗赜，增加承远及延寿，成为七祖。志磐的“七祖”说是在“六祖”说的基础上形成的。

明清之际，在“七祖”说的基础上，众推云栖祩宏（1535—1615）为第八祖，清代又推省庵法师（1686-1734）为九祖，上面的世系是明清以来一般所共遵的。

但后来悟开又著《莲宗十一祖传》（又名《莲宗正传》），于上列八祖云栖之次。另立明代蕅益智旭（1599-1655）为第九祖，清初的省庵为第十祖，彻悟（1741-1810）为第十一祖。

民国年间，印光（1861-1940）又改推清初的行策为第十祖，省庵、彻悟递降为十一祖、十二祖。印光逝世，其门人又推印光为十三祖，形

① 《大正藏》卷47，第192页下。

② 《大正藏》卷49，第260页下。

③ 《大正藏》卷49，第260页下。

成净土宗十三祖之说。

净土宗被推为祖师的，大都以弘扬净土法门有贡献的缘故，并非像其他宗的法系有前后传承的关系。值得注意的是，从宋代至今，无论六祖、七祖、八祖、九祖、十一祖、十二祖或十三祖之说，都没有昙鸾与道绰的地位。

这样，中国净土祖师世系就与日本净土祖师世系产生了很大分歧，其分歧就在于有无昙鸾与道绰，而其焦点则在昙鸾身上，日本对昙鸾推崇备至，奉其为净土初祖；而中国则以慧远为初祖，对罢鸾没有引起足够的重视。

这种局面出现的原因是十分复杂的。从净土宗发展的地域方面看，到了宋代，净土重心已渐从北方移向南方，特别是南宋建都临安以来，念佛的风气从临安传至四方，诸如省常效法庐山莲社故事，创于西湖昭庆寺的净行社；遵式在四明宝云寺建立的念佛会；知礼建于明州延庆寺的念佛施戒会；本如立于东掖山能仁精舍的白莲社等，都是宋代著名的净土结社。法社的创立者和参加者，僧俗都有。僧侣中既有天台宗、禅宗的，也有律宗的；俗家弟子中既有普通民众，也有官僚士大夫，其中官僚士大夫又往往起骨干作用。苏轼晚年致力于净土信仰实践，作《水陆法像赞》十六篇，建“眉山水陆法会”。官僚士大夫杨杰依禅僧义怀，他既“明悟禅宗”，又“阐扬弥陀教观，接诱方来”。文彦博兼译经润文使，在京与净严禅师结僧俗十万人念佛，求生西方净土。南方念佛结社之盛，由此可见一斑。志磐描述杭州地区净土信仰盛况云：“无少长贵贱，见师者皆称阿弥陀佛。念佛之声盈满道路。”①这些大规模的结社念佛活动，很自然地使人们把净土初祖推到庐山慧远。创立净土宗“六祖”“七祖”说的宗晓、志磐都生活在南宋时期的南方，他们的观点自然会代表南宋时南方僧人的观点。所以，宋时所定的莲宗七祖，自三祖以下都是代表南方的净土宗，而昙鸾、道绰曾布化过的并州之地反而默默无闻，这当然不能说是真实地反映了历史的。昙鸾、道绰毕生从事净土传播，在净土教史上有着重要影响。近人杨仁山在《佛教宗派详注》

---

① 《佛祖统纪》二十六卷，《大正藏》卷49。

中将昙鸾、道绰都列入净土宗法统，这是完全正确的。

从净土宗发展的时代背景看，五代以后，形成诸宗融会的格局，尤为显著的是禅净合流。禅宗、天台宗、华严宗等重悟解的宗派兼修净土，这就使净土普及佛门，成为一切宗派的“共宗”。于是，净土宗的面目发生了变化。那么，评价净土宗祖师的标准也会相应地发生变化。宗晓、志磐是站在天台宗人的立场上兼修净土，所以他们更看重的是注重悟解的观想念佛，自然会把庐山慧远列为净土初祖。后来，立智旭、省庵、彻悟为祖师的悟开（？ –1830）也是天台宗人。

慧远被立为净土初祖，与净土三流说也有一定的关系。源空在《选择本愿念佛集》中说：

> 而今所言净土宗有师资相承止脉谱乎？答曰：如圣道家血脉，净土宗亦有血脉。但于净土一宗，诸家不同，所谓庐山慧远法师、慈愍三藏、道绰、善导等是也。①

他在《黑谷上人语灯录》卷九中也提出，中国的净土宗有东晋庐山慧远、唐代慈愍（慧日）和道绰、善导三系，而他决定以道绰、善导一系为日本净土宗继承的法统，这就是“净土三流”之说的由来。

善导以后的净土宗人，其修行方法总的说来都以称名念佛为主，不过，有的专修称名念佛；有的兼修教、禅、戒；有的则同时强调悟解，兼修观想念佛以至实相念佛。所以，分弥陀净土为三流，大体上可以概括弥陀净土的多种修法。净土三流之说是有一定道理的。

慧远流的念佛方法主要是观想念佛，它强调用观想的方法收摄散乱的妄心，还到一种穷玄极寂、体神圆融的精神统一状态。总的来说，慧远流是重自力修行，重知识悟解的流派。

善导流（即昙鸾、道绰、善导一系）以称名念佛为主。它强调无须悟解，只要念佛，即可凭佛愿力而往生西方净土。总之，善导流是面向一切凡夫的最简单易行的法门。

慈愍流主张戒净并行，禅净双修，教禅一致。他们勤修戒、定、慧

---

① 《大正藏》卷83，第2页下。

三学之万善万行，而以持名念佛为重点。实际上，慈路流是以法相宗为依据，企图融合教、禅、净、戒各家而归于净土的综合派。

与净土三流之说相适应，出现了“三根”之说。“三根”说认为，慧远流适应上根者；慈愍流适应中根者；善导流适应下根者。由此观之，宋代以来，善导所建立的净土宗便降而为净土三流中仅仅适宜于下根者的一派了。这样一来，慧远在净土宗中的地位自然会被抬高，昙鸾却找不到他应有的位置了。这是净土宗发展的时代背景使然。

从净土宗的宗派特点看，净土宗能否算一个真正意义上的佛教宗派？汤用彤先生在《隋唐佛教史稿》中界定佛教宗派说：所谓宗派者，其质有三：一、教理阐明，独辟蹊径；二、门户见深，人主出奴；三、时味说教，自夸承继道统。意思是说，所谓宗派有三个特点：一、有独特的教义；二、有一套师徒相传的法嗣制度，排斥异己；三、自居于佛门的正统地位。宗派就是这样一种有教义、有组织、有教规、有承传的宗教团体。按此标准，汤用彤认为，净土宗不能算作一个佛教宗派。

以上“净土三流”之说，尽管有修行方法上的分歧，但都信仰阿弥陀佛，也还算有统一的教义。净土宗的判教理论将往生西方称为易行道，而以其他宗派为难行道，所以净土宗的门户之见也还是存在的。不过，净土宗没有自己的一套组织，也没有法嗣承传制度。信净土者可以同时兼信任何宗派，任何宗派中人也可以同时兼信净土，不存在什么“叛师背祖”的问题。正是在此意义上说，净土宗不能算一个佛教宗派。

南北朝时期就没有净土“宗”之名。隋唐时期，三论宗、天台宗、华严宗等纷纷创立，净土教也兴盛起来。净土教与其他各宗类似，有自己独特的判教理论、教义、修法等，因而人们撇开了师承法嗣的特点，约定俗成地称其为“宗”。

既然如此，那么，为净土宗定祖立宗的根据就不好把握了。宗晓、志磐、悟开为净土宗定祖立宗，但他们本身却是天台宗人。至于被定为净土祖师者，也受到其他宗派的影响。在十三祖中，二祖善导（613-681）、五祖少康（？-805）纯系善导流之念佛，属净土宗正统。三祖承远（712-802）、四祖法照（767-821）均属慈愍一系的僧人。他们属宋代以前的僧人。自六祖开始，当属宋及其以后的其他诸宗兼修净土的僧人了。六祖延寿（904–975）是禅宗中法眼宗的嫡祖嗣。七祖省常（959–1020）是天台宗人，先学天台教观，后来专修净土。一度曾在六祖说中定为六祖的江苏真州长卢寺宗赜（生卒年不详）是禅宗云门宗长卢应夫的门人。八祖云栖袾宏（1535–1615），居住于杭州云栖山，为华严宗人。九组智旭（1686–1734）为天台宗人。十二祖彻悟（1741–1810）是禅宗临济宗三十六代传人。苏州灵岩山寺印光的门人立印光为十三祖，印光可以说是会通各宗的僧人。

总之，中国净土宗的宗派特点决定了“十三祖”立祖之说，必然会受到其他宗派的影响，乃至慧远流的净土思想占据了上风。因此，出现了以慧远为初祖，忽视县鸾地位的局面。

禅修法门的施设与教学①

浙江是东南佛国，余杭更是佛教圣地，径山寺是禅宗祖庭，历代高僧大德辈出，为推动禅宗中国化做出了巨大的贡献。我作为佛门后学，其实并没有资格向大家宣讲禅法。祖师大德教导我们——禅是开口即乖，开口就是错的，说出来的便不是禅，落于语言文字就背离了禅道。那么，今天要如何开口说禅，大家能不能透过语言领会禅的真意，这值得我们深思与参悟。

在物质极大丰富、信息网络高度发达的今天，禅对我们有什么价值，禅能不能为我们所用？这更需要我们深刻去检视与体验。其实，在这样一个瞬息万变、快节奏的社会时代中，虽然我们的物质生活不断在丰富，生活方式越来越便捷，可我们每个人都会感受到自己的人生徒增了许多的烦恼，人生幸福快乐的指数并没有因物质的丰富而增长，都更渴望向往内心的安详。所以，我们的人生是需要禅修的。

佛教传入中国两千多年来，为什么只有禅宗经久不衰、一枝独秀？这是祖师大德智慧的选择，也是因为中国人的根器适合修学禅法。修什么禅？一般讲禅法归为两类：一、如来禅；二、祖师禅。如来禅是佛陀所说的禅法，而祖师禅则是中国禅宗祖师提倡的最上乘禅，如六祖大师说的“唯论见性，不论禅定解脱”，不是用语言文字来教你，而是直指人心的。当然，祖师禅的根源也是来源于释迦佛，拈花微笑公案 “不立文字、教外别传”所传承的是以心印心、当下见性成佛，才名为最上乘禅法。

今天，我跟大家一起分享的题目，叫“禅修法门的施设与教学”。

这个禅是指六祖禅法，也就是祖师禅。禅既然不能说不能讲，那为什么还能够有施设与教学呢？其实，文字是落于第二念的，也就是说，文字只能表达禅法，却不能表达禅的本体。祖师禅是自悟自觉，非关文字教学与方便施设，但语言文字可以作为桥梁，它能够指示我们禅修的

① 原载《广东佛教》2018 年第 2 期，第 16–22 页。

方向，禅的体验也如《六祖坛经》所言：“如人饮水，冷暖自知。”

中国人为什么要选择禅宗？禅法在当今社会如何传承发展？这是我们今天要探讨的。不管是社会、团体，还是我们每个人的生活起居、行住坐卧，都跟禅有联系。问题是我们淹没于物质横流当中，或许自己认识不到，在无明烦恼障碍面前把禅丢了。其实，每个人身上都有禅，离开禅，我们没办法生活得更好，禅就有这样的人生价值。

六祖大师讲“佛法在世间，不离世间觉”，太虚大师也说过“中国佛教的特质在禅”。禅能够分享给我们佛法的妙用、佛法的落实、佛法对人生的启迪，而且是最直接、最了当、最生活化的。禅，其实并不是遥不可及的玄妙之法，它恰恰是跟我们每个人的生活密切相关，可以减少我们的烦恼，成就我们的人生。下面，我将分成三个部分来介绍：

一、将“以心印心”作直接传承

拈花微笑，这是释迦佛以心印心传承禅门妙法的开始。这个公案出于《大梵天王问佛决疑经》，是禅宗开始的第一个公案。有一次，大梵天王在灵鹫山上将一朵金婆罗花献给释迦牟尼佛，佛陀拈起花之后，却一句话也不说。这时，人天百万大众面面相觑，都不明白其中意思，唯有摩诃迦叶破颜轻轻一笑。释迦佛当即宣布：“我有正法眼藏、涅槃妙心、实相无相、微妙法门，不立文字、教外别传、总持任持，凡夫成佛第一义谛。今方付嘱摩诃迦叶。”这就是禅宗“拈花微笑”的典故，所以中国禅宗把摩诃迦叶列为“西天第一代祖师”。

可能大家会说，我们供养了那么多花，怎么就没有一次开悟啊？怎么迦叶尊者一下子就能够开悟呢？还有一些历史学家，他们认为这个没有根据，他们觉得和尚编的这个故事太好听了。大家想一想，用一枝花就有办法创立一个法门，用一枝花就有办法把佛法传给另外一个人，而且是心法，涅槃妙心。大家信不信有这种事的发生？有信仰的人相信，但文学家和历史学家们不相信。

为什么我们没办法拿花在手的时候就觉悟了？因为我们有妄想、有无明，我们看不到花的本性，只是通过六根去摄受花的外在，红黄白绿，沉溺在色声香味触法当中，并没有真心，所以就没办法以心印心。因为妄想的障碍，没办法去认识，没办法去透视洞见，没办法去悟解，依然生活在根尘对接的娑婆世界里面，所以看不到花的本体，而是通过眼睛的凹凸镜把花的影子摄进来，在第六意识里面攀缘之后，将相似性的花当成真的，认假作真，是相似而不相应。

在日常生活中，六根对六尘所产生的错觉，使我们的整个人生越来越焦虑，甚至做错事落因果受报应时，我们都还不自知。娑婆世界的众生，因为认识得不透彻，没办法对每一个事物都能以心印心，用真心去落实，所以生活得很痛苦。与别人之间的相处，人事之间的处理，因为智慧不够，所以就不明白，糊里糊涂。禅就是要解决我们现有的这些问题。

当今时代随着高科技的发展，在给我们提供便利的同时，也给我们带来了很多麻烦。比如使用电脑打字，我们只需敲打一个按键，便会有很多词语弹出来，根本不用思考。所以，现在的小孩，连一句完整的话都表达不清，写作能力也不断在下降。为什么？因为专注不了。这就是科学技术跟禅之间有距离，但禅和科学真理没有距离，大家要明白，解决我们的内心世界，如果离开禅，可能会走好多弯路。

禅者剔除了文字相、语言相和一切外界的影响，用真心印证，这就是禅宗最妙的修学证悟方法——以心印心，直指人心，不假造作。因此，从释迦牟尼佛传给迦叶，迦叶一直传到第二十八祖达摩祖师，达摩祖师航海东来将这种以心印心禅法传递至今天。其实，禅宗正是通过两人外在的表达，勘验相互内心的悟解，或在机锋中，或在转语中，或在酬唱中，而得以印证，这就是彼此相互之间真心的交流。因此，就没有色身香味，没有六根对六尘的差别对待，所以说禅是离开文字的，禅是不可能用语言表达的，语言文字只不过是为了跟大家沟通而使用的工具。

智慧是心的光明，而知识只是符号、媒介与工具。我们透过知识可能认识了一本书，但不一定能够读懂作者的内心状态。每个人的这个名字，也不能反映这个人的真实状态，我们只能模拟文字，知道这就是游戏规则，世界上都在用游戏规则，但是游戏规则会误导你，造成假象。所以，通过概念与文字去认识问题，只能认识一半，因此读书才有落差；有的人聪明，有的人不聪明，才有差别；有的考高分，有的考低分。为什么会这样？因为专注的程度不一样。所以，学好禅才能考好试，学好禅才能做好事，学好禅才能成就事业，才能远离假象，进入中道实相的世界。

达摩祖师传给二祖慧可大师，也是以心印心的，那个时候还有一些人怀疑，他们可能不相信祖师传法，所以这才有了衣钵的印证。但是，一旦落于外物就容易产生问题、产生争执。后来，二祖慧可、三祖僧璨、四祖道信、五祖弘忍，虽然彼此都是以心印心，但作为表信的衣钵也由此引发各种争端。最后，五祖弘忍大师告诉六祖慧能："衣为争端，止汝勿传。"

提到禅宗的五祖与六祖，请大家想想：五祖和六祖一个在湖北，一个在广东，六祖怎么一听到《金刚经》就跑到黄梅去找他了呢？并且在当时，神秀大师是三千弟子的教授师，五祖竟没有选择他继承衣钵，反而传给一个不认字的樵夫。你们觉得这奇特不奇特呢？我们讲伯乐是识马的，这马好不好，都得有伯乐才行。禅宗祖师大德是世间真正的伯乐，假如五祖把法传给神秀大师，那中国禅宗佛教史可能就要改写了。可现实却传给六祖大师，这就使得禅宗变得生机勃勃、绵延不息，所以"以心印心"来不得半点造作与虚伪。

通过这个公案，大家再考虑一下，为什么要在这个时候出现六祖大师？这绝对不是无缘无故的。如果从文学的传承来讲，大家可以想一想，中国从《易经》开始，由"无极生太极，太极生两仪，两仪生四象，四象生八卦"到后来先秦文学的诸子百家，从抽象到丰富，最后归于统一，统一度量衡，统一文字，变成六朝的"六赋骈体文"。到了隋唐的时候又开始抽象了，一首诗短短二十个字，就能表达世界的景观，表达一个故事一段历史。那个时候的人思想非常抽象，你们对照同一时期的西方世界，会发现有好多哲学家出现了，比如弗洛伊德、叔本华、哥德巴赫，但这些人个个都患上了精神的病态，他们研究到最后没办法了，大脑不知道往哪里"放"了，所以出问题了。中国如果没有六祖大师的出现，可能好多诗人也会出现这种情况，因为抽象到极点了，就没办法解脱出来。钱穆先生曾说："在中国文学思想史上有两大伟人，对中国文化有其极大之影响，一为唐代禅宗六祖慧能，一为南宋儒家朱熹。"也就是说，六祖大师的出现是必然的历史选择。朱子学富五车，而六祖大师是智慧五车，我们看六祖大师一个字不识，却能够把所有经典理解透彻，这是因为在文字后面的本体才是真理。

从佛教的历史和三世因果来说，六祖大师的出现不是偶然的现象，而是必然的结果。刚才我从文学的角度给大家分析，历史到了这个时候，中国人必须要有一次凝聚，中国人必须要有一个福报的出现，它必然要出现一个横跨世界历史的、横跨世界空间的高尚人物。你看，五祖大师在黄梅的时候已经改变了接引人的方法，从一直沿用的《楞伽经》到后来六祖出现时启用的《金刚经》，为什么五祖不继续传承四祖的《楞伽经》呢？就是因为他在等待接法的弟子，用他（指六祖慧能）熟悉的方法去接引，所以他才改变。如果五祖用别的经典，可能六祖大师就当面错过了。这就说明，世间真正的伯乐是禅宗祖师，他有对三世因果的通达，这就是不可思议的。

五祖和六祖大师应该过去都是金刚法会上的法兄弟。如果他们过去世没有同诵《金刚经》，就难有这样的因缘。所以说一场法会就有这样的不可思议，因为清净种子一落八识田里就永不掉落，所谓“万般带不去，唯有业随身”就是这个意思了。就像我们授菩萨戒一样，一旦受戒，戒体将是永恒的。重新受菩萨戒不叫重授，是“开示滢净”，把那个灰尘抹了，让它继续发光。清净种子、菩萨种子一进入你的八识田，它永不掉落，因为第八识有仓库储藏的作用。

如果我们共同用真心进入坛城一起诵读《金刚经》，你我相互之间的通透信息是永恒的，大家要明白这个道理。为什么到了寺院要一同修行，一起共修，价值在哪？就在于互相提携，这就叫法门眷属。在家叫六亲眷属，进了寺院共同诵经礼拜，或者在某个法会上聚在一起，就叫法的眷属，在法义上我们是兄弟、是亲人，在佛法里面称为师兄弟，就是这样奇妙的因缘。正因如此，当六祖大师一听闻《金刚经》，便马上去寻找五祖大师。这说明五祖大师改讲《金刚经》是为了接引他的徒弟，为了迎接六祖大师。以心印心不是一时的，这个传承是能够超越时空的。传印长老说过：“世间上所有的好事都跟你有关系，世间上所有的坏事也跟你有关系。”但为什么我们没有办法看到跟我有关系呢？为什么没能开悟呢？因为你的心间断了，一下子清净，一下子不清净，没办法保任这个清净心。因此看事物就一会是真实的，一会又变成是假的。众生心杂，而且间断，所以没办法用真心去落实，因此生活在六根对六尘的矛盾对待之中，产生了无穷的妄想和烦恼，无法以心印心。

从禅宗的传承历史来看，为什么禅者要出坡劳作乃至外出参学呢？因为参禅到一定境界，要找开悟因缘，不是拜了师父就能让你开悟的。所谓“师父引进门，修行在个人”，拜师是接引你出家因缘，而参禅开悟需要因缘对机，需要以心印心。或在机锋转语中，或在酬唱对话中，祖师便能把一个人提携成为开悟的人。翻开《六祖坛经》，你看六祖大师跟几位弟子的对话，包括“一宿觉”的永嘉大师，就是一次对话，就有办法开悟，在我们看来好像是在说梦话一样，其实是真实的。从这样以心印心的传承中，我们可以看出六祖大师接过法之后，他在优化着这个传承，因此到了六祖禅宗便开花结果。为什么钱穆先生说他才是禅宗真正的创始人？虽然这个传承是在前人的基础上，但是禅宗能推向整个世界，成为中国的特色宗派，六祖大师居功至伟，是前无古人、后无来者的。

二、以“无门为门”作施设教学

我个人理解，六祖大师做了三件事，使禅宗在中国得以开花结果：

第一，六祖大师在传承法门中高度地概括和统一佛教的根本义理。如何总结，如何概括？那就是“禅心三无”，无念、无相、无住，以无门为门作为施设和教学。无门为门，大家要理解这句话，禅宗永远是给你问题，而不是给你答案。没有门，你只有自己去找门；没有方法，你自己才会去找方法。在宋朝以前，修证就是通过坐禅，通过禅修，通过身心的修炼，没什么其他方法。但由于我们的根性不断在下降，不断在受外来物质和环境的诱惑，迷妄的心背离了本位，越走越远，心里的障碍越来越多，所以到了径山的大慧祖师时期，就发明了参话头的方法，这也是无门为门。

三无其实就是一个无，三个无只不过方法不同。以无念来说，于念而无念，就是定慧等持。以无相来说，于相而无相，能离一切相，则法体清净。以无住来说，于诸法上念念无住，也就是没有根尘对待，还事物的本源自性，这就是无住为本。这三者不能分离，有人说提一个就可以了，为什么要提三个呢？因为众生的烦恼不同，所以六祖大师给了三个方法，对治不同人的烦恼执著。有的人可能住在相上，有的人可能住在念上，但解决的步骤是一体的，只有通过修戒定慧，定慧等持。虽然是讲戒定慧，其实一就是三、三就是一，虽然是讲禅心三无，但究竟都是在一个无，都必须在我们的清净心里发生。所以，六祖大师在《坛经》里说："无者无什么呢？无者无二相，无诸尘劳之心念。念者念什么？念真如本性。"念真如本性就是用这个话头去找到真如实相。

圣严法师在他的《话头禅》一书里教导大家怎么去修呢？念话头，念到熟悉了再看话头，然后再起疑情，这样一步一步来。如果你能够一下子起疑情，你的正念就掉不下去，就能安住在正念上，这就是三昧的力量。在禅宗的公案里边找，绝对找不到答案，给你的全部都是疑问、疑情。通过疑情来凝住烦恼，来落实修行的每一个步骤，通过无门来引发你的深思和疑问——为什么要这样？要一直问自己，念念跟这个疑情和话头联系在一起，这样你就不会落于第二念的妄想。等到有一天机缘成熟，就能够将烦恼脱落，彻底开发自性光明。

第二，将修学方法生活化、简易化。六祖大师的徒弟都以禅心三无作为抓手，从"无"字下手开始禅修。没有东西下手，但你自己找到了，那你开悟就快，你没找到，就说明你的功夫还没到家。其实，禅宗里面方法也分很多种，有文字禅、公案禅、默照禅……你参什么都可以，只要你凝住这个烦恼，你就有办法。所谓"大疑大开悟，小疑小开悟"，这就是无门，通过无门自己找办法去推开这道门。一悟百悟，一旦开悟了，什么问题都解决了，生死问题也解决了，但是在修行的过程，还必须要加倍地努力保任。

比方说参"念佛是谁"，这个方法你自己去琢磨，自己去落实，它是离开文字、离开经典的。在禅堂里，规矩都没有写成文字，你只能在禅堂里面用心听、用心看、用心悟，跟着钟板走，它的施设就是这样，它的教学就是这样的。以无门为门，把疑问抛给你，让你自己去追疑问，起疑情，最后在疑情上脱落烦恼。因为，我们的心太杂乱了，如果不用一个话头来凝固烦恼，就很难把烦恼脱落。径山禅法为什么有九百年的弘传历史，直到今天我们的修禅还要依据它？为什么叫“天下径山”，就是这个意思。它的价值和方法永不掉落，无论放在哪个时空点上，它都是一种最优的方法。六祖禅的特点和施设方法就从“无”下手，让“无”成就禅的一切妙用。

通过无门自己去找门，找了门以后抓住不放、一门深入，这个修行是要有相当的耐心与定力的。《六祖坛经》里面六祖大师教我们以三无作抓手，就是以无门为门作为施设，作为教学教育的方法，这也是禅门的独特之处，所以才有了“麻三斤”“狗子有无佛性”“喝茶去”“平常心是道”这些话头，答非所问，不按常理，这就是禅门奇特微妙而不可思议之处。

今天，楼宇烈教授提到“干本分事、持平常心、做自在人”。本分事就是要按伦理道德规规矩矩做人，勤修戒定慧。没有天然的释迦佛和弥勒佛，必须通过自己去落实修行。禅就是要你自我更新、自我觉悟、自我了断、自我解脱、自我印证，没有人能够代替你。我们知道修行的方法后，还要自己去琢磨去落实，才能达到禅的妙用，这才是最真实的。

佛法为什么要我们活在当下？因为过去的已经过去，未来还没有发生，你如果没有抓住当下，你的人生就没有方向，就没办法把握了。当下就是过去，就是未来。禅宗倡导的这个“当下”就是“无门”，能念念跟疑情等同，就能在当下找到门的出路。禅宗公案中，有人问赵州禅师什么是佛法，赵州禅师就说“喝茶去”。喝茶是佛法吗？如果按照常理的推敲和逻辑的推理，喝茶怎么叫佛法呢？其实，一问“什么是佛法”就已经落于第二念，禅师便让那个人喝茶去了。这其中的意义是非常深刻的，禅宗的教育方法和施设，往往是针对人的烦恼和出现的障碍，一句话点出你的问题，所以说禅师才是最高妙的老师，世间没有人比禅师拥有更高明的教育方法了。他一眼就看穿你，用一句不经意的话指出你的问题所在，可是我们却想不出来，想来想去都还是拽在那个妄想的窟窿里面逃不出来。

如果佛法能够解说，那就叫语言文字，叫教科书，而不叫佛法。佛法的真实就在生活里面，在你我之间的酬唱当中，一个眼神，一动一静，就有办法开悟，但是我们为什么做不到呢？因为我们受外相的牵引，在有住、有相、有念里面跑了很远，没办法让自己回归内心。佛教为什么要皈依？皈依就是要让自己回来，回到自己的清净本性。皈依不是别人给你的，是自己皈依自性，回归自性。希望大家能够通过参话头的方式把真心找回来，这才是真正的皈依。

佛教里面有拜佛、坐禅、诵经、持咒等等，这些方法都一样，只在于它是否符合你的因缘。有很多信众会提出疑问："师父，我念《心经》好不好？"问了这句话就等于白问了——你说好不好？我怎么知道呢？我又不是你。又有人会问："我诵哪一部经呢？能不能消灾？"你说消灾消得了吗？——得靠你自己，看看哪一部经跟你有缘分，你说哪一部经不好！《金刚经》中说："佛法如筏喻者，法尚应舍，何况非法。"佛法犹如渡河的工具，工具是否适用只有自己知道，问别人等于白问。诵经在于当下的专注，才有受用。学佛也一样，在于解决自己当下的烦恼。只有找到适合自己的方法，一门深入，才能敲开自己的心扉。禅宗直截了当，以无门为门作为修行的教育方法，按径山祖师来说，就是用参话头的方式作为修行门道，于"念佛是谁"这四个字上看话头，之后在"谁"字上下大工夫，起疑情，疑到忘我了，就有消息。

像禅宗这样的教育方法，在世间上是找不到的，不按常理，也没有次第可讲，更不可能用电脑来进行操作，你就是输入多少信息也打不出来，因为它没有程序，它打破一切程序！离开文字，教外别传。你如果问佛法是什么，那你已经是第二念了，所以你就得"喝茶去"，这个意义非常深刻，希望大家再反复琢磨一下。

第三，最优秀的伯乐，培养一支优秀的团队。六祖大师从五祖处接法以后，南下隐居十五年，在广州光孝寺落发受戒，随后在南华寺住了三十六年，培养了四十三个开悟弟子，其中最有成就的是"五虎二甘露"。五虎是谁呢？就是青原行思、南岳怀让、荷泽神会、南阳慧忠、永嘉玄觉，这在当时来讲都是一方的法主，让禅法在中华大地遍地开花。二甘露是指青原行思与南岳怀让，从这两位祖师那里传承发展出临济、沩仰、曹洞、法眼、云门五大宗派，这叫"一花开五叶"，让禅宗不断得以延伸与发展。所谓"人能弘道，非道弘人"，僧才培育好不好，关乎佛教的前途命运。没僧才团队，佛法就凋零了，没人传承了。六祖大师四十三个开悟弟子，其中能够在世界上将禅宗法脉传承不息的有五虎二甘露，最后在临济中又产生了两大派——黄龙、杨岐，形成了“一花开五叶，五家七宗”的局面。每位汉传佛教的僧人都是依六祖的弟子传承，所以在中国佛教历史上，誉称为“凡寺必有禅”“天下法脉归曹溪”。

三、从“一行三昧”证“中道实相”

《六祖坛经·定慧品》中告诉我们“一行三昧”的方法。“三昧”是正印，也就是定。那我们的心能不能跟一切外境相应呢？这就要靠你自己。《六祖坛经》中先从“一相三昧”开始，就是在行住坐卧的状况下，都保持实相的、智慧的心，不乱心。禅宗非常直截了当，行住坐卧都要在疑情上，正如永嘉大师所说：“行住坐卧皆有禅，语默动静体安然。”禅不是坐出来的，是悟出来的，禅要通过专注，通过一行三昧，通过定慧双修。一行三昧就是定慧双修，大家在诵习《六祖坛经》时，一定要重视其中的《定慧品》，如何修一行三昧，怎么落实禅心三无，至关重要。

另外，六祖大师教导弟子们在弘法利生中解决问题的方法，就是《嘱咐品》中的“三十六对”。“三十六对”是一种矛盾的统一，能解决世间一切问题，但前提是先要理解什么是五蕴、六根、六尘、六识、十八界等基本概念。很多人说学禅没有次第。其实，如果学禅有次第，那就是走上了死胡同，因为禅是不可能一步一步教你的。现代人的内心非常散乱，不专注，所以觉得有次第才有路可走，实际上，没门路的路才是最直接的路。禅的施设与教学，就是禅心三无，以无门作为修行方法来引导禅修落实于身心，最终达到一门深入。

现在径山寺实修的四个理念——春茶、夏禅、秋学、冬参，就是话头的演变。春茶，禅茶一味，径山的茶宴是世界闻名的，喝茶是能开悟的，所以赵州禅师才叫我们“喝茶去”，只是关键在于用什么心去品茶。夏禅，夏天有安居，冬天也有禅七，禅中就有定。秋学，现在开悟的禅师少，所以需用经典来对照修行的过程，对应参禅者行走在开悟的路上。冬参，冬天肯定是要打禅七的，不知道径山寺冬天打几个七？光孝寺每年冬天至少会打五个七，期间法师也会做些开示，重在分享自己的修行心得，以及对治烦恼的方法。

我们通过认真研习《六祖坛经》，从一行三昧印证中道实相，就能进一步认识径山祖师们的高明之处。祖师之间是心心相通的,《六祖坛经》中有自性三皈依，翻开大慧禅师的语录，也会发现与《六祖坛经》一样，这可以说等同于六祖大师的开悟，否则大慧禅师不会有这些修行体验，也就没办法使“话头禅”在九百年间传承不衰。我们每天都在参话头——念佛是谁？父母未生我时，本来面目是什么？用一句中性的话、无善无恶的话敲开自己的心扉，让自己一门深入以后，通过一行三昧证悟自己、开发自己、成就自己！因此，我认为以《六祖坛经》为依据，以大慧禅师的话头禅作为抓手，大家无论是出家学佛还是在家学佛，一定能够学到禅的妙用，也一定能够成就学佛人生的无上功德！